大学 学科地图 丛书

丛书总策划　　周雁翎

社会科学策划　　刘　军

人文学科策划　　周志刚

大学 学科地图 丛书

教育学与心理学系列

A GUIDEBOOK FOR STUDENTS

教育技术学
学科地图

李芒 等 著

图书在版编目(CIP)数据

教育技术学学科地图 / 李芒等著. —北京：北京大学出版社，2020.10
（大学学科地图丛书）
ISBN 978-7-301-31716-7

Ⅰ. ①教… Ⅱ. ①李… Ⅲ. ①教育技术学—高等学校—教材
Ⅳ. ①G40-057

中国版本图书馆 CIP 数据核字（2020）第 188294 号

书　　　名	教育技术学学科地图 JIAOYU JISHUXUE XUEKE DITU
著作责任者	李　芒　等著
责任编辑	刘　军
标准书号	ISBN 978-7-301-31716-7
出版发行	北京大学出版社
地　　　址	北京市海淀区成府路 205 号　100871
网　　　址	http://www.pup.cn
电子信箱	zyl@pup.pku.edu.cn　新浪微博：@北京大学出版社
电　　　话	邮购部 010-62752015　发行部 010-62750672　编辑部 010-62767346
印　刷　者	天津中印联印务有限公司
经　销　者	新华书店
	730 毫米×1020 毫米　16 开本　19 印张　286 千字 2020 年 10 月第 1 版　2022 年 8 月第 2 次印刷
定　　　价	65.00 元

未经许可，不得以任何方式复制或抄袭本书之部分或全部内容。
版权所有，侵权必究
举报电话：010-62752024　电子信箱：fd@pup.pku.edu.cn
图书如有印装质量问题，请与出版部联系，电话：010-62756370

本书著作人员：

李 芒　孙立会　李子运　郭俊杰
郑春萍　孔维宏　李 岩　柏乐宜
逯 行　李 营　张文馨　王 源

大学学科地图丛书
编写说明

"大学学科地图丛书"是一套简明的学科指南。

这套丛书试图通过提炼各学科的研究对象、概念、范畴、基本问题、致思方式、知识结构、表述方式,阐述学科的历史发展脉络,描绘学科的整体面貌,展现学科的发展趋势及前沿,将学科经纬梳理清楚,为大学生、研究生和青年教师提供进入该学科的门径,训练其专业思维和批判性思维,培养学术兴趣,使其了解现代学术分科的意义和局限,养成整全的学术眼光。

"大学学科地图丛书"的作者不但熟谙教学,而且在各学科共同体内具有良好的声望,对学科历史具有宏观全面的视野,对学科本质具有深刻的把握,对学科内在逻辑具有良好的驾驭能力。他们以巨大的热情投入到书稿的写作中,对提纲反复斟酌,对书稿反复修改,力图使书稿既能清晰展现学科发展的历史脉络,又能准确体现学科发展前沿和未来趋势。

近年来,弱化教学的现象在我国大学不断蔓延。这种倾向不但背离了大学教育的根本使命,而且直接造成了大学教育质量的下滑。因此,当前对各学科进行系统梳理、反思和研究,不但十分必要,而且迫在眉睫。

希望这套丛书的出版能为大学生、研究生和青年教师提供初登"学科堂奥"的进学指南,能为进一步提高大学教育质量、推动现行学科体系的发展与完善尽一份心力。

北京大学出版社

前　言

《教育技术学学科地图》是引领学生进入教育技术学学科领域的指南，主旨在于帮助学习教育技术学的学生掌握学科的整体框架和基本内容。作为学科指南，本书对学界公认的教育技术学"一般学科知识"进行概要性介绍。

教育技术学是一个十分典型的工具性学科，为教学实践提供手段性和方法性的支持，为各个学科提供服务性支持，起到支撑作用。因此，教育技术学在大教育学科群之中位处"学科链"的末端。教育技术学这一学科主要解决的是与实践紧密相连的教育教学的工具、方法和策略等具体问题，即便是在"互联网＋"的时代，教育技术学也难以摆脱工具性学科的本质。

教育技术学在大教育学科群中的地位是由教育技术在教学过程中所发挥的作用决定的。决定教育教学质量的要素多种多样，而决定教育教学效果的核心要素确实并非信息技术。如果教育技术学者因此而感到失落与无奈，那么，这正是由于教育技术学者过高地评估信息技术的作用所致。我们认为，只要教育技术学能够充分发挥自己的作用，就会享有自己应该享有的学科地位，就会赢得别人发自内心的尊敬。

目前教育技术学不仅没有衰落，反而是在大踏步地前进，呈现蒸蒸日上之势，依然是大教育学科中的显学。但我们不可盲目乐观，因为信息技术的迅猛发展遮蔽了教育技术学的发展，使人们误以为信息技术的发展就是教育技术学学科的发展，工具水平的提升就是教育技术学学科水平的提升。但事实上，教育技术学还是一个十分稚嫩年轻的、家底儿微薄的后发学科。

教育技术学是一个交叉、综合、实践的学科。我们认为，作为学科应该满足四个基本条件。第一，具有培养本科、硕士、博士的专业建制。第二，具有相对稳定、有自身边界条件的专门知识领域,知识体系具有"逻辑自洽"和"自我圆满"之义,拥有一个类似托马斯·库恩(Thomas Kuhn)所言的"常态科学范式"。唯其高深才需要研究者们在其中进行长期专门化的研究,且不会为局外人轻易替代。第三,研究共同体具有相对一致的学科立场,具体包括学科意识、信念、话语风格、业内规则、学术谱系等。第四,形成不同学术观点的各家学派。目前的教育技术学学科之内并没有标志学科成熟的的学派观点和明确的主流文化,没有形成各种鲜明理论观点的碰撞与争论。总的来看,教育技术学距离成为一个真正独立、成熟的学科尚有较大的发展空间。

  本书对教育技术学最重要的内容进行了讨论,包括教育技术与教育技术学的学科界定、教育技术学学科发展历史、教育技术学关键术语与核心概念、教育技术学学科重大事件和代表人物、教育技术学研究方法、教育技术学学科前沿以及教育技术学学术组织与重要著作等。

  本书是在研究团队多次研讨之后完成的,除署名的作者外,参加写作的人员还包括李营、张文馨、高婧、逯行、周溪亭、陶丹等。写作的过程也是学习的过程。我们很幸运地与教育技术学的发展历史不期而遇,与奠基教育技术理论和方法的中外前辈学人以及现代教育技术学领域内的著名学者沟通,发现教育技术学研究领域有如此众多的有趣概念与知识点,有如此厚重的经典著作和学术期刊需要我们潜心阅读,有无数学术前沿问题等待我们去钻研,还有丰富多彩的教育技术学研究方法为我们的学习和研究提供了坚实的保障。在此,笔者热切地期盼与读者进行学术交流,共同构建中国的教育技术学理论体系,把教育技术学这一学科建设得更好。

李　芒
于北京师范大学科技楼
2020 年 7 月

目　　录

第一章　教育技术学学科综述 ··· 1
第一节　技术是什么 ··· 1
第二节　教育技术的定义及性质 ································· 10
第三节　什么是教育技术学 ······································· 25

第二章　教育技术学学科发展史 ····································· 38
第一节　教育技术学的萌芽期 ···································· 38
第二节　教育技术学的发展期 ···································· 47
第三节　教育技术学的确立期 ···································· 64

第三章　教育技术学关键术语与核心概念 ······················ 74
第一节　教育技术学关键词统计分析 ···························· 74
第二节　学习领域 ··· 79
第三节　教学领域 ··· 99
第四节　媒体领域 ··· 111
第五节　新技术推动教与学的变革 ······························ 126

第四章　教育技术学学科重大事件和代表人物 ··············· 146
第一节　教育技术学学科重大事件 ······························ 146
第二节　教育技术学学科代表人物 ······························ 173

第五章　教育技术学研究方法 ·· 209
第一节　实践研究 ··· 209

第二节　评价研究 …………………………………………… 224
　　第三节　数据分析 …………………………………………… 234
　　第四节　理论分析 …………………………………………… 242

第六章　教育技术学学科前沿 ……………………………………… 254
　　第一节　理论研究的新发展 ………………………………… 254
　　第二节　教学设计的新发展 ………………………………… 256
　　第三节　研究方法的新发展 ………………………………… 258
　　第四节　新兴技术的发展趋势 ……………………………… 261
　　第五节　研究主题的新发展 ………………………………… 265
　　第六节　启示与未来 ………………………………………… 268

第七章　教育技术学主要学术组织、学术会议、学术期刊
　　　　　与重要著作 …………………………………………… 271
　　第一节　教育技术学主要学术组织 ………………………… 271
　　第二节　教育技术学主要国际学术会议 …………………… 275
　　第三节　教育技术学主要学术期刊 ………………………… 278
　　第四节　教育技术学学科重要著作 ………………………… 281

第一章 教育技术学学科综述

第一节 技术是什么

人们对"技术"本质认识上的含混,势必会影响对教育技术学的正确理解。若要把握教育技术的概念,首先应该从对"技术"的认识入手。技术的英文是 technology,其词根是 technè,来源于希腊语,有"技艺、技能"之意。希腊语"技术"的本义是对纯艺术和使用技巧的论述。由此可见,technè 不仅指工匠的活动和技巧,还包含脑力活动的艺术创造和精细的艺术。"技术"一词的中文解释是人类在利用和改造自然的过程中积累起来并在生产劳动中体现出来的经验、知识或进行物质生产时的专门技能和操作技巧。《社会科学大词典》对技术的定义是"人类改造自然和创造人工自然的方法、手段与活动的总和"。

随着人类社会的发展,技术的含义早已超出了工匠技艺的范围,而有了新的、多元化的发展和变化,以致现在很难对技术做出一个公认的统一定义。我国学术界近年来对技术的定义也出现过争论。技术活动涉及作为技术主体的人和作为技术客体的自然及社会。技术本身则作为人类在生产、文化及社会活动中主客体的中介而存在。技术有广义和狭义之分,但在多数情况下,技术多指狭义的,即生产技术。技术是一个历史性概念,具有不断发展的动态性,因此,需要从整体和系统的视角对技术概念进行分析和把握。

一、技术的本质

深入理解教育技术首先要准确地理解什么是"技术"。如果不能真正看清技术的本质,没有体会到技术的人性和精神性,就不可能真正理解教育技术的含义,就会出现对技术的盲目崇拜,倡导工具主义,无法和谐地处理人与技术的关系,把人的主体地位拱手转让给机器,甘愿做机器的奴隶。如果对技术的本质认识不清,就没有办法从长期霸占主体位置的工具手里夺回主体权利,也就不可能认识到技术是由人创造的内容,人体不存在,人的意识不存在,技术也就不存在了。所以,从技术的本质出发研究和认识技术,是十分必要的。

技术的本质是什么?面对现代信息技术的超常规发展,我们需要从技术哲学的视角认真思考和回答这个问题。① 人类对技术的理解经历过一个较长的发展过程,而且各个阶段的论者总是提出不同的理解和界定。我们有必要从历史上对各种不同的技术观点进行考察。②

柏拉图在谈到技术时指出,技术(technè)是指有心得之意。他举出了生活中的实例加以说明,比如做鞋的技术就是获得了关于做鞋的心得。专业人士所具有的心得,即技术,无非就是各自所具有的知识。因此,做鞋的心得就可称为做鞋的知识。如果说心得即技术,那么,技术也就成为人所具有的对某一事物的知识。他将技术界定为人类的知识或思想所得。在柏拉图看来,技术是人文现象,技术是人类能够做某种事情的本领。技术是由人的大脑生发的,又被人的大脑所利用,可以在大脑中运作,并且可以体现在外显行为上。可以说,柏拉图开创了技术人文观理论的先河,为后人提出人文观教育技术本质论奠定了坚实的理论基础。在柏拉图理论的启发下,罗伯特·加涅(Robert Gagné)在《教育技术学基础》一书中对技术也做了人文性的阐释。他认为技术是源于科学研究的系统化知识,系统化知识是由技巧和方法组成的。③ 加涅的技术观深受柏拉图技术观的影响。加涅继承了西方古典哲学思想的精髓,将技术看作人类的知识,特别指出这些知识的核心内容是技巧和方法,强调技术与方法具有不可分割的相关性。这种相关性

---

① 裴娣娜.基于原创的超越:我国教学研究方法论的现代构建[J].教育研究,2004(10):43-48.
② 黄顺基.科学技术哲学引论[M].北京:中国人民大学出版社,1991:254-261.
③ 加涅.教育技术学基础[M].张杰夫,等译.北京:教育科学出版社,1992:3-4.

的具体表现是二者具有的同一性。对某一事物产生了心得,就会更好地处理此事物,也就会积累更多关于此事物的知识,更能了解处理此事物的方法,就会提升做此事物的技术。

亚里士多德在柏拉图理论的基础上,将技术和人们的实际活动联系起来,把技术界定为人类活动的技能。随着机器和工业应用占据统治地位,技能逐渐变为制造和利用机器的过程,人们认为技术的本质只是工具、机器和设备,这也许正是人们目前将教育技术归于工具的重要原因之一。此时,技术就出现了两个含义,一个是活动方式,另一个是代替人类活动的装置。后来有人认为技术是用来制造或生产物质的知识和装置;有学者认为,"某项活动的技术是我们头脑中对该项活动进行实施的必要手段的总和,与该项活动最终所确定的方向或目标相比,合理的技术对于我们来说就是有意识地、有条理地实施已经明确了方向的手段"[①]。马克斯·韦伯(Max Weber)则十分强调技术的思想内涵,强调技术首先是一个内部思想过程,并且一定具有人类自身活动的特征,是为了有利于完成人类活动已经明确了的方向和最终目标而存在的,技术具有明确的目的性。法国学者埃吕尔认为,技术是合理的有效活动的总和,是秩序、模式和机制的总和。技术是在人类活动领域中通过理性得到的具有绝对有效性的各种方法的整体。[②] 日本有学者认为技术是作为主体的劳动手段和客体的劳动手段在劳动过程中的统一。技术是主观的存在方式——观念的技术(技能、智能)和客观的存在方式——物质的技术(工具、机器)的统一体。

马克思一方面把技术归结为劳动资料,另一方面又指出技术内涵中包含理性因素。马克思强调"怎样生产"的重要性,认为技术的本质是"怎样生产",至于用什么劳动资料生产,则是技术活动方式本身外在的表现形态。[③] 马克思借用黑格尔的话,说明了技术的理性因素,即"理性何等强大,就何等狡猾。理性的狡猾总是在于它的间接活动,这种间接活动让对象按照它们

---

① 戈菲.技术哲学[M].董茂永,译.北京:商务印书馆,2000:22.
② 陈昌曙.技术哲学引论[M].北京:科学出版社,1999:95.
③ 中共中央马克思恩格斯列宁斯大林著作编译局.马克思恩格斯选集(第2卷)[M].北京:人民出版社,1995:179.

本身的性质互相影响、互相作用,它自己并不直接参与这个过程,而只是实现自己的目的"。由此看来,马克思所理解的技术本质,除了物质因素外,还有精神因素。也就是说,技术的本质应该既包括客观要素,又包含主观要素,工具、设备或手段只是技术的外壳,并不是技术的全部,而技术的灵魂则是精神因素,或称为理性因素,它包括知识、理论、思想观念、方法和策略等因素。"技术的特征之一就是既具有看得见的技术,又具有看不见的技术。一种技术并不总是与一种工具或用品联系在一起,还存在一些抽象的技术,其实在性是无可辩驳的,尽管它们并不涉及某种重要的设备。"①"技术绝对不是工具、机器的代名词。在教育领域目前仍然有不少人认为教育技术就是指媒体或工具,这种看法往往忽视技术的理性内涵,忽视科学的教育思想和理论的指导。"②海德格尔认为克服现代技术本质所蕴含的危险,所谓人为的控制原则或道德原则很难起到约束效果,唯一的办法就是把技术收回到使它得以可能的存在的真理之上,即在触摸现代技术本质的过程中,不仅观看到世界以现存的状态显现,更要洞察到人与世界是其所是的存在内容。③美国学者丹尼斯·古莱特(Denis Goulet)认为,"通过控制自然和所有人类活动而将共同的人类理性有系统地运用到解决问题的过程之中,这种运用便是技术。技术是可以运用到解决实际问题过程中的知识"。④

上述的技术含义,基本上都充满了人文情怀,都是从人的视角看待与分析技术概念的,技术带有极强的人文性或社会性色彩,闪耀着人性的光辉。这些理论研究的成果,为教育技术人文观的确立提供了坚实雄厚的理论支撑,为人们正确把握教育技术的内涵、对教育技术进行理论创新指明了方向,也为教育技术学者从事教育技术实践工作确定了研究和工作对象。

---

① 戈菲.技术哲学[M].董茂永,译.北京:商务印书馆,2000:3-7.
② 李芒.关于教育技术的哲学思考[J].教育研究,1998(7):69-72.
③ 郝继松,韩志伟.马克思现代技术批判的历史维度[J].学术研究,2014(8):9.
④ 古莱特.靠不住的承诺:技术迁移中的价值冲突[M].邴立志,译.北京:社会科学文献出版社,2004:5.

二、技术是人的行为方式

人类原本是将技术定位在人文性层面上的,那么,为何逐步转换了观点,将实体工具也称为技术?原因在于工具在人类社会生活中所发挥的作用越来越大,人们将自身应该完成的各种任务交由工具来做,人们不得不正视工具对人类生存和发展的巨大影响,于是,就将工具也纳入技术的范畴,随之而来的便是直接将工具视为技术,将技术与工具、技术与机器画了等号,从根本上混淆了技术与工具的含义。现代人误以为技术的载体就等同于技术。面对这一误区,必须要区分技术与工具的含义,必须谨慎地使用"技术"与"工具"这两个概念,该使用"技术"的时候不能使用"工具",该使用工具的时候不能使用"技术",必须明确技术不等同于工具。例如,计算机是典型的人类工具,而不是技术。

有学者认为,为了理解技术,人们必须认识到"技术"和"技术的本性"二者的区别。在技术的本性中,它最终相关于存在自身。相反,众所周知的技术只是设备的多样性,属于存在者的领域。于是,技术的本性根本不是技术的。[1] 由此可以推断,技术的本质是存在,而技术则是存在者。技术的本质不一定是人们观察所见之事,而技术是可以直接发现的,具有直观性,或者说,技术的本质与技术可以不是一个层面的内容。技术可以以各种设备或者机器的形态表现出来,也可以通过各种方法和策略表达,这些是技术本质的外在表现形态,而不是技术的本质。技术的本质只有通过人类的抽象思维才可以触摸到,了解事物本质不能只是使用直观的方法所得,依仗肉眼往往是看不出来的,技术的外在表现形态不能等同于技术的本质。将技术的表象与技术的本质相区分,更加有利于审视作为人类本体不可分割的一部分的技术。

那么,如何理解技术的本质?一言以蔽之,技术的本质是人的行为方式,是人类"怎样做"的方式;技术是人们"做"的方法和策略。如前所述,马

---

[1] 彭富春.无之无化:论海德格尔思想道路的核心问题[M].上海:上海三联书店,2000:141-142.

克思认为技术的本质是"怎样生产"。按照这个逻辑追问下去,我们应该关注"怎样做"的问题。将行为单拿出来,不能认为是技术的本质,那么将方式单拿出来同样也不能视为技术的本质,只有人类的行为方式才是人类所拥有的技术的本质。行为主要是指人类的行动,以及受思想支配而表现出来的外在与内在的活动。方式主要是指人类言行所采用的方法与形式。那么,行为方式就是指人类行动或活动的方法与形式。基于马克思所提出的"怎么做"这个实践性话题,引入了柏拉图所说的对于事物的心得及知识,再进一步衍生出了方法,从方法又演进成为行为方式。最终可以得出一个基本道理,从具体层面而言,技术即方法。可以说,任何技术都是方法,任何方法也都是技术。而技术的本质则是人的行为方式。这就是人类认识技术本质的逻辑发展过程,也是技术内部要素结构关系的表达。在以上罗列的各个判断之中,最容易使人理解的表达方式便是技术即方法。这就是技术的人文观。

人类做任何事情都要讲方法,都必须妥善解决"怎么做"的问题。没有适当的方法就不能有效地做事情,因此,人类做任何事情都需要技术,都有技术参与。人类应该有效地选择某些行为方式从事某些特定的活动,而不同的行为方式会产生不同的行为结果。行为方式具有水平高下之分,有的人的行为方式技高一筹,则能获得理想的行为结果;有的人的行为方式水平低下,因此就取得不了高水平的工作成果。人类需要采用必要的行为方式生产或制造工具,即装置、机器等,如计算机、互联网、交互式媒体等都属于被制造出来的对象物,网络学习平台和虚拟现实工具也属于被制造出来的对象物。人类使用某些技术完成工具制造的任务。因此,制造工具的过程就是人类使用技术的过程,人类通过行为方式来制造工具,所谓的实体技术则仅仅是人类行为方式所产生的结果。在这个过程中,人类通过发挥技术的作用,即采用一定的方法操纵工具来制造工具,将人的某些功能交由机器来完成。不仅如此,人类使用工具,或称机器和装置,同样也是由技术完成的,没有技术则不可能使用特定的设备或机器。因此,使用工具也是由技术实现的,人类必须采用特定的行为方式才能使用各种工具,也可以说,需要通过各种方法使用各种工具。需要指出的是,技术这个概念不能被"使用工具"的人类活动所独占,在汉语语境里,一提及技术,在脑海里就很容易与设备、工具产生联系,技术很容易被认为是制造工具或者使用工具领域里面的专有概念。但实际上,在没有工具和设备的场合,同样可以使用技术这个概念,例如,运动员的跑步技术,医生的诊断技术,等等。

如此说来,技术既不是工具,也不是手段。工具是由技术产生的,是由技术使用的。使用什么工具以及制造什么工具不是技术的本质,怎样使用工具和怎样制造工具才是技术本质的表达。在与"是什么、为什么、怎样做"发生联系时,与教育技术关系最紧密的是"怎样做",教育技术主要是解决"怎样做"的问题。怎样进行教学是教育技术本质的反映,研究怎样进行教与学的活动也是教育技术的核心课题。在此,教育技术理论需要强调的是可以使用任何技术进行教学,可以使用信息技术,也可以不使用信息技术。教育技术应该研究借助技术进行教学的问题,更应该研究借助信息技术进行教学的问题。应用信息技术教学依然是解决怎样教学的问题,没有离开"怎样教学"的范畴。目前人们十分关注信息技术的教学应用,主要是由信息技术的先进性决定的,它是教育技术研究的重要领域。但是,信息技术的荣耀一定不能抹杀或掩盖技术的真正本质,更不能影响对教育技术本质的认识。教育技术的最终目标是实现最优化的教学,使教学"做"得最佳,解决"如何教学"的问题,最终帮助学习者获得发展。解决教育教学问题是教育技术的目的,而非教育技术的本质。

三、主体技术和客体技术

通过对技术本质的梳理,从技术目的性的视角出发,可以发现以往人们谈及的技术比较关注的是"客体技术",总是从"生产产品"或"产出实在物"的现象出发。这种客体技术是通过制造工具、使用工具来改造自然客体的,这种被制造和使用的工具本身也是客体。在中国古代的神话传说中,有燧人氏钻木取火;在古希腊神话中,有普罗米修斯盗取天火和机械技术送给人类的故事。这些神话传说都反映了人类使用客体技术的历史状况。显然,这些技术都是解决物质问题的,这种"客体技术"的概念往往会限制和干扰人们全面、深刻地理解教育技术概念。

在人类现实生活中,还存在着另外一种技术,这种技术可以称为"主体技术"。它不是用来制造客体化工具,也不是用来改造客体的,而是用于改变和发展人的,是"改造人自身"的技术。从广义上说,"主体技术"可以改变人的精神和肉体,克隆人的技术就是典型的制造人类肉体的主体技术。但在目前阶段,制造和改变人类肉体或细胞的技术对人类学习的影响还不显著,因此,此处的"主体技术"是个狭义的概念,是指能够改变人类精神的技术,或是指一切可以改变人类发展轨迹的技术,具体是指可以改变人的思想、知识、道德和能力等方面的技术。它是帮助人发展的,它的作用对象是人而不是物。主体技术主要包括相互交融的精神技术和实体技术两大部分。精神技术主要是指策略、方法、模式、设计等技术以及教学的才能和本领,实体技术主要是指现代信息技术以及传统的教学媒体技术。

在实体技术中还存在着两个精神因素,一是镶嵌于实体技术之中的精神技术,一是使用实体技术的精神技术。主体技术可以分为直接主体技术和间接主体技术。用于提高教师办公效率的技术称为间接主体技术,用于师生教学活动之中的技术称为直接主体技术。教育技术结构中的要素由三个方面组成:一是经验形态的要素,这个要素是指在教育技术的实践中总结和应用的经验、技能等主观性的技术要素;二是实体形态的要素,它是指以教学工具和教学机器为主要标志的客观性技术要素;三是知识形态的要素,它主要是指以技术知识和技术理论为特征的主体化技术要素,是三要素中最重要的、主导性的要素。[①] 按照"主体技术"的分析框架来看,主观性和主体性要素可以归结为精神技术,这些技术是使用实体技术的技术,也称为操作技术,还有存在于主体内部的智能化技术。客观性要素指实体技术或物质要素,它们是将人类的智慧物化的技术。如果将改变人的技术当作制造工具的技术和改造客体的技术,就一定会抹杀主体技术与客体技术的区别和界限。混淆主体技术与客体技术的对象,势必会将研究目光过分地集中

---

① 李芒.关于教育技术的哲学思考[J].教育研究,1998(7):69-72.

到物上,而忽视人的存在,也就是忽视鲜活的生命和人类独有的思想、精神的存在。那么,主体技术的作用对象就不能获得发展,主体技术的真正目标就无法完成。认识精神现象或生命现象就应该重视适合于精神和生命现象的理念和价值取向,不可使用工具理性的思维方式理解主体技术,应该以价值理性或目的理性为出发点看待主体技术。[①]

主体技术作为作用于人的技术,其主要特点就是它的对象是人,而人具有自主性、能动性和创造性,也是自由的、自觉自为的、有情感态度的活动主体。现代信息技术只是为学生提供了一个外部的学习环境,学生在这个特定的环境中实现自我更新的过程,而这个过程又具有明显的不确定性。因此,主体技术的使用,并不能如客体技术那样,对目标对象有比较准确的预期。正如依靠手工技术无论如何也不能生产出原子弹和航天飞机一样,没有适当的客体技术就不能解决具体问题。这些客体技术是可以操作、复制和重复使用的,并且可以获得大体相同的结果,其使用的实效性十分显著。然而,使用主体技术教化人、训诫人、影响人、发展人、点拨人或改变人时就不会有这么好的运气。主体技术为学生提供的学习环境作用在每一位学习者身上,所产生的效果一定是不尽相同的。为什么会出现如此的结果?因为决定学习效果的因素是多元化的,不仅仅取决于教学技术,其中一个主要因素就是学习者的状况,学习者不同,采用相同的信息技术手段也不可能获得完全相同的学习效果。在对人的影响方面,主体技术所产生的教学结果不易实现可重复性。它具有使用的或然性特点,而不具有必然性。学习效果是发生在每一位个体身上,根据个体不同的个性特征、动机水平、学习风格、知识背景和兴趣爱好等要素,会产生各种各样的学习效果。也就是说,如果追求主体技术的实效性,那么这种实效性带有极大的不确定性。

一般认为,客体技术的发展与进步,就意味着人的生产能力的发展与进步。而主体技术中的实体技术的进步或引进,是否也意味着人的教学水平和教学能力的发展和进步呢?答案是否定的。人的教学水平绝不会因为有了信息技术而自动提高,教学能力也不会因为使用了信息技术就会有所增

---

① 李芒.论教育技术是"主体技术"[J].电化教育研究,2007(11):5-9.

长,教学质量的提升也不会因为采用了某些教学方法与策略就水到渠成。这是主体技术区别于客体技术的关键所在。因此,主体技术的使用需要把"尊重人、研究人和培养人"作为出发点,将人作为具有灵魂、情感、态度、思想、意志的生灵对待,而不可将人类大脑视为计算机的芯片,不能将人类的思维过程简单视为集成电路中的信息流动,也不能将信息科学的程序设计套用到人类的教学设计之中。总之,不可将人视为物。不能混淆自然科学与人文、社会科学的本质区别,尽管二者也会相互融合,但毕竟存在质的差异。应该按照一切从人出发的基本原则,明确学生是学习的主体,应该按照人的认识规律理解和使用信息技术工具,应该按照培养人的规律使用信息技术工具。信息技术工具可以视为人们达到目的的手段。信息技术工具真正成为达到目的的手段,不仅要在活动中有目的地使用,而且要有适合于目的的正确的使用方法。正确的使用方法是实现有效教学的重要保障。遗憾的是,即便是正确地使用了信息技术工具,也未必就能够产生所期望的理想的学习效果;即便是作用在了学生身上,也不一定能够达到目的;即便是用在了该用的地方,也不一定能够解决实际问题。实际上,这正是教育技术学学科的基本特征,乃至教育科学的基本特征。这是由学生个体的唯一性决定的,教学中不存在相同的学生个体,每位教学对象都是唯一的,教学的复杂性就在于教学的多样性。教育技术的运作规律是"教学有法,而无定法"。这是一种极具特殊性的技术,是最具有不确定性的技术,也是人类社会中最不容易真正掌握和应用的一种技术。

第二节 教育技术的定义及性质

纵观教育技术学的理论发展过程,教育技术的定义随着社会、科技的发展而不断地演进。因此,其定义在一定程度上反映了当时的教育技术发展状况。考察教育技术定义的发展变化对理解教育技术意义重大。许多学者认为直观教学是教育技术的先声,并把美国20世纪初期兴起的"视觉教学"运动作为教育技术专题研究的开端,由此掀开了教育技术迅猛发展的序幕。

另外，人类认识事物的基本规律是渐进式的，后人站在前人的肩膀上发现新知识，因此，不存在完全彻底的"全新"创造。考察美国教育技术定义的发展历程，不难感悟到美国教育技术学者与时俱进地、一步一个脚印地、不断在前人定义的基础上发展着教育技术的定义。

一、逐步演变的 AECT 定义

从美国教育传播与技术协会（Association for Educational Communications and Technology，以下简称 AECT）对教育技术定义的演变过程来探寻、理解什么是教育技术是十分必要的。AECT 创办于 1923 年，最初的名称是美国教育协会视觉教学部，1970 年通过大会表决，改名为"教育传播与技术协会"（AECT），并一直延用至今。自 1963 年开始，AECT 先后发布了六个教育技术的定义，引起国内外教育技术界同行的广泛关注。

（一）AECT 1963 年定义

AECT 1963 年定义："视听传播是教育理论与实践的一个分支，它主要研究对控制学习过程的信息进行设计和使用，包括：(1) 研究在有目的的学习过程中可以使用的图像信息和非表征性信息的独特而相对的优缺点；(2) 在教育环境中利用人员和设备将信息结构化、系统化。这些任务包括对整个教学系统及其组成部分的计划、制作、选择、管理和应用。它的实际目标是有效地使用每一种传播方法和媒体，以开发学习者的全部潜力。它的基本特征是：视听传播的学科类别是教育理论和实践的一个分支；视听传播以控制学习过程的信息为主要研究对象；视听传播以对控制学习过程的信息进行设计和使用为主要研究内容；教育技术的目标是开发学习者的全部潜力。"

该定义为教育技术领域提供了一个发展框架，指出教育技术是关于教学媒体的工作和研究，是归属于教育理论与实践的一个分支。这是对教育技术本质认识的巨大飞跃，首次将教育技术领域与单纯的媒体使用区分开来，将"学习"而非"教授"作为研究的核心，将低级的物化思考提升到了人文性的高级思维层次,贴近了教育技术的本真属性。

(二) AECT 1972 年定义

AECT 1972 年定义:"教育技术是这样一个领域——通过对所有学习资源的系统化鉴别、开发、组织和利用以及通过对这些过程的管理,来促进人类的学习。"

这个定义明确地将教育技术界定为一种"领域",并且更加简短。它保留了 1963 年定义中的许多要素,用"促进人类学习"和"过程"代替"控制"和"确定目标"。此定义的阐述重点在于将教育技术界定在对学习资源的各种干预上,比较重视作为实体工具的学习资源的创设。指导定义制定的基本理念是"以学习者为中心"的教学思想,其目的在于最大限度地为学习者提供有效的学习资源,有利于学习者发挥学习的主动性,为学习者有效地采用适合时代和教学环境的学习方式提供条件支撑。

(三) AECT 1977 年定义

AECT 1977 年定义:"教育技术是一个复杂的、整合的过程,这个过程涉及人员、程序、思想、设备和组织,其目的在于分析涉及人类学习所有方面的问题,设计、实施、评价和管理针对那些问题的解决方法。"

该定义认为教育技术是一个过程,该过程需要处理与人类学习相关的各种因素,应该充分利用先进技术设备、有效的思想方法、人力资源和组织,分析学习者所面临的各种学习问题,设计出解决这些问题的方法,进而使用这些方法,评价这些方法的效果,并有效管理工作过程。这个定义比较系统地提到了教学过程中的各个步骤,特别是已经初具了教学设计模型的主要元素。AECT 1977 年定义的最大贡献在于提示教育技术工作者,教育技术真正具有解决实践问题的特性。任何学科都应该具有解决问题的基本功能,失去了解决问题的能力,"学科"则不能称之为学科。这类"学科"也就丧失了存在的正当性、必要性,也就失去了合法性。有些学科侧重于解决理论问题,有些学科则侧重于解决实践问题,有的学科二者兼而有之。教育技学比较重视解决教育教学实践领域中的具体问题,不论进行的是教育技术的理论研究,还是具体的应用层面的教育技术研究,所取得的研究成果都应该惠及教师和学生的教与学的活动,都应该能够帮助教育工作者有效地认识、分析和解决教育教学问题。尽管教育教学实践中的问题具有独特性和情境性,然而,教育技术的手段与方法,恰恰适用于解决具有独特性和情境性的问题。教育技术具有极强的自适应性、自变通性,特别是具有思想性,也就是具有抽象思维性。教育技术可以根据不同的问题,产生不同的解决方案和具体的方法。方法、策略和模式不是一成不变的。教育技术自身已经进化到了可以根据不同的问题选择、变化、生成不同的解决问题的方法的阶段。总体而言,教育技术不是做纯粹理论研究的学科。在教育技术领域中研究教育技术基本理论问题、教育技术哲学问题、教学设计问题,依然是为了提升教育技术的理论水平,最终的作用点还是落在提高教育教学质量上。

(四) AECT 1994 年定义

AECT 1994 年定义:"教学技术是为了促进学习,对相关的过程和资源进行设计、开发、利用、管理和评价的理论与实践。"

AECT 1994 年定义是在我国影响最大的教育技术定义。学界关注这个定义的主要原因在于,当时我国的教育技术事业和学科建设工作方兴未艾,正处于快速发展期,在理论指导实践方面处于极度的"饥渴状态",十分缺乏上位的理论框架,对什么是教育技术也处于模糊状态。以媒体开发与应用为主线的电化教育概念一直居于这一领域的主导地位,当教育技术的概念被引入国内时,必然会产生激荡式扩散的现象。

此定义与之前的定义相比,更为明确、简洁,同时也更便于理解、接受及传播。AECT 对它的评价是"迄今为止最好、最概念化的一个定义"。此定义继续将学习过程作为教育技术的促进对象和研究对象,继续遵循和倡导重视学生学习的教学观和教育技术观,同时,强调教育技术学是一门理论与实践并重的学科,应该从理论和实践两个方面进行研究和开展工作。此定义在之前各个定义的基础上,提出了教育技术工作和研究的对象,即两个重要维度——"过程"与"资源"。它指导教育技术人员关注对学习过程的研究。学习过程是由学习活动构成的,而执行学习活动的则是作为人的学习者。因此,教育技术必须重点研究人,研究学习者进行学习的方方面面。另一个工作和研究对象则是"资源"。开发学习资源与学习环境,满足学习者对现代学习资源的需求,是教育技术学重要的研究对象,也是教育技术学对教育发展最能发挥作用之处。此定义还将教育技术明确地划分为具有一体化特征的五大工作领域,为教育技术工作者指出了明确的努力方向。这五大工作领域,在系统思想的观照之下,隐含着作为教育技术领域主线的内部逻辑关系,形成了紧密相连的符合现实教学工作流程的人类行为的组合。

此定义改用了"教学技术"的概念,没有使用"教育技术"的说法。这个改动比较准确地把握了对象概念的基本性质和层次,在学科定位上是比较适当的。教育学科可以划分为两大研究领域,一个是教育论,一个是教学论。目前人们所言的"教育技术"的归属,应该落在教学论的范畴之中,而不应该在教育论内。因此,使用"教学技术"是比较妥当的选择。教学技术主要关注和解决的大都是在教育教学过程中所发生的、具体的教学问题,只是间接地发挥教育作用。使用"教育技术"作为学科和领域的称谓,确实存在泛化的嫌疑。但是,不同国家和民族的语言习惯存在着差异,我国教育学界常常习惯采用具有更大包容性的、更加上位的概念来指称某一学科。目前,我国将这个领域或者学科称为"教育技术",美国的同行则是将"教育"变为了"教学"。这主要是因为,美国在该领域的理论研究与实践活动大多集中在学校系统教学或企事业机构培训之中。另外,美国专业协会和实践人员更多使用"教学技术",1994年定义作者为说明美国这一领域的改革实情,特地使用"教学技术"的概念。[①] 但是,无论如何,"instructional"主要的含义就是"教学",因此,我们还是将其翻译为"教学技术"。然而,采用"教学技术"的说法,也确实会出现挂一漏万的问题,将学科范畴限定得过窄,也不利于学科的发展。

---

① 张祖忻.教学技术94定义的理解[J].中国电化教育,2001(1):17-20.

（五）AECT 2005 年定义

AECT 2005 年定义："教育技术是通过创造、使用和管理恰当的技术过程和资源，以促进学习和提高绩效的研究与符合伦理道德的实践。"

AECT 2005 年提出了一个新定义，其显著变化就是又使用了"教育技术"的称谓，这个术语曾在 1977 年定义中使用过。在定义委员会的投票中，"教育技术"比"教学技术"多得一票，支持采用"教育技术"的成员认为"教育"和"教学"是两个含义不同的词，"教育"涵盖了"教学"的内容，而后者并不包括前者。①

该定义将适当的技术过程和资源作为教育技术学的研究对象，明确指出教育技术研究的主要目标在于促进学习和改善绩效。该定义将教育技术的研究范围由学校教育领域扩展到企业绩效领域，首次明确提出教育技术的实践应符合道德规范的要求，首次将"创造"作为领域的三大范畴之一，强调了教育技术创新，强化了专业特色和工作重点。

（六）AECT 2017 年定义

AECT 2017 年定义："教育技术是通过对学与教的过程和资源进行策略设计、管理和实施，以提升知识、调节和促进学习与绩效的关于理论、研究和最佳方案的研究及符合伦理的应用。"

AECT 2017 年定义的主要研究内容包括策略设计、管理与实施，其属性指向"学与教"的过程和资源。"策略设计"主要包括学的策略、教的策略、学与教互动策略以及"学与教"的资源选择、使用和评价等相关策略。"管理"和"实施"的基本指向是以"教与学的过程和资源"为基本对象，是对教与学活动过程的组织和实施。②

该定义确定了教育技术学的基本研究范畴是学与教，将研究内容从学

---

① 上海师范大学教育技术系."教育技术领域新界定"的再解读：对 AECT 05 教育技术定义的理解和思考[J]. 电化教育研究，2005(1)：39-44.
② 李海峰，王炜，吴曦. AECT2017 定义与评析：兼论 AECT 教育技术定义的历史演进[J]. 电化教育研究，2018(8)：21-26.

习资源的设计、开发、管理和应用转向了学与教的策略设计、管理与实施三个维度。该定义首次将"教"与"学"同时容纳进研究的核心,从对学习的宏观关注转向了更加详细的学与教的过程与资源,突出强调"学与教的策略""知识的提升"以及指向教学过程的"最佳方案",极大地逼近了教育技术实践场域的本真属性,是对教育技术本质认识的一次巨大飞跃。

二、我国电化教育的定义及其更名

1978年以来,受美国教育技术定义变迁的影响,我国电化教育学界对电化教育的内涵和定义进行过多次探讨,对"电化教育"是否应该更名为"教育技术"更是产生了激烈的争论。教育技术学者由此更加深入和全面地认识我国电化教育(教育技术)的内涵,促进中国特色教育技术学理论体系的建立。

20世纪80年代以来,我国电化教育学者纷纷从不同角度提出对电化教育概念的理解,涌现出一批界定电化教育概念的研究成果(见表1-1)。

表1-1　20世纪80年代我国电化教育的主要定义

年份	定义内容	提出者
1983年	电化教育是指利用现代化的声、光、电设备进行教育、教学活动。[①]	萧树滋
1985年	运用现代教育媒体,并与传统教育媒体恰当结合,传递教育信息,以实现教育最优化,就是电化教育。[②]	南国农
1988年	电化教育是根据教育理论,运用现代化教育媒体,有目的地传递教育信息,充分发挥多种感官的功能,以实现最优化的教育活动。[③]	萧树滋

萧树滋1983年关于电化教育的定义是以物理学原理为基础,从设备的角度下的一个比较宏观的定义;南国农1985年的定义指出,电化教育是在传统教育媒体的基础上,引进现代化教育媒体,并强调将两者结合来传递教育信息,其最终目的是实现教育最优化;1988年萧树滋提出的电化教育的定

[①] 萧树滋. 电化教育发展与我国教育改进[J]. 河北大学学报:哲学社会科学版,1983(4):162-168.
[②] 南国农. 电化教育学[M]. 北京:高等教育出版社,1985:1-2.
[③] 萧树滋. 电化教育概论[M]. 北京:北京师范大学出版社,1998:1-2.

义较前两个定义,在内涵和外延上都更为丰富,不仅提出以现代教育媒体为工具、手段,发挥应用现代教育媒体调动学生多种感官的功能,还强调是在相关教育理论的指导下有目的地传递教育信息。以上三个定义中有两类核心概念始终存在,即设备(媒体)与教育。可以看出,我国的电化教育主要是研究将教学媒体有效地应用到教育教学过程中去的学科或者领域。"电化"二字也是从媒体角度出发界定这类教育活动的,印有明显的时代烙印——有电的媒体就是先进的媒体。其实,教育技术从电化教育时代开始,就具有鲜明的先进性特征。

进入20世纪90年代,"教育技术"的概念在我国逐步推广开来,大家渐渐地接受了这一概念。在AECT 1994年定义的基础上,不少教育技术学者结合我国国情和教育技术发展现状,修正和完善对教育技术的定义,其中几种具有代表性的定义如表1-2所示。

表1-2　20世纪90年代以来我国教育技术的主要定义

年份	定义内容	提出者
1996年	教育技术是人类在教育活动中所采用的一切技术手段和方法的总和,包括物化形态的技术和智能形态的技术两大类。①	尹俊华
1998年	教育技术:① 亦称"现代化教育手段",指在教育中应用现代科学技术;② 指在教育领域综合应用科学技术以及教育学、心理学、信息论、控制论、系统论等方面的原理及其方法。②	顾明远
1998年	现代教育技术,是在现代教育思想、理论的指导下,运用现代信息技术,优化教育教学,提高教育教学的质量和效率。③	南国农、李运林
1998年	所谓现代教育技术,就是运用现代教育理论和现代信息技术,通过对教与学过程和教学资源的设计、开发、利用、评价和管理,以实现教学优化的理论和实践。④	李克东

---

① 尹俊华,庄榕霞,戴正南.教育技术学导论[M].北京:高等教育出版社,1996.
② 顾明远.教育技术大辞典(增订合编本)[Z].上海:上海教育出版社,1998.
③ 南国农.信息化教育概论[M]. 第2版.北京:高等教育出版社,2011.
④ 时晓玲. 现代教育技术的核心:构建新型教学模式:访李克东[J]. 现代教育技术,1998(03):8-9.

(续表)

年份	定义内容	提出者
1998年	教育技术是根据教育理论和科技知识,开发和使用各种媒体及其他学习资源,优化教与学的一种实践和研究。①	章伟民
2002年	教育技术就是人类在教育教学活动过程中所运用的一切物质工具、方法技能和知识经验的综合体,它分为有形(物化形态)技术和无形(观念形态)技术两大类。无形技术既包括教学技巧、策略、方法,又包括其中蕴涵的教学思想、理论等。无形技术是教育技术的灵魂,是教育技术的真正内涵。②	何克抗
2003年	教育技术本质的定义:教育技术是人类在教育、教学活动中所采用的一切技术与方法的总称。 教育技术实践层面的定义:教育技术是在先进教育思想、理论的指导下,运用相关的技术和方法促进教育效果优化的实践活动。③	李龙

  由以上定义可以看出,20世纪90年代以来的定义中不再出现"现代化教育媒体",而是由"现代教育技术"替代。顾明远在《教育大辞典》中对教育技术进行了比较上位的定义,并且十分强调多种学科作为教育技术的理论基础,认为在教育中应用科学技术就是教育技术。尹俊华在1996年提出"总和说",指出教育技术具有丰富的内涵,为教育技术研究拓宽了场域。他认为教育技术包括物化形态的技术和智能形态的技术。南国农、李运林1998年的定义与之前的定义的主要区别在于用"现代教育技术"替代了"现代化教育媒体"。李克东在1998年基于AECT 1994年定义提出了教育技术的定义,增加了限定语句——"运用现代教育理论和现代信息技术"以"实现教学优化"。章伟民在1998年所提出的定义,指出教育技术是从利用媒体与学习资源出发,优化教学过程,与众不同之处在于强调了研究的重要性,指出教育技术是一种研究。何克抗2002年的定义,采用的是"综合体"的概念,指出教育技术是一个包容性很强的概念,并从要素层面描述教育技术的内涵,将教育技术分为有形和无形两类,重点对无形技术进行了透彻的说明,将教

---

① 章伟民.电化教育与教育技术[J].教育传播与技术,1998,(1):3-6.
② 何克抗,李文光.教育技术学[M].北京:北京师范大学出版社,2002:3.
③ 李龙.教育技术学科的定义体系:一论教育技术学科的理论与实践[J].电化教育研究,2003(9):3-8.

学思想、理论等也纳入了无形技术范畴，表达了"重视人"的教育技术基本理念。

李龙在2003年基于"教育技术由物化技术和智能技术组成"这一基本观点，从教育技术的本质和实践层面分别进行定义，在教育技术的本质层面落脚于技术、方法等智能技术，在教育技术的实践层面则强调"教学效果优化"这一实践目的。可以看到，我国学者对于教育技术的定位可以分为教育、技术、教育—技术三类，并逐渐走向教育—技术双定位的理解范式。相比AECT定义"重学轻教"的倾向，我国教育技术的定义明确以优化教学及解决教育问题为目的，强调智能形态技术与物化形态技术与教育的融合，重视教与学的关系。

我国教育技术理论建设的讨论主要集中在20世纪90年代中期至2005年，2005年之后我国教育技术理论研究进入本土化重构的探索阶段，拉开了教育信息化建设的帷幕。2011年，教育部拟将"教育技术学"专业名称改为"教育信息技术"，这引发了学术界广泛的关注与争论，也在国内形成了教育信息化研究热潮。2017年7月20日，国务院颁布的《新一代人工智能发展规划》将人工智能和数据技术等新技术呈现在教育教学面前，推动实施教育信息化2.0行动计划。伴随着技术革新和对学习理论、系统理论、传播理论、生态学理论等多种理论流派的借鉴，我国教育技术学理论研究不断发展，形成教学设计、混合学习、个性化学习、跨学科学习等专业理论研究方向。同时，与教育技术学外延理论研究的不断扩展相比，教育技术定义以及教育技术本质原理的理论研究进展却逐渐停滞，学科自身的核心理论研究呈现出疲软的趋势。

学科体系的发展壮大要求理论体系不断扩展和创新，相应地，对包括专业名称定义在内的本体研究的热度会自然趋于平缓。我国教育技术学作为一门创立四十余年的新兴学科，正处于急切渴求丰富学科理论框架、积累实践经验的时期。扑面而来的新技术和全新的跨学科视角拓展了教育教学的可能性，也分散了教育技术研究者的注意力。受20世纪90年代中期美国AECT 1994年教育技术定义引入的影响，我国教育技术定义的研究倾向于对传播理论、系统设计理论和心理学理论进行借鉴,关于教育技术的理解大都是围绕媒体技术在教育教学中的应用进行展开,对学科自身核心理念的建设探讨不足。① 而在技术革新不断改变人们学习方式、认知方式、社会关系的时代,教育技术本质内涵的研究停滞后,随之而来的就是技术逻辑凌驾于教学规律之上和学科发展"无根化"的焦虑与现实。没有坚实的学科核心理念体系作为学科专业发展的支撑,扑面而来的新技术在教育教学中的应用浪潮,也只是对学习理论、教学理论的新一轮简单套用,远远达不到"技术变革教育"的期望。

如果说此前对于新技术浪潮下的教育模式融合创新尚是学科领域内的探索,那么新冠病毒爆发所致的全方位、大规模的线上教学实践则是对教育技术的重要考验。在非常时期快速、准确地在网络学习空间中发布课程并实施教学,这反映了教育技术研究者前期探索MOOC等新型教学模式与培养师生信息素养的努力的有效性。然而,这场单枪匹马的、缺乏正确教学理念与方法指导的信息技术的"强力植入",引发了课程与教学之外的社会性消极体验,教师和学生似乎再次被技术的应用牵制住教学实践的步伐,而当前的教育技术理论却仍未形成有效的解决方案。在这种形势下,我们更应回到原点,重新审视教育技术的本质,对教育技术发展的内在逻辑起点与核心要素进行再认识,才能更好地理解教育技术、发展教育技术,真正解决教学实践问题。

首先,正确认识教育技术的"桥梁"作用,不盲目夸大和宣扬教育技术对教与学的改善效果。我国教育技术是先有其事,后有其名,再有其学,是顺应教师与学生对教育教学的合理诉求而自然产生,改善教学效果是教育技术的应然,这是教育技术最基本的发展规律。② 如果违背教学诉求存在的前提,将教育技术等同于教学效果提升,就会本末倒置,出现教育技术"塞入"课堂、教师"表演"教育技术的情况,无法顺利推动信息技术与教学的深度融

---

① 孙立会,李芒.中国教育技术学科问题再审视[J].中国电化教育,2014(11):10-16.
② 南国农.中国电化教育(教育技术)史[M].北京:人民教育出版社,2013:6.

合,反而会持续地将教育教学与技术割裂开来,阻碍教学实践。①

其次,重新审视技术在教育技术发展过程中的影响,回溯教育技术基本理论与原理的建构。教育技术的产生与发展带有鲜明的技术印记,这既体现在新的技术形态对教育可能性的拓展上,也内隐在技术本身蕴含的理性、科学性、规则化等价值取向和思维方式对教育技术发展取向的影响中。② 教育技术是面向改善教育教学优化教育、最终实现人的成长与发展的行动科学,其实践的核心在于对教育问题的理性诊断与科学决策,设计范式来改善学与教,并在实践中修正自己。③ 直指教学问题的解决方案不是技术在教育中的应用,而是容纳技术手段在内的整体方法范式的设计。然而,面对当前新兴技术与教育融合的主题,大部分教育技术的实践并未从教育技术本身的理论基础出发,而只是基于工具手段的运行方式来理解教育的存在,将教学理论、学习理论等与技术简单组合与加工便投入实践,忽视了技术的工具定位,也忽略了作为教育实践主体的人的活动与诉求。

最后,立足教育技术的实践导向,精简教育中的技术选择。技术的便利和效率并不是产生教育价值的直接原因。良好教学效果的获得与教师、学生、教学条件、教学策略等因素不无关系,是当前场域中的最优教学秩序,而非某一种教学方式的"功劳"。教育技术的实践核心在于其基于技术功能所进行的学与教的设计能力,技术从属于人的策略设计行为。④ 在教育教学中,信息技术的选用必须以服从教学问题的需求为先,不求最新,但求最精,因地制宜选择最适宜的工具、发挥最恰当的功能,帮助教师克服使用技术工具的"异物感",从而减轻教师接触新工具的抗拒心理与情绪障碍。

三、人文观的教育技术定义

国内学者给教育技术所下的定义纷繁多样。例如,教育技术就是教育

---

① 孙立会,李芒. 论教育技术之"道"[J]. 现代教育技术,2013(1):9-12.
② 伍红林. 技术时代的教育学发展:兼议人工智能背景下教育学的两种可能[J]. 华东师范大学学报:教育科学版,2019(5):26-37.
③ 孙立会,李芒. 中国教育技术学科问题再审视[J]. 中国电化教育,2014(11):10-16.
④ 任友群,顾小清. 教育技术学:学科发展之问与答[J]. 教育研究,2019(1):141-152.

加技术；教育技术就是教育中的技术；教育技术就是利用技术进行的教育；等等。如何认识教育技术，仁者见仁，智者见智，不同的学者有不同的定义。前面所提及的各种定义基本上是领域描述式定义，而非本质性规定。

教育技术作为一种主体技术的本质是"怎样教学"，是教学行为方式。使用什么工具和方法进行教学并不重要，重要的是怎样进行教学。教育技术关心的是怎样进行教学活动，至于是用口语讲、在黑板上写，还是使用互联网、虚拟现实和多媒体教学，是使用实体技术还是精神技术，是教学策略还是媒体使用，都只是技术活动方式外在的表现形态，而不是技术的本质。

从事教育技术理论与实践工作的人员，应该维护与坚守技术的人文性特质，树立人文性是教育技术的重要性质的理念。从技术的人文观出发，进入对教育技术本质的讨论，可以尝试着对教育技术进行本质性描述。基于"技术是人的行为方式"的视角，可以认为教育技术就是教学者在教学过程中所表现出来的教学的行为方式，是从人出发的教育技术。从人出发的教育技术体现在两种人身上。一种人是教师，每位教师身上都有教育技术或者教学技术，因为教师是靠教育技术进行工作。另外一种人就是进行教育技术软件、平台、网站等教学资源开发的人员。他们身上也有技术，他们的技术用来开发教学资源，为老师、学生服务。在这两种人身上都有技术的情况下，生产计算机、生产网络、生产软件的过程是技术过程，而使用这些软件，使用这些工具，使用这些媒体，包括平台、网络、教育技术产品等，也是一个技术过程。

这样，我们就可以从人的角度对教育技术进行界定，教育技术是不折不扣的研究人的学问，不能眼光仅仅放在工具上。工具的应用一定要符合人的学习规律和教学规律。在人的教学过程和学习过程中如何用好工具非常重要。如果没有了工具，照样有教育技术，那就是方法层面、策略层面、精神层面的工具，这些工具也是相当重要的，以人为本是非常重要的教育技术学理念。

教育技术主要属于主体技术的范畴。作为主体技术，教育技术的根本目的是促进学生的学习，主要解决怎样教与学的问题，主要面对的是学习者,主要研究学习者如何有效地应用信息技术进行学习以及如何有效地学习信息技术。教育技术在最根本的意义上不是制造工具的技术,而是为学生和教师提供经验世界的技术,解决的主要问题并不是制造工具,而是如何更好地使用工具。教育技术的主体性主要体现在主体操作和改变主体上。教育技术绝不等同于生产物质产品的"客体技术",而是帮助学习主体得到发展的技术,是对人的技术。教育技术的最终作用点是人而不是物。

主体技术能够产出什么?它主要负责高水平教学的外部环境或条件的建构,以及对人类活动进行程序性和策略性保障,而不是"生产"高水平的学生。学生不是主体技术的产品,因为学生的发展从本质上说是一个自我更新的生存过程。如果将教育问题单纯地作为工业中的工程问题对待,用工业工程的逻辑来思考教育教学问题,也许会获得一些出人意料的想法,但有些"工程性"的想法,并不适合教育教学领域。

人的教育教学活动对信息技术的接受程度不是无限的。利用信息技术完成某种教学任务,首先应该思考的是教育教学是否"适应"信息技术的特点,过度使用会适得其反。教育不是技术工程(technical engineering),教育的过程也不是一个技术工程过程。教育技术领域也不是制造业,制造业是指对原材料进行加工或对零部件进行装配的工业部门。如果教育技术是制造业部门,那它将永远不可能制造出同一规格的产品。学生也不是教育的原材料,不是供教师任意改造的物质性对象,学生是具有生命的、能动的精神性对象。

所谓精神技术,在古代汉语中可以找到比较充分的说明。古代汉语中的"技",只是指"手艺",它是不能与主体相分离的技艺和技巧,"技"主要是指才能或本领。现代的技能比赛,其中就隐含着"技"对主体的依赖性。[1] 由此来看精神技术,它的发动者不是机器,而是作为教学主体的人。这种依赖于主体的"技",是存活在主体之内的,随主体发展而发展,随主体消亡而消亡。因此,这类教学之"技",具有极强的个性化特征,很难复制和学习。这与产生物质的技术和服务于物质的技术有着本质的不同。关于"术",凡能

---

[1] 许良.技术哲学[M].上海:复旦大学出版社,2005:49.

用于达到目的的均可称为"术"。技术首先是一个内部过程,有时是看不见的"存在"。从主客观的视角观察教育技术,可以将物化技术作为"客观技术",而把操作技术和智能技术作为"主观技术"来看。在现实生活中人们总是不断地产生认识客观世界的需要,而且总是借助某种技术工具实现,因此可以称其为"认识技术"。人们充分利用技术进行各种交往活动,所以又可以称其为"交往技术"。这些从不同视角产生的不同认识结果,都在精神技术的概念框架之内。

如果将视点集中到参与教学的信息技术上,将用于教育教学之中的信息技术作为研究对象,可将在教育教学之中使用的信息技术称为教育技术,那么,它就会表现出十分明显的二重性特征:既有主观性,也有客观性;既有社会属性,也有自然属性。教育技术作为人的创造,必然包含主观性的东西,没有人的目的和愿望就不会有技术,技术是人的本质的外化。使用技术更需要发挥人的主观性,任何技术的目的都是人类赋予的,而不是技术自己产生的。人类的技术活动,特别是在教育教学活动中的教育技术活动一定是社会活动,一定是人的活动,是人们实现既定目标的一种方式,是学生和教师认识世界和交往实践的活动。技术在产生之时,并没有太强的目的性,从科学研究过程和技术过程中产生出来的新方法,是没有计划的。我们是事后才为这种新方法找到用途的。① 技术进步与没有预见到的方法一起甚至还会产生出计划之外的使用目的,技术的可能性同时强迫人们在实践上充分地利用这些可能性。这种对技术的教学意义和功效的开发,正是人的主体性、主动性和社会性的发挥,也是技术的人性和社会性的具体表现。但是,技术也必然受到客观性的制约,任何实体技术都不能脱离物质的客观实在性,必须遵循技术的客观规律,因而在一定意义上必然限制人的自由。因此,实体技术的自然属性和社会属性是技术本身所固有的、不可分割的两种属性。为实体技术寻找教育教学用途的过程是人类永无止境的、主观性的、个体化的和没有标准答案的开放过程。认识实体技术的可能性,并最大限度地、人性化地、策略性地发挥实体技术的教育教学功效,是教育技术学研

---

① 哈贝马斯.作为"意识形态"的技术与科学[M].上海:学林出版社,1999:92-93.

究的核心任务之一。教育技术的根本任务应该是关注如何利用现有的人类技术成果有效地提高教与学的水平,使学生获得真正的发展。教育技术的"应用"取向应该是目前教育技术学界高度重视的课题。

第三节 什么是教育技术学

教育技术在美国是一个工作领域,在我国却是一个学科,且是一个正处于发展中的尚未成熟的学科,该领域中的学者对教育技术学是否应成为一门独立学科还存在一些不同看法,有人认为教育技术学还不能成为独立的学科。[1] 但是,我国的教育技术学在我国电化教育实践和学科初创的基础上诞生之后,发展速度和规模十分惊人,已经取得了长足的进步,形成了专科、本科、硕士、博士、博士后完整的专业教育体系。基于学界对教育技术学的认识,并结合作者对教育技术学的理解,本书对教育技术学这一学科进行全面描述。

如前所述,加涅首先从界定技术的概念出发,提出了教育技术学的定义。他认为,技术是由科学研究导出的系统化知识,教育技术学就是以研究"有效学习条件"为核心,由源于科学研究的技巧和方法等组成的系统化知识。[2] 据此可以认为,教育技术学是研究如何学习、如何教学的技巧与方法的知识体系。

我国的教育技术学是把视听技术和信息技术的应用作为研究教育教学问题的切入点,对这些媒体技术参与下的教学过程和学习资源进行研究,即以具有科技含量的视听工具和现代信息技术的教育应用为基础,研究相关的教育现象和活动,对教育信息资源和教学过程进行设计、开发、使用、管理和评价。[3]

---

[1] 汪基德,黄华蕊,郑静雅. 教育学科不同专业人员的教育技术观比较研究:关于教育技术学科建设若干问题的调查与思考[J]. 教育研究与实验,2008(5):27-31.

[2] 徐晓雄. 教育技术学究竟是什么?:解读加涅教育技术观引发的思考[J]. 开放教育研究,2005(3):8-11.

[3] 李康. 教育技术与教育技术学的研究对象[J]. 电化教育研究,2004(1):1-4.

教育技术学作为教育学的一个分支学科，其主要目标是"促进和改善人类学习的质量"①。教育技术学是基于系统科学理论、传播理论和学习理论的思想、原理和方法，研究、解决教育和教学问题，探讨学习模型的建立与实施的技术过程以及媒体利用的理论和实践。②

　　从教育技术人文观出发认识教育技术学，教育技术学是研究如何教与学的学问，即是研究教与学的方法的学问。在我国，教育技术学既有舶来品的成分，又有本土化的内容。在由电化教育向教育技术学的发展脉络中，可以看到其内涵随着媒体的发展而不断变化。中国的教育技术学重点研究如何将教学媒体有效地运用到教学过程之中，研究如何运用教学媒体提升教育教学质量。例如，研究慕课（MOOC）、翻转课堂、微课、虚拟现实、增强现实教学环境、基于人工智能的教学等教学方式，对这些内容的研究是教育技术学区别于其他教育类学科的最典型的特征，是教育技术学无法被其他学科取代的特长所在。如何在教学过程中有效合理地使用教学媒体恰恰属于教与学方法的范畴，利用现代教学媒体促进学习者发展，存在着极为复杂的教与学的问题，因为使用教学媒体的主体是人。教育技术学也必须研究没有使用教学媒体的教与学方法，使用教学媒体、信息技术工具与否并不是教育技术的本质，"怎样做"才是教育技术的本质。在教学过程中，存在着大量不以现代教学媒体为主线的教学活动，在这类活动中，教师同样会使用教育技术，而此时的教育技术则是智能技术，或称为无形技术。很显然，怎样进行非信息化教学，属于方法范畴的内容，此部分对教育技术学同样具有重大意义。将教育技术学限定在对教学媒体应用于教育教学过程的研究，只是研究学习资源、教学支持条件、新媒体的教学应用，是远远不够的，已经不能适应社会发展的需求，我们还必须对学习过程、学习方法、教学方法进行研究。

　　有学者认为，科学技术的进步不可避免地会带来社会的变革，必然会影

---

① 郑旭东.教育技术学的逻辑起点及其理论结构[J].电化教育研究，2004(8)：23-27.
② 尹俊华，庄榕霞.什么是教育技术学：关于教育技术学几个基本问题的浅见[J].中国电化教育，2002(12)：5-7.

响人的思想意识及智力水平。人类历史阶段的划分可以以生产资料的变革为依据，例如，石器时代、青铜器时代、铁器时代、蒸汽时代、电气时代、互联网时代等。传统形式的学校必然要适应时代的发展变化。随着人类工具水平的不断进步，世界终将成为互联网世界，生活意味着"互联网生活"，人则意味着"互联网人"。纸质媒介的退场陆陆续续，书信几近绝迹，报纸日渐式微。在塑造环境的意义上，媒介的命运即人类的命运。

我们认为，未来的学校教育中，各类工具对教育教学活动必定会产生更大的影响。如果大胆预测未来的教学活动的形态，即描述教学方法的发展趋势，未来的学校教学活动已经彻底离不开数字化教学媒体，未来的教学方法必定与现代教学工具捆绑在一起，没有信息技术工具就没有人类的学校教学。这种教学的形态必定会到来，信息技术彻底颠覆传统教学媒体的教学方式一定会实现。在这些预测变为现实的时刻，我们就更能够理直气壮地说，教育技术学就是研究人类教与学方法的学问。

一、教育技术学的学科性质

性质是一种事物区别于其他事物的根本属性，学科性质即是一门学科区别于其他学科的根本属性。教育技术学作为教育科学中的一个分支学科，具有其独特的研究领域和功能。关于教育技术学的学科性质问题，我国学者目前还没有形成统一的认识，尚处于长期争论的状态，下文介绍一些典型的研究成果。

南国农指出，教育技术学的学科特色就是学科的个性，可以用"三强调"概括：强调以现代教育媒体的研究与应用为中心，强调以现代教育思想理论为指导，强调实现现代信息技术与现代教育思想理论的融合。[①] 这就是教育技术学与相关学科如教育学、教学论、学习论等最明显的不同之处，也是中国的教育技术学与美国、日本的教育技术学最明显的不同之处。冯秀琪将教育哲学、教育学、教育技术学作为教育科学研究的三个层次，认为教育技

---

① 南国农. 当前电教理论和实践中的几个问题[J]. 电化教育研究，1986(1)：1-6.

术学是研究运用技术方法改善教育的过程和结果。①尹俊华则将教育哲学、教育科学、教育技术学作为三个层次,认为教育技术学层次的研究在于探讨如何分析、解决具体的教育教学问题,研究做什么、如何做的问题,即主要是研究和开发达到一定的教育目标的方法、手段,并努力去实践这些方法和手段。

教育技术学是教育科学领域的二级分支学科,是连接教育科学理论与教学实践的桥梁,主要研究教育教学问题,研究教师和学生"如何教"与"如何学"的问题,是一门理论与实践并重的学科。它的理论部分包括与知识体系有关的概念、理论框架和原理等,实践部分是指这些知识在解决问题过程中的应用。20世纪90年代出版的《教育大辞典》对教育技术学作为一门独立的分支学科作了明确的定义:教育技术学是以教育科学的教学理论和学习理论、传播理论和系统科学理论为基础,依据教学过程的客观性、可再现性、可测量性和可控制性,应用现代科学技术成果和系统科学的观点和方法,在分析、确定目标的前提下,探求提高教学效果的技术手段和教学过程优化的理论、规律和方法,是一门新兴的教育分支学科。这个分支学科属于交叉学科中的综合性学科,强调应用性和交叉性。实践证明,教育技术学不可被现代教育媒体作用的有限性所束缚,教育技术学应该发挥更大的作用,特别是在教学方法和策略的层面上,会有更大的作为。

随着认识的进一步发展,人们对教育技术学学科性质的认识也不断深入,讨论也越来越细致。教育技术学经过几十年的理论和实践探索,已经初步形成并建立起学科的理论框架,有了本学科的研究对象、内容、方法以及研究和实践的队伍,并且以其独有的观察、分析和解决问题的方式立足于教育学科群之中。

可以说,教育技术学的特征是最前卫、最活跃、最主动、最实用、最富有生命力的。教育技术学的性质是杂技之学、方法之学、器物之学、实践之学、操作之学和行为之学,而不是原理之学、观念之学和思辨之学。

教育技术学是"杂技"之学,体现在教育技术学内容之"杂",是综合交叉型学科的最大特点,所培养出来的综合型人才也应该具有这种"综合"特色。

---

① 冯秀琪.教育技术学的概念和学科定位[J].开放教育研究,2000(1):11-12,43.

要特别强调的是,教育技术学之"杂",是"杂而不乱"的杂,"杂"的背后是严密的学科框架和概念体系,表面看似繁杂,实际上具有极强的内在逻辑性。

教育技术学是"方法"之学,是方法层次的学问。方法通过活动体现出来,方法就是人们的活动,方法学是探讨事物之间有序联系规律的科学。教育技术学具有很强的方法学性质。

教育技术学是"器物"之学。教育技术学必须研究教学媒体的有效应用问题,应该在上位理论的指导下,做"器物之学",研究人们如何利用器物进行教学活动,研究有效利用器物教学的行为。

教育技术学是"实践"之学。教育技术学与教学实践具有本质性的联系,距离人类的教学实践活动最近。教育技术学应该运用实践性的研究方法,解决教学实践问题,使理论和实践研究的内在联系达到和谐统一。

除此之外,还可以从学科的基本特征方面理解教育技术学的性质。

(一)教育技术学的学科基本特征

1. 研究和实践主体的多元化

教育技术学是一门交叉学科,所以协作是教育技术学发展的重要特色,教育、心理、教学设计、计算机技术、媒体理论、传播理论等不同学科背景的专家和学者共同研究和实践,开放式的讨论与合作研究已成为教育技术学的重要特色。

2. 学习资源的开发与应用

学习资源主要包括教学材料、支持系统和学习环境。教学材料是学习者学习过程直接作用的客体,具体指符合一定教学目标和教学要求的、经筛选的、可用于教学和促进学习的一切信息及其组织。支持系统主要指支持学习者有效学习的内部和外部条件。学习环境不只是指教学过程发生的场所,更重要的是指学习者与教学材料、支持系统进行交流的过程中所形成的氛围,其最主要的特征在于交互方式以及由此带来的交流效果。[1]

---

[1] 李芒,张志祯.现代教育技术[M].北京:中央广播电视大学出版社,2011:11.

3. 用系统方法设计和组织教学过程

教育技术学区别于其他教育分支学科的特点不只是表现在这个学科的目的、任务上——为了改善和获得有效的学习结果,更重要的在于它分析、解决教育和教学问题的思想、手段、方法和方法论。各种学习资源并不总是能够促进教学,关键在于如何将其有效地综合利用。系统方法主张把事物、对象看作一个系统进行整体研究,研究它的成分、结构和功能的相互关系,通过信息的传递和反馈来实现系统之间的联系,达到有目的地控制系统的发展、获得最优化的效果的目标。教育技术学中的系统方法是一个计划、开发和实施教育的自我纠正的、逻辑的过程。它提供了一种程序化的框架:首先是明确系统的目的;其次是对目的进行分析,以找到实现目的的最佳方法;接着选择最适于发挥该系统成功性能的组成部分;最后对系统进行连续的评价,为提高系统的效益及性能开展修改工作而提供基础。进一步具体化的步骤为:阐释和分解既定的教育目标;分析满足目标所需要的教学任务和内容;制定教学策略;安排教学顺序;选择教学媒体;开发和确定必要的学习资源;评价教育策略和学习资源的效果;修改策略和资源直到有效。

4. 以改善和获得有效的学习结果为目标

教育技术学是在试听教学、程序教学和系统设计教学的基础上逐步发展起来的教育科学的分支学科,目的是为了改善和提高教学效果,这一任务是与其他教育分支学科共同承担的,而教育技术学区别于其他学科的显著特征是运用信息技术学习的优越性,如超时空性、多元选择性、学习创新性、交流便利性、个别适应性等实现教学最优化的特性。

5. 以解决教育、教学问题为目的

教育技术学是一个实践性很强的领域,十分强调理论和实践的融合,以解决教育教学中的具体问题为主要目的,着眼于改善现实的教育,开发出有效的手段、方法、技术和系统,通过实践反复评价其效果,使教育效果更好、更完善。教育技术学是教育研究中的技术学层次,探讨如何分析、解决具体的教育、教学问题,研究"做什么""如何做"的问题,即主要是研究和开发达到一定教育目标的各种方法、手段,并努力去实践这些方法和手段。

（二）教育技术学学科研究的特点

教育技术学学科研究的属性是其学科性质的具体体现，它的属性既与教育活动特殊的社会特性相关，又与深深影响其发展的物理学、心理学等科学研究息息相关。赵可云、何克抗认为教育技术学研究具有问题解决性、技术应用性、系统方法性、开拓创新性与客观实在性的属性。[①] 日本学者坂元昂（Takashi Sakamoto）对教育技术学研究和教育学研究的区别作了如下阐述。

（1）教育学的研究，在很多场合，是在文献研究中发现其问题的端倪；教育技术学则是在教育的现场发现问题。

（2）教育学的研究是追求教育过程的原理，诊断教育现象发生的原因；教育技术学的研究则是追求教育问题的改善方法，提供改善的处方。

（3）教育学的研究是对问题进行分析式的研究；教育技术学则是对问题进行构造式的研究，创造出提高教育效果的方法。

（4）教育学的研究是为追求真理，调查已经过去的教育现象，分析教育现状；教育技术学则是为改变未来的教育，提出改善的方案。

二、教育技术学的学科体系

《教育大辞典》对学科体系的定义是：按照学习心理和教学要求，兼顾科学知识的内在联系组成的各门教学科目的系统。[②] 其含义有二。一是教学科目的排列组合，要有一定的结构。如学习物理、化学需要相应的数学知识基础，这些数学知识的教学就要比理化知识的教学先行一步。二是各门教学科目中的知识系统，既要符合科学原理，又要按照学生的认知规律排列。本文中的学科体系指的是后一种含义。

[①] 赵可云，何克抗. 由教育技术学的学科性质谈教育技术学研究[J]. 现代教育技术，2010(1)：10-13.

[②] 顾明远. 教育大辞典：卷2[Z]. 上海：上海教育出版社，1990：256.

(一) 教育技术学的理论体系

何谓理论体系？潘懋元认为,学科的理论体系,是指该门学科的概念和联结这些概念的判断,通过推理、论证,形成一个层次分明、结构严密的逻辑系统。① 任何一个学科的理论体系都应该由三个部分组成:一是关于该学科的意义与作用的认识,要回答的是"为什么"要研究这一学科;二是关于该学科的基本概念、基本原理,要对该学科研究对象的性质、内在联系及规律做出科学的解释,即要回答"是什么"的问题;三是关于如何运用该学科的理论、方法去解决实际问题的知识,要回答的是"怎么做"的问题。②

教育技术学的理论体系是教育技术学学科构架的筋骨,没有理论体系或理论体系不完整都无法构建完善的学科体系,因此探讨教育技术学学科体系,必须首先探讨其理论体系。理论体系的建立是一门学科成熟的主要标志,是构建学科知识体系的依据,是学科知识体系简洁的表现。③ 我国教育技术学理论的基本框架是在学习欧美试听教育的基础上,经过改造和创新逐渐发展起来的,包括基础理论、学科理论、相关理论。

南国农教授曾把我国电化教育的理论框架概括为七论:本质论(电化教育的本质)、功能论(电化教育的功能)、发展论(电化教育发展史)、媒体论(现代教育媒体的开发与应用)、过程论(电化教育过程的规律)、方法论(电化教育的方法)、管理论(电化教育管理)。④

尹俊华先生根据顾明远教授编著的《教育大辞典》中有关教育技术学的阐述,在1996年出版的《教育技术学导论》中设计了教育技术学学科知识系统及其各要素的关系。他认为教育技术是教育技术学的研究对象,教育技术是媒体技术与系统技术的总称,即教育技术学的研究对象可理解为教学媒体的开发和教学过程的设计,主要的基本理论是媒体开发的理论和教学

---

① 潘懋元.关于高等教育学科建设的若干问题[J].高等教育研究,1993(2):1-6.
② 何克抗.中国特色教育技术理论的形成与发展[J].北京大学教育评论,2013(3):8-31,189.
③ 钟柏昌,李艺.中国教育技术学基础理论问题研究:关于理论体系的评述[J].电化教育研究,2014(1):9-15.
④ 南国农.信息化教育理论体系的形成与发展[J].电化教育研究,2009(8):5-9.

设计理论。①

　　李龙教授提出教育技术学的理论框架应该由本体论、核心论、过程论、资源论和绩效论五个部分组成。② 本体论阐明教育技术学学科的基本概念,明确教育技术学"是什么"。核心论主要包括教学设计和教育信息处理两个方面,所涉及的内容是培养教育技术专业人才核心能力的理论和方法,体现了教育技术学"用什么"去提高教育的绩效,即阐明了教育技术学的基本理论。优化学习过程的技术主要是智能技术,也包括一定的媒体技术,优化学习资源的技术主要是媒体技术,也包括一定的智能技术。从技术和方法的层次对过程和资源进行优化和整合,是教育技术学研究的主要内容,它解决教育技术学"如何做"的问题。通过绩效论的内容,明确教育技术学能够"做什么",即从哪几个方面去促进教育绩效的提高。

　　安涛、李艺认为,"教育技术"是教育技术理论的核心范畴,教学媒体和教学设计是教育技术理论的现象范畴,现代教学媒体的应用,特别是信息技术对学与教的支持作用,最有可能作为教育技术学发展的"核心"。③ 这种观点是把"教育技术"作为思维起点和核心范畴,强调现代教育媒体理论的核心地位,将教学媒体作为教育技术学与其他学科的根本区别,教学设计在教育技术学中也占有核心地位,其目的在于优化教学效果。这种观点是从理论和实践的视角认识、确定我国教育技术学发展的核心问题,讨论的是本土语境下教育技术的理论形态,符合本土教育技术学发展的规律和特征。

(二) 不断发展的学科体系

　　钱学森提出,任何科学体系都分为基础科学、技术科学和应用技术三个层次。教育技术学作为独立的综合性应用学科,也应按照这三个层次来构建理论体系,即教育技术学应包括教育技术学的基础理论、技术理论、应用技术三个部分。

---

①　尹俊华.教育技术学导论[M].北京:高等教育出版社,1996:3.
②　李龙.教育技术学科知识体系的构成:三论教育技术学科的理论与实践[J].电化教育研究,2004(2):3-8.
③　安涛,李艺.教育技术理论的范畴体系与核心问题[J].现代远程教育研究,2014(2):16-22.

教育技术学学科地图

国外对教育技术学学科理论体系的认识也有着诸多不同的主张,如英国学者霍克里奇(D. Hawkridge)认为,教育技术学应由学习目标、学习媒体、学习环境、学习方法、媒体环境的选择、教与学的评价等六部分构成。1994年 AECT 把教育技术学的学科领域界定为学习过程和学习资源的设计、开发、运用、管理和评价。这些从不同角度去构想教育技术学学科理论体系的尝试都十分富有启发意义,可以促进学科研究的深入。教育技术学学科理论体系是不断变化的,永恒不变的理论体系是不存在的。

任何学科作为科学总体系中的一个部分,都是由一定的知识系统组成的。学科本身反映了人类对某一类现象及其规律的系统认识。人类的认识活动是不断深入的,遵循人类认识的一般规律,即从感性认识到理性认识,从生动的直观到抽象的思维,并从抽象的思维到实践的认识,因此,学科的理论体系必定是不断发展、不断完善的。当学科发展完善到一定程度的时候,它又会分化成不同的分支。

教育学的发展历程就是如此。在古代社会,人们关于教育、教学活动的认识不断积累和丰富。到了近代,这些认识不断系统化,独立的教育学逐渐形成。进入 21 世纪以后,教育学逐渐分化为普通教育学、学前教育学、高等教育学、成人教育学等。与此同时,教育学又与经济学、统计学、社会学、心理学、管理学等学科结合,形成了一批交叉、边缘学科。

教育技术学作为教育科学总体系中的一个分科,其发展的历程必然也是在实践基础上产生,在研究的过程中不断深入。视听教育是教育技术学产生的最直接的实践基础。当视听教育发展到一定程度,当学习理论、传播理论、系统理论逐渐被人们用来研究现代传播媒体在教育中的应用的时候,教育技术学就应运而生。教育技术学是对有关教育技术理论与实践认识的整合。教育技术学学科理论体系的建立是一个长期的、不间断的过程,是为了"整理我们的思维",而不是寻求一个终结的体系。"整理我们的思维"的过程,既有助于实践的发展,也有助于理论的完善。

总之,构建我国教育技术学学科理论体系是当前面临的一项重要的、需要长期付出努力的研究课题。在构建我国教育技术学学科理论体系的过程中,既要积极借鉴国外教育技术学发展的经验和理论,又要从我国的具体国情出发。与此同时,既要考虑学科理论体系的建立,也要考虑教材体系的建立。

(三) 教育技术学的研究对象

教育技术学在美国作为一个独立的学科领域的标志是 1963 年 AECT 提出教育技术的定义。教育技术学在中国的发展历史也不过五十余年。相对于美国的教育技术学,中国教育技术学的发展是不连续的,有学者使用"潮起潮落"来形容。在我国,教育技术学是一个比较年轻的、不太成熟的学科。中国的教育技术学专业诞生在物理学或无线电电子学等纯物质技术学科之中,而没有诞生在将人作为研究对象的教育学与心理学领域,并且目前还处在不断演进的过程中。这种不断变化的动态性,充分体现在教育技术学界对于教育技术学研究对象尚存在纷繁多样的观点。

1. 过程和资源说

持这种观点的学者将教育技术学的研究对象看作是过程和资源,此类看法又有两种表述:一种说法是学习过程与学习资源;另一种说法是教学过程与教学资源。过程与资源说的出发点和依据是美国教育传播与技术协会(AECT)1994 年定义。比较有代表性的观点包括:何克抗认为"教育技术的研究对象是有关学习过程和学习资源"[1];李克东、许维新把教育技术学的研究对象表述为学习过程和学习资源的设计、开发、利用、管理和评价;[2][3]邓杰认为"学习过程和学习资源是教育技术学研究和实践的对象"[4]。

2. 现象和规律说

有些学者把教育技术学的研究对象界定为"教育技术现象及其规律"。如蔡林认为"电化教育是以电化教育现象和规律为研究对象的一门学科,是教育科学的一个分支"[5]。

---

[1] 何克抗,李文光.教育技术学[M].北京:北京师范大学出版社,2009:3.
[2] 李克东.新编现代教育技术基础[M].上海:华东师范大学出版社,2002:4.
[3] 许维新,等.现代教育技术应用基础[M].2 版.北京:科学出版社,2004:2.
[4] 邓杰.教育技术学:引导教学走向艺术化境界[M].北京:社会科学文献出版社,2001:9.
[5] 蔡林.实用电化教育手册[M].成都:四川科学技术出版社,1990:5.

3. 教育中的技术说

李康认为"教育技术是教育技术学的研究对象"。然后他把问题转化为如何理解"教育技术","教育技术是一个有多层面理解和解释的概念。不同的层面,意味着教育技术的领域不同,研究对象的大小也就不同"。他分析了"泛层面的教育技术,即把教育或进行教育活动看作是一种技术,故教育就是教育技术";"广义层面的教育技术,即把存在于教育领域中的所有教育方法、技能、设备和资源,以及它们的教育应用看作是教育技术";"狭义层面的教育技术,即把教育技术划定在特定的领域,一般以具有一定科技含量的视听工具和现代信息技术的教育应用为基础,研究相关的教育现象和活动"。① 这里涉及如何理解"技术"一词,对"技术"一词理解不同,会产生不同的教育技术学研究对象观。

4. 教育媒体和方法应用说

有学者认为,"电化教育学是教育科学的一个分支学科,它的研究对象是利用现代科学技术成果,去实现教育最优化的问题"。②

李康认为,"我国对教育技术的研究对象大致存在着三种认识,根据它们利用的媒体工具的多少和相关资源的不同来划分,有大、中、小三个领域"。③ 大领域,就是将研究对象和领域定位在"学习过程和学习资源";中领域,"是以现代教育媒体的研究和应用为对象";小领域,是"以计算机为核心的信息技术在教育教学领域的应用为研究对象"。这里,除了"大领域"把教育技术学研究对象定位为"学习过程与学习资源"外,"中领域"和"小领域"都可以说是以"技术""媒体"及其"应用"为研究对象的。

马启龙认为教育技术学有如下不同的研究对象:媒体的教育应用;控制学习过程的信息设计与使用;学习过程和学习资源的设计、开发、运用、管理和评价。他对教育技术学研究对象做了如下分析:教育技术学研究的是教育问题;教育技术学研究的是教育的技术问题;教育技术学研究的是教育的

---

① 李康.教育技术与教育技术学的研究对象[J].电化教育研究,2004(1):1-4.
② 李运林,李克东.电化教育导论[M].北京:高等教育出版社,1986:12.
③ 李康.试论教育技术及其研究对象:兼评美国AECT'94教育技术定义[J].中国电化教育,2001(1):9-13.

系统方法。①

钟柏昌追溯教育学和教育科学的发展历史,审思教育学领域有关研究对象的诸种观点及其根源。②他认为无论是"技术说""现象与规律说""问题说"还是"过程与资源说",教育技术学领域对各种对象观普遍缺少深入的论证,缺乏理论支持和思想底蕴,并存在诸多非此即彼的论断。他认为,问题的关键不在于确认何种对象观最为准确,也无须纠结其是否过时,而在于这些观点是否向我们充分展现了其内涵,是否揭示了具有启发意义的层面。

一般而论,教育技术学的研究对象是教育技术这个观点是被一致认可的。教育技术是一个有着多层面理解和解释的概念。不同的层面,意味着教育技术的领域不同,研究对象的大小也就不同。教育技术不是研究教育中的所有领域,教育科学有不同的分支学科,教育技术学只是其中的一门分支学科。广义层面的教育技术所涉及的领域十分广泛,在我国教育学科的格局下,鉴于我国教育技术学研究的实际情况,目前还不能把教育技术学的范围扩展得过大。我国教育技术学研究领域和学科的定位,必须根据我国的教育实践和教育学科发展的实际情况来界定。

第一,教育技术学不是以媒体技术本身为研究对象,而是把媒体技术(现代视听媒体和信息技术)在教育中应用而产生的现象和规律作为研究对象。

第二,教育技术学不是针对所有的教育(学习)资源的研究,也不可能包揽信息技术在一切教育环节中应用的研究。

第三,教育技术学不可能囊括一切与教育有关的技能和方法。

概括地说,教育技术学从宏观层面而论,是研究学习者如何学与教育者如何教的学问,重点突出教授和学习方法与策略的研究;从微观层面而论,是为了提升学习质量、改变学习方式、促进现代思维方式的生成,研究如何在教学过程中有效地使用教学媒体的方法与策略。

---

① 马启龙. 也论教育技术学的研究对象[J]. 开放教育研究,2014(3):18-26,120.
② 钟柏昌. 中国教育技术学基础理论问题研究:关于研究对象的评述[J]. 电化教育研究,2013(9):10-19.

第二章　教育技术学学科发展史

第一节　教育技术学的萌芽期

现代教育技术学的形成与发展发生在20世纪40年代之后，它的起源却可以追溯到公元前500年至公元前300年左右的古代思想家，如孔子、苏格拉底、柏拉图和亚里士多德等人。从广义上说，从教育产生的那一天起，就产生了教育技术学的萌芽，就有人开始研究教育技术。

对教育产生重大影响的第一项科技进步成果是印刷术。在此之前，人们只能手抄书籍，教育和书籍是特权阶层的专利，只有他们能负担得起昂贵的费用。印刷业发展起来之后，更多的社会成员可以接受正规的教育。教育技术致力于为更多学习者提供人性化的有效学习环境，其三个核心价值分别为普及性、效率效益和人文性。在20世纪之前相当长的历史时期内，媒体技术的发展非常缓慢，纸质媒介和印刷机一直是支持人类教育发展的主要工具。教育技术学的萌芽主要体现在教育理念、内容和方法的不断进步等方面。诸多教育家、思想家们的教育思想，他们为促进教育普及、提高教学效率以及增强教育的人文性所做出的不断努力，为教育技术学的形成和发展奠定了坚实的基础。

一、早期教育家的影响

（一）孔子的启发诱导法

关于教育的普及性，孔子主张"有教无类"，让每一位渴望学习的人，不论社会地位的高低，都有权受到教育。在教育的效率和效益方面，孔子主张启发诱导,循序渐进。"不愤不启,不悱不发,举一隅,以三隅反,则不复也",就是说,首先让学生认真思考,已经思考相当时间但还想不通,可以去启发他;虽经思考并已有所领会,但未能以适当的言辞表达出来,此时可以去开导他。教师的启发是在学生思考的基础上进行的,启发之后,应让学生再思考,获得进一步的领会。孔子还主张学习和思考必须结合起来,所谓"学而不思则罔,思而不学则殆"。孔子的启发式教学思想、循序渐进的教学思想、"学思结合"的学习主张对现代教育技术的理论与实践具有启发意义。

孔子认为学习是高度个体化的行为,主张"因材施教"。施行"因材施教"的前提是承认学生的个体差异,了解学生个体的特点。可以通过谈话了解学生,"不知言,无以知人也";还可以通过个别观察,"听其言而观其行","视其所以,观其所由,察其所安",即通过多方面观察学生的言行举止,由表及里地洞察学生的精神世界,注意学生的所作所为,考察学生的感情倾向,把一个人的特征了解透彻。

(二)智者学派的大众教育

活跃于公元前5世纪至公元前4世纪的希腊智者学派开创了有史料记载的最早的大众教育。他们将"人"作为研究的核心,体现了人文精神。早期智者既是职业教师,又是自由知识分子,这种双重身份使智者能够脱离体制束缚,以自由、理性、现实的视角对教育问题进行思考和分析。虽然在智者时期还没有出现"班级"的概念,但是智者们的教学组织形式已经有了班级授课的影子。普罗泰戈拉提到了两种方法:一种是"单独谈",即个别化的教学方法;另一种是"一起谈",即"多问一答"的教学方法。因为学生众多,所以"多问一答"的教学方法也是当时主要的教学组织形式。在教学中智者们通过技术将科学与艺术相结合,并使用了一些创新性的教学方法,例如直观教学法、庭院漫步教学法、讲学、演说和辩论。智者们别开生面、不拘一格的教学方法,摆脱了以往封闭、乏味的教学风格,成功地吸引了学生。

在对于效率和效益的关注中,智者学派发现不同的教学方法会带来不同的行为结果。他们运用分析技巧提高教学有效性,在教学中使用系统的步骤,通过技术将科学与艺术相结合。他们使用一些创新性的教学方法,例如解释性讲授和分组讨论。关于人文性,智者学派意识到与观念、动机、个体差异和评价相关联的问题,认为教育的目标是培养博学的人,所有人都有能力学习,美德可以通过学习获得。

(三)苏格拉底的产婆术

苏格拉底是古希腊雅典著名的哲学家、教育家,西方启发式教学的创立者。苏格拉底认为教会一个学生有逻辑地辩论的最好方法是让他参与哲学对话。他主张用提问法进行个性化教学,引导学习者发现他们自身已有的知识和不具备的知识。

苏格拉底发明了通过师生对话、共同讨论问题而获得知识的问答式教学法,被称作"产婆术"。苏格拉底认为人的头脑中已经存有各种知识,教师的作用就在于启发学生把这些知识发掘出来,做知识的助产士。他提出各种问题,学生常陷于回答不出的尴尬境地,并认识到自己的无知,从而产生学习的愿望。苏格拉底在提问时总是摆出一无所知的样子,向学生请教,然后沿着学生的思路进一步发问。学生产生迷惑时,他不是立即告知答案,而是讲出一些事例,引导和启发学生从中得出问题的答案。后人将"苏格拉底法"概括为讥讽、助产、归纳和下定义四个步骤。这种教学方法能够以学生为主体,调动学生学习的主动性和积极性,鼓励他们独立思考问题,锻炼其逻辑思维能力。学生能够多方面地思考人与人之间关系的普遍原则,从而辩证、具体地看待问题,而不是得出绝对、笼统的结论。在当前的合作学习、讨论学习活动中,苏格拉底的方法很有启发作用。

(四)《学记》中的教学原则和方法

我国战国时期的教学理论著作《学记》中提出了"教学相长"的原则:"学然后知不足,教然后知困。知不足,然后能自反也;知困,然后能自强也。故曰:教学相长也。"也就是说,学习是一种人类的实践活动,学生通过学习的实践活动,才能体会到学习的好处和难处。学生通过学习,开阔了眼界;学

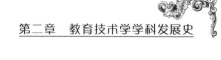

生学习兴趣愈高,也就愈谦虚,愈感到自己的不足,因而进步愈快。教师在教的过程中也会遇到困难,会感到知识的不足,需要不断进修,不断学习,必须边教边学,才能胜任教学工作。所以,教的过程也是学的过程。

《学记》中也论述了启发诱导的教学方法:"君子之教,喻也。道而弗牵,强而弗抑,开而弗达。道而弗牵则和,强而弗抑则易,开而弗达则思。和易以思可谓善喻矣。"所谓"喻",就是启发、诱导。这段话的意思是说,教师教学生,最重要的是善于启发诱导,引导学生,而不是牵着学生走;鼓励学生,而不是压抑学生;启发学生,而不是代替学生做出结论。教师如果能够这样进行教学,就能使学生产生"和易以思"的效果,可以做到师生关系融洽,学生学习感到容易,又能进行独立思考,发展思维能力。

《学记》中对循序渐进的问答法的阐述包括两个方面,一是如何提问,二是如何回答问题。"善问者如攻坚木,先其易者,后其节目;及其久也,相说以解。不善问者反此。"提问应该由易到难,从容易的问题入手,容易的解决好,难的也就容易解决了。"善答问者如撞钟,叩之以小者则小鸣,叩之以大者则大鸣,待其从容,然后尽其声。不善答问者反此。"教师回答问题要大小得当。如果学生提出的问题大而深,教师就要深入地进行解答,把道理解释透彻。《学记》中还主张教师在问答和讲解过程中要做到"约而达,微而臧,罕譬而喻",即语言精简明确,细致妥当,举例或譬喻不多但能说明问题。

(五)经院哲学中的教学法

欧洲的经院哲学产生于公元8、9世纪,盛行于12、13世纪。经院哲学认为,学生在阅读文本之后,有自己得出结论的自由。经院哲学强调辩证思维,通过推理来扩展知识和解决矛盾。经院哲学思想还以严密的概念分析和差异界定著称。

在这一思想指导下,托马斯·阿奎那发展了经院主义教学方法。(1)启发诱导式和正反论辩式。在教学中托马斯·阿奎那很重视学生通过自己的努力和他人的帮助来学习。他把学习分为两种:一是通过发现来学习,即靠自己的努力获得对事物本质的理解;二是通过教学来学习,即在他人帮助下经过启发和诱导而获得知识。在教学或辩论过程中陈述正反两方观点,通过细致的分析提出自己的意见并对其他观点加以评说。(2)开放调和式。在教学过程中,托马斯·阿奎那还十分重视运用开放调和的方法来解决神学发展中遇到的问题。这一方法的特征是,在分析问题时,常对一个论题或者概念的意义做出仔细的区分,然后把对方的观点放在一个大的范围内,指出对方的观点在某一层次上是正确的,但在更重要的意义上或更大的范围内却是错误的或有缺陷的。托马斯·阿奎那的教育方法尽管从本质上来说是为论证基督教神学服务的,但为后来的科学探究和实验的系统方法奠定了基础。

二、17 世纪至 20 世纪的教育探索

(一) 夸美纽斯的《大教学论》

夸美纽斯(Johann Amos Comenius)是 17 世纪捷克杰出的教育理论家,近现代教育理论最伟大的奠基者之一。他的教育思想集中体现在其专著《大教学论》中。夸美纽斯针对当时学校中个别教学法效果差、效率低的特点,提出了一种崭新的教学组织形式,即班级授课制。它的基本特征直到今天还在世界各国的学校中被保留和遵行。

夸美纽斯依据教育要适应自然的思想,从理论上论证了直观性教学原则,除实物外还可以利用图画、范本、模型、表格等直观教具进行教学,演示直观教具要注意方法。夸美纽斯还详细提出了直观性教学的一些具体要求。他主张尽可能地用感官去认识外部世界;实际观察是首要的,文字的学习是第二位的。他认为,直观是一切知识的起点,由此得来的知识真实、准确、巩固,直观教学是必要的。因此,直观性原则是教学的一条"金科玉律"。

夸美纽斯主张人们在教育系统中接受幼儿园直至大学的教育,教育级别的提升要依靠能力,而不是社会地位。夸美纽斯在教学的效率与效益方面的贡献是出版了儿童学习拉丁语和科学的课本,其中有 150 多张与抽象概

念相关的图片。教材中图片使用的理论基础是人们通过多种感官学习。

(二) 卢梭的自然主义教学方法

卢梭(Jean-Jacques Rousseau)是18世纪法国杰出的启蒙思想家和教育家。他的自然主义教育思想主要包含两方面的内容：一是教育要适应儿童天性的发展；二是保护儿童善良的天性，使其身心得到自由发展。《爱弥儿》是反映卢梭自然主义教育思想的代表作。卢梭认为当时的封建经院主义教育是人为的，"归于自然"的教育是让儿童远离嘈杂的城市社会，15岁之前都需要在农村接受教育。教育应回到自然，适应自然，要建立在自然的基础之上。

在教学方法上，卢梭强烈反对传统的灌输—接受式教学，认为它是对儿童心灵的漠视与桎梏。真理是靠主体去主动发现并自行验证的，而不是现成的、不加验证的。由此，卢梭提出了发现教学的思想，主张教学过程以儿童的主动发现为主。教学过程的要义和主旨就在于激发、保护学生的兴趣与好奇，教给学生探究事物的方法，而不是由教师直接告诉他是什么。激发学生的学习兴趣既是教学过程中的手段，更是教学的目的性追求，是教学终极性的诉求。

(三) 裴斯泰洛齐的实物教学

裴斯泰洛齐(Johann Heinrich Pestalozzi)是19世纪瑞士著名的民主主义教育家，为教育科学奠定了基础。裴斯泰洛齐强调教育心理思想、直观概念和要素教育理论等。他认为，学习就是"由模糊的直接经验到清晰的概念"这样一个过程。这一思路在德、智、体育中得到了体现。对于数、形、词的关注，使得他在课程中特别重视算术、测量和语言的教学，并围绕着这些学科提出了具体的教学程序。裴斯泰洛齐本人在解释其教育实践时说："有两种指导的方式——一种是从理论到实践，一种是从实践到实践，我的恰恰是第二种。"

裴斯泰洛齐的教育思想关注人头脑的自然成长规律，强调通过以教师为中心的教学方法，将教学内容分解并按适当的发展顺序排列。裴斯泰洛齐主张用实物教授简单、具体的思想，这些简单的思想会累积成抽象的观念。例如，学习者会在数五个实体块的过程中学会数字"5"的概念。裴斯泰洛齐的观点1860年被谢尔顿（Edward Sheldon）应用于实物教学中，强调使用自然界、图表和博物馆，弱化文本资料的使用。

裴斯泰洛齐式教学中实物的使用体现了教育技术领域中教学媒体的运用以及对人脑工作原理的详尽分析，体现了教育技术领域中教育的整体性理论。

（四）兰卡斯特的学校教育

兰卡斯特（Joseph Lancaster）是19世纪英国民众教育的倡导者和导生制的先驱，是英国教育史上的重要人物。在兰卡斯特导生模式的免费公立学校建立之前，一个贯穿教育史的问题是社会地位的差异常常决定一个人能否受到教育。兰卡斯特20岁时在父亲的家里建立了一所免费学校来教育贫苦的学生，采用低成本的教学方法，让教师通过群体教学法同时为很多学生授课，每位教师可以负责500名学生。兰卡斯特的导生模式为当时更多人提供了能负担得起的受教育的机会。这一模式采用培训者培训的方法，由教师教授导生们，然后每个导生教一组学生，反复记忆知识并练习问题，直至能够轻松解决问题。他们使用教育媒体作为教学工具，学习者听导生展示例子，用石板记录下来。石板上的字可以擦掉再写。

在教育的效率和效益方面，兰卡斯特为群体教育的课程计划组织主题。他研究有效使用特殊教室、在教室中运用教学媒体和学生分组等手段实现教学目的；使用成本低、实用的教学材料；在学校实行集中管理，鼓励系统的教学方法，为现代教育技术奠定了基础；强调教学媒体的质量。兰卡斯特的导生模式对关注有序、系统的教学方法和课堂管理的免费公立学校的诞生起了催化剂的作用。这一模式还包含了教学媒体使用和教学设计的范例，至今仍然盛行。模式中使用的石板是用教学媒体补充教学方法的典范。运用这种方法，教师可以有序、系统地教学。由于学生人数众多，这一模式也强调通过导生进行学习环境的组织和管理。

在教育的人文性方面,兰卡斯特探究激发学习动机的技巧,提高对教学技能的要求,期望将穷苦人和受压迫的人从强权和蒙昧中解脱出来。

(五)福禄贝尔的幼儿园教育

福禄贝尔(Friedrich Wilhelm August Fröbel)是19世纪德国著名的教育家,被称为"幼儿教育之父"。福禄贝尔认为教育最重要的功能是训练头脑、滋润心灵、培育感情和激励精神,这些都比单纯的传授知识更为重要。他建立了有序的幼儿园系统。福禄贝尔的"经验课程"具有以下特征:① 经验的依据是"自我行动",是行动意义上的经验,是主体能动性的反映,它不再是二元对立的产物,而是连接主体与客体的桥梁。② 自我是经验的依据。知识不是源于世界,而是源于"自我"。

福禄贝尔认为教育要完成其使命和任务,不仅依靠学习者从外面所接受和所吸收的东西,而且依靠学习者自己所表现的、所展开的东西。福禄贝尔把游戏看作是儿童本能的表现,把自我活动当作一切生命的基本特征,个体由此认识自然、认识自我。作业的作用是由内到外,帮助儿童发表或表现他们对于外界事物的印象或认识。

(六)赫尔巴特的教育信条

1835年,赫尔巴特(Johann Friedrich Herbart)出版了《教育信条纲要》,将裴斯泰洛齐的感官印象法转化为智力学习的系统方法:① 明确性:与学习者对新观念的吸收相关,学习目标分解成各个组成部分,因此学习者可以逐个关注每一个细节;② 关联性:学习者学会新知识之后,将新知识与已有知识联系起来;③ 系统性:把现象置于恰当的关系中,看作一个内部相互联系的整体;④ 条理性:通过对系统内部各个组成部分之间的关系的考察来检测系统。

赫尔巴特的框架区分不同水平的学习,包括最初的感官活动、接下来复制已经存在的思想和最后将新概念与旧概念同化。他主张以教师为中心的教学方法,教师准备问题和答案,向学生灌输知识。1892年美国成立了赫尔巴特协会,赫尔巴特的教育思想也成为美国公共教育思想的重要组成部分。

(七) 杜威的教学实验

杜威(John Dewey)是20世纪美国著名的实用主义哲学家和教育家,精于现代教育理论,且富于教育实践经验。1896—1904年,杜威在芝加哥建立了实验学校。他将科学探究的方法应用于教育,关注通过实验和实践学习,提倡系统方法的运用。杜威强调学校不仅是学生获取学科内容知识的场所,而且是学生学会生活的场所。教育的目的不应该是学习事先确定的一套技能,而应该是充分发挥学生的潜力,将技能应用于更重要的事业。他相信学生的茁壮成长需要一个能够允许他们体验并与课程互动的学习环境,每个学生都应该有投身到学习中去的机会。

杜威还是进步教育的倡导者,他反对程序化的强制步骤和公认的个体差异,认为教育是促进社会变革的重要力量。杜威一贯主张教育和学习是社会的和互动的过程,学校本身就是一个社会机构,在这里可以也应该发生社会变革。他认为教育是使公民能够将文化与所从事的职业有效融合的途径。

(八) 加涅的教学设计理论

美国教育心理学家加涅对教学设计中系统方法的使用做出了突出的贡献。加涅推崇行为主义,关注学习结果。他在其专著《学习的条件》中阐明了学习所需的智力条件。加涅将学习条件分为内部条件和外部条件。内部条件与学习者先前学习到的能力有关,也就是学习者之前已经掌握的东西。外部条件与学习者受到的外部刺激有关,例如学习者受到什么样的教育。

加涅认为教学最主要的组成部分是呈现知识或技能,提供带有反馈的练习和提供学习指导。这些构成要素在教学设计中需要依据不同层次的学习目标来进行安排。加涅认为,教学设计首先要确认学习目标,然后分析完成能展示学习目标的活动所需要的技能。

在行为主义和认知主义的双重影响下,加涅还提出了教学过程的九步骤模型,称为九大教学事件,并与学习的条件相呼应。这九大教学事件分别为:引起注意、告知学习目标、刺激对先前知识的回忆、呈现刺激、提供指导、诱发学习行为、提供反馈、评价学习行为、促进记忆和转化。

第二节 教育技术学的发展期

影响教育史的第二次技术进步始于欧洲的工业革命,人们开始从农村迁移到城市,需要学习文化知识以实现从农民到产业工人的转变。20世纪随着汽车等运输工具的发明,学生不必每天步行去附近的小型乡村学校读书,大规模的学校教育得以实现。随着20世纪电子技术的迅速发展,教育技术学的研究也随之蓬勃开展,第二次世界大战期间及战后在美国的发展尤为迅猛。中国的教育技术学在20世纪也经历了学科建设和理论发展的关键期。20世纪初教育技术学关注的焦点是视听传播媒体,后来逐渐过渡到行为主义心理学以及对教学过程、步骤的系统研究。

一、世界教育技术学的发展

20世纪教育技术学在世界各国都得到了不同程度的发展,其中居领先地位的是美国,欧洲和亚洲的教育技术学都在不同程度上借鉴了美国的经验。许多国家成立了专业教育技术协会,包括美国、澳大利亚、法国、德国、以色列、匈牙利、印度尼西亚、日本、韩国、马来西亚、波兰、菲律宾、俄罗斯、土耳其和中国等。

20世纪新的教学媒体不断涌现,教学设计也在系统理论和行为主义心理学的基础上发展起来。然而新工具的发展并不是学科发展的根本特征,其根本特征在于理论的成熟性。工具的发展只是信息技术的发展,不是教育技术的发展,只能说工具的发展促进了教育技术的发展。教育技术发展的特征是新工具使用条件下的理论发展和方法创新。教育技术学就是研究如何利用新工具的优势及功能去创造更有利于学习的环境,生成更有利于学习的方法策略。

（一）教学媒体的发展

1. 第二次世界大战前：视觉教学阶段

20世纪初美国进入视觉教学阶段。究其原因，首先是幻灯和电影发明后，许多教育学家感到利用这些视觉媒体可以使学习经验更具体；其次，视觉教学是在夸美纽斯、裴斯泰洛齐、杜威等人教育思想的影响下，对长期以来在传统教学中盛行的形式主义教学方法的变革。视觉教学阶段中，动画投影仪在学校中被用来将电影、幻灯和照片组合起来进行教学。动画和幻灯进入课堂的同时，培训教师进行视觉教学的机构相应地建立起来。视觉媒体的应用，为学生学习抽象的教学内容提供具体形象的感性认识，有助于教学效果的提高。

20世纪初，教师是教学的主要媒介。1905年，第一个学校博物馆在美国圣路易斯建立，收藏补充教学材料，帮助教师教授不同主题。对视觉媒体和教学电影的兴趣增长引发了视觉教学运动。1910年，第一部教学电影应用于课堂。爱迪生（Thomas Edison）在1913年预言："书本将在学校中被摒弃。学者们将很快用眼睛教学。每一门学科都可以通过动画来讲授。接下来的十年中教育系统将发生彻底改变。"很快，视觉教学的专业组织建立起来，杂志开始发布关于视觉教育的信息，二十多个教师教育机构开始开设视觉教育课程。

20世纪二三十年代，电影、广播和录音带的应用普及和质量提高，促使教育技术从单纯运用视觉媒体向视听媒体转变。当时人们相信，由于无线电广播技术的发展，收音机将成为变革教育的媒体。然而，收音机没有像热衷视听教育的人们所预言的那样对教育产生如此大的影响。

在教育的效率和效益方面，20世纪早期，教育被认为是操练的代名词，大脑被认为是需要操练的器官。随着对人类和动物学习机制的科学研究不断发展，尤其是桑代克（Edward Thorndike）的社会管理和教育测量理论影响了人们对学习规律的认识，教育开始成为一门科学。桑代克将教育方法和学习理论中的体验式调查引入教育研究。这一方法在美国受到广泛关注,被认为是现代系统教育方法的基础。1928年出现了多瑞斯(Dorris)编写的第一本有关视觉教育的教科书《公立学校中的视觉教学》。赫本(C. F. Hoban)的著作《课程视觉化》是20世纪30年代视觉教学理论的代表作,书中提出了为各种媒体分类的层级模型,将各种视觉教具按照特性进行整理,按真实程度进行排列,为视觉教学提供了理论基础。他还指出,视觉教具的现实性、学生过去的经验和性质、教师素养和教学目的、学生智力的成熟度四个因素决定视觉教具的价值。在对课堂上视听材料真实性分析的基础上,戴尔(Edgar Dale)提出著名的"经验之塔"理论,认为这些材料的有效性源自其真实性。他依据各类视听媒体和方法所提供的学习经验的抽象程度将媒体进行了系统分类:做的经验(包括直接有目的的经验、设计的经验、演戏的经验),观察的经验(包括观摩示范、学习旅行、参观展览、电视、电影、录音、无线电和静止画面),抽象的经验(包括视觉符号、言语符号)。该理论成为视听教学的理论基础,但同时又将研究者的注意力局限在媒体能提供具体经验的方面。

在教育的人文性方面,1912年伯克(Frederic Burk)开发出现代个性化教学方法。随后,他的团队又开发出个性化教学方法的达尔顿-温内特卡制,更加关注学习者以自己的步调学习,强调学习新技能之前学习者必须掌握基本技能。20世纪20年代,博比特(Bobbitt)提出教育的目标可以从客观分析成功社会生活的必备技能中得出,教学设计被看作是所要得到的结果和促进习得的教学计划之间的联系纽带。这一阶段,教学目标、个性化教学和掌握学习的概念开始出现。20世纪30年代,泰勒(Tylor)发现在设计具有特定目标的教学过程中,评价具有循环特征,由此发现了形成性评价过程。

2. 第二次世界大战期间:视听教学阶段

视听科技的进步、大规模教学和培训军事人才的需求对教育技术学产生了强烈的影响。20世纪40年代,随着有声电影、广播、电视等的发明,媒体内容由纯视觉扩展为视听媒体。有部分研究者注意到,电视和广播除了能提供视听的学习刺激以外,还有传播性广的特点,可以突破时空的限制,把传播内容送至遥远的地方和更多的人群。该阶段推广过"大众教学",但这种教学方式没有产生很大影响,很快又回到原来的教学方式。

第二次世界大战爆发后,众多心理学家和教育家应召为军事培训开展研究并开发资料,其中包括加涅、布里格斯(Leslie Briggs)和弗拉纳根(John Flanagen)。培训资料的开发基于他们对教育、学习和人类行为理论的研究与阐释。心理学家们用他们的评价和测试知识帮助评估受训者的技能,并通过考察总体智力、心理和感知技能找出最能受益于某种培训项目的人选。教育技术学家开始出现,教育开发团队的雏形形成,其中包括设计者、行业专家和制作者。媒体与视听专家在教育技术中的作用与地位得以明确。

教学设计者开始设计和开发培训军事人才的电影。教育电影也被用来培训新进入商业或工业领域的美国公民。教育电影能够在保证教学效果的前提下大大缩短教学时间,因而取得了很大的成功。

美国政府在"二战"期间制作了457部教育电影,并购买了55000台电影放映机。视听设备被广泛用于军事和教学培训,成为"二战"时期关键的军事培训工具,并取得了良好效果。音频设备在外语教学中、模拟装置在飞行训练中得到更广泛的应用。传统的视听教学理论得到实践的检验,新的理论不断出现。

由于军事电影大获成功,人们也开始重新关注学校课堂中的教育电影。研究者们开始对比电影或电视媒体教学和单纯教师教学条件下学生对同样内容学习的效果。"二战"结束后,许多战时受聘去军队和工业界主持培训的视听教学专家返回教育部门,视听设备逐渐普及,学校系统的视听教学开始扩展。

3. 20世纪五六十年代:视听传播阶段

20世纪50年代,传播学的产生是自然科学和社会科学趋于一体化的反映。施拉姆对传播学研究的范围概述如下:传播学研究所注重的是如何让传播有效;怎样使人了解与明白;人怎样使用现代传播媒体;国与国之间怎样相互了解;社会怎样使用传播媒体为本身造福。

视听教学运动的先驱们开始关注传播学的理论和模型。受到传播理论的影响,商农、韦弗、泊罗等人的传播模式相继被引入视听教学界,产生了一定的影响,一些学者开始将教学过程作为信息传播过程进行研究。赫本在1956年明确提出:"传播的概念可以引导我们在视听领域里获得更好的理解,达到更大的功效。"戴尔在其再版的《教学中的视听方法》中提出了新观点:"当教师认真考虑传播的理论和实践时,各级学校将出现重大的革命性变化。能否在教学过程中理智地和有效地使用所有教材,取决于对传播的重要原理和实践的掌握。"许多学者倾向于将传播理论作为视听教育的理论基础之一。传播概念的引入,使研究人员的眼光从静态的、单一维度的物质手段方面转向了动态的、多维的教学过程方面。这从根本上改变了视听领域的实践范畴和理论框架,由仅仅重视教具、教材的使用,转为关注教学信息如何从发送者经过各种通道传递到接受者的整个传播过程。1963年,贝罗(David Berlo)强调信息交流位于首要位置,媒体居于次要位置,交流是学习发生的必要条件。

20世纪50年代,在联邦通信委员会和福特基金会的共同努力下,美国教育电视的使用也迅速增长。1952年联邦通信委员会开设了242个电视教育频道。然而,这些教育节目的质量却不尽如人意,节目多为以教师为中心的说教式的讲座。虽然教学材料的顺序性安排、提问技巧的运用及对问题的即时反馈有利于学习者自学,但是由于教师抵触、安装费用、维修费用和节目质量问题,教育电视于20世纪60年代中期停止使用。到20世纪70年代早期,教学媒体仍旧无法对教育实践产生重要影响。20世纪50年代计算机开始应用于教育和培训,IBM开发出计算机辅助教学(CAI)程序用于公立学校。20世纪60年代后期到70年代,教学设计的研究生课程开始设立。

在教学的效率和效益方面,20世纪50年代起视听教学运动从单纯关注设备转向关注整个教学过程,包括信息发出者、接收者和媒介。1958年,美国通过国家防御法案。之后,政府开始资助对媒体的研究和课程开发(尤其是数学和科学)。20世纪60年代早期,任务分析过程的完善和标准参照测试的出现推进了系统方法的发展。加涅1965年提出了五大教学结果和九大教学步骤,强调对教学内容和任务的分析是教育技术学领域中教学设计的基础。20世纪60年代到70年代,教育技术强调运用设备展示教学资料的同时要关注科学原理的应用。1967年,斯克里文提出"形成性评价"和"总结性评价"的概念。[①]

人文性方面,20世纪50年代中期,程序教学运动展开。由于开始注意学习者的特点,行为主义研究重心由原先强调利用媒体从事"大众教学",转向"个别化教学"的研究。20世纪50年代后期到60年代,斯金纳(Burrhus Frederic Skinner)开发出一套系统方法,用以评价和改进教学材料和教学媒体。这一评价过程将教学材料依据有效性加以修订。这一分析和系统设计教学的过程成为今天教学设计过程的基础。皮亚杰(Jean Piaget)构想出符合个性化的认知发展规律的教育技术认知模型。1956年布鲁姆(Bloom)提出了"行为目标分类"体系。1962年,梅格(Robert Mager)提出"程序教学的目标准备",促进了行为目标理论的推广。20世纪60年代,众多个性化教学系统开发出来。20世纪60年代后期,程序性教学走进尾声。

4. 20世纪七八十年代:计算机辅助教育阶段

20世纪70年代早期,美国的视听教育部更名为教育传播与技术协会,简称AECT。AECT为教育技术学领域的界定发挥了重要作用。

行为学派心理学的理论运用到人类学习上时,只能适用于较低层次的学习,并且早期行为学派只注重可观察行为的研究,忽略对脑力活动的研究,具有相当的局限性。在西蒙(Herbert Simon)、米勒(George Miller)、皮亚杰、乔姆斯基(Noam Chomsky)等人的影响下,认知科学于20世纪60年代至70年代兴起。西蒙提出用电脑程序来表示"内在过程和结构",皮亚杰探讨人类认知结构的发展历程,乔姆斯基则通过语言结构的分析,对人类语言行为进行了认知的分析。米勒等人针对行为学派的刺激—反应(S—R)理论提出了增加内部认知操作过程的理论(S—O—R)。

这一时期研究生课程的数目持续增长,接受这些课程训练的学生的就

---

① REISER, R A. Instructional technology: a history [M]. //GAGNE R M. Instructional technology: foundations, 1987: 11-48.

业机会也在增多。系统方法的研究得以扩展,大批新书出版,《教学发展杂志》(Journal of Instructional Development)创办。20世纪70年代后期,苹果二代电脑进入学校,但只在整个学校教育中占据非常小的份额。学界对教学设计的兴趣剧增,主要目标是改善员工绩效、提高组织效率和效益,系统方法的概念也日益受到关注。

20世纪70年代后期,通过计算机辅助教学实现个性化教育的方法得到广泛关注,以伊利诺伊大学的PLATO系统最具影响力。1981年,IBM公司发布了第一台个人电脑。随着计算机的价格越来越被大众接受,它对教育技术学研究的影响也越来越大。计算机逐步融入各种学习环境。学校中计算机的使用也大大增加。到1983年,美国学校社会组织中心的报告显示,40%的小学和75%的中学在使用计算机。

1982—1985年,卫星电视系统提供了经济有效的培训方法,公司和军方可以将培训项目移至各种不同场所,节省了旅行和额外员工的费用。

瑞瑟(R. A. Reiser)描述了这一阶段教育技术领域的发展:认知心理学理论越来越多地应用于指导教学设计过程,以获得更高的效率;计算机应用的增多要求开发适应计算机互动能力的新教学设计模式;绩效技术运动强调前端分析、工作表现、业务成果和绩效问题的非教学途径解决方案。

在教育的人文性方面,瑞瑟认为,由于计算机具有交互功能,它可以设计成适应个别学习者需求的教学程序。

5. 20世纪90年代:互联网阶段

从20世纪90年代以来,建构主义受到教育技术领域的重视。建构主义的起源不仅来自哲学,而且来自其他学科。在教育界,顾巴(Guba)、曼古(Magoon)从研究方法的角度探究了客观主义和建构主义知识论的区别。在心理学界,从20世纪80年代开始建构主义受到相当的重视,而在教育技术界,则是从20世纪90年代开始受到重视。

许多教育技术学者探讨建构主义哲学思潮的认识论观点,以及建构主义对教学设计与整个教育技术领域的意义。《教育技术》月刊于1991年5月和9月刊中探讨建构主义认识论。许多关于建构主义的文章与著作出版,这些著作对建构主义思想的澄清与推广都产生了很大的作用。

1989—1993年,万维网(World Wide Web)面世带来图片、文本丰富的互联网世界,也预示着教育技术学领域的重大变化。1990年,学生反馈系统出现。提问和反馈的策略可以追溯到苏格拉底的教学方法,学生无线反馈系统用于教育情境中在20世纪末得以实现。这一系统让学生可以将对问题的反馈(多项选择或简短回答)发送给一个系统,数据在系统中得以聚合,教师可以借此了解学生对概念掌握的程度。1995年,第一个允许访问者添加或修改资料的维基网站建立,此后学习者在互联网中不只是接收信息,还可以协同工作,发布信息。

20世纪90年代初美国几乎每个正规教育场所的学生都可以使用计算机(比率为12∶1),教育技术中增长最快的应用是网络技术,学校普遍能够获得电视资源,家庭和社区环境中的教育技术应用急剧增长。20世纪90年代后期公立学校中计算机使用的比率为6∶1。尽管多数学校里有网络服务,学生上网机会有限,几乎不用来学习。1997—1998年,大学中远程课程的注册人数增长为1994—1995年的两倍。78%的公立四年制大学提供远程教学,原因是这能够为无法接受正规教育的学生提供低成本的教育。

然而1995年对教师的调查表明,学校里的计算机很少用来教学,在小学阶段常用于操练,中学阶段用来练习计算机技能,比如文字处理。1995年美国国家教育目标表明,教育技术被认为是教育系统改革运动的主要媒介。计算机技术的发展,尤其是多媒体技术,使建构主义教育家能够设计出更加以学生为中心的教学。

1998年,国际技术教育协会(International Society for Technology Education,ISTE)认识到技术对教育的影响,公布了学生、教师和管理人员的国家教育技术标准(NETS)。这些标准勾画出当今科技社会所需的技能,包括数字公民、创造力和协作能力等。这些不断更新和修订的标准,为相关技术融入学习环境提供了可依据的框架。

（二）教学设计的发展

1. 教学设计系统工程理论和行为主义的传统

通常意义上说，有教学时就有了教学设计。但教育技术学领域的教学设计，指的是这一过程的特殊方法，常被称为教学系统设计或教学系统开发。教学设计有两个理论基础：系统工程理论和行为主义心理学。教学设计兴起的时候，恰逢行为主义范式在美国心理学界大行其道，因此来自行为主义的影响虽然微妙，却又不言而喻。与之相反，系统工程理论对早期教学设计模式的语言与整体感觉所产生的影响，虽然清晰明确，却并没有得到广泛认同。

史学家塞特勒（Paul Saettler）和施罗克（S. A. Shrock）都提及了系统工程理论中的概念和原则对早期教学设计模式形成及后来的模式发展所产生的重大影响。"二战"后美国军队开发出独特的训练发展模式，这一模式以系统方法为基础，是系统分析的"软科学"版本、运筹学研究的一个分支。美国运筹学研究协会主席穆德（Alexander Mood）在最早的系统方法教育会议上阐述了"系统方法"和"系统分析"的区别。① "系统分析"常可以同另一个术语"操作分析"换用，指一种特定的分析技巧，包括建构一个现象的数学模型，并优化模型中变量的功能。"系统方法"则是一个更宽泛也更少限定的理念，指将问题或情境看作带有众多组成部分、内部互动和外部联系的整体，并充分认识它在大环境中的位置。

系统方法进入教育技术学领域之初，就被看作一个松散的指导系统，可以应用于人类学习的复杂问题解决。解决问题的途径是通过类比分析，而不是那些完全决定性的、控制严格的方法。穆德指出，系统方法主要用来指导，以避免漏掉重要的因素。系统方法是一门艺术，而不是一门科学。

20世纪60年代，系统方法开始以步骤模式出现在美国的高等教育中。

---

① MOOD A. Some problems inherent in the development of a systems approach to instruction [C]// Conference on New Dimensions for Research in Educational Media Implied by the Systems Approach to Education，Syracuse University，Syracuse，NY. 1964.

巴森(J. Barson)于1961—1965年在密歇根州立大学和其他三所大学开展了教学系统开发项目,这一项目为课程开发者提供了颇具影响力的模型和一系列指导原则。与此同时,南加州大学开始开设第一门运用系统方法实施教学的课程——教学系统设计,还开发了一个详尽的步骤模型,对后来的模型开发影响深远。

在早期教学设计模式的语言和形式运用中,工程学范式的影响显而易见。巴森和法里斯(Faris)的教学开发模式具体化了收集和分析数据的理念,目的包括确定目标、任务分析及排序、选定传播工具和发现并更正谬误等。当时这一领域的文献多将教学设计等同于系统方法。从教学设计出现之初,分析、综合和评价的环节就清晰可见。伯尔尼(Bern)则认为工程学术语,例如反馈、输入、输出、频道、平均信息量、冗余、周转周期等,已经进入关于教学的对话体系。

行为主义学习理论这一时期已经在美国军事培训领域广泛应用,在高校教学中的应用研究也蓬勃开展。许多曾经参与过军事培训研究的学者,如加涅和布里格斯,将他们的研究成果应用于大学教学研究和课程开发。因此工程学和行为主义理论在军事和科研领域越来越多地相互交叉。

随着程序教学开发者按照斯金纳的描述开发程序性教学资料,教学设计领域的行为主义—工程化联系的纽带进一步加强。为了达到90%的用户对程序嵌入的90%的问题做出正确回答的标准,程序作者必须保证测试题目与教学目标、练习题目相匹配,并且就试题初稿在学习者中做测试,来确定测试材料是否符合要求。教学分析、设计、测试和复习在教学程式化发展过程中逐步确定下来。很快,程序设计者得出结论,开发过程比教学刺激、反馈和巩固等具体安排更能影响整个项目的成败。他们发现,程序化是一个过程,并且这一过程与系统工程化模式中的分析、设计、评价、实施的循环高度吻合。

然而,尽管行为主义与系统工程范式之间关系密切,教学开发者对所依照的理论基础仍旧持折中态度。赫本对课程开发者开展了一项调查,调查对象为教育传播与技术协会新成立的教育发展部门的人员。当被问及哪位理论家为他们的研究提供概念基础时,71%的受访者回答是斯金纳,59%回答是布鲁纳(Bruner),其他理论家则没有被提及。这意味着受访者对行为主义和认知主义观点的高度认同。当被问到哪位权威学者为他们的教学开发提供了最多的指导时,被提及最多的学者是加涅、马杰和布鲁姆。这三位学者都属于行为主义阵营,这反映出当时行为主义理论为教学开发提供了最多的实践指导。

2. 后现代主义与建构主义的论辩

20世纪90年代,对教学设计的哲学基础的辩论蓬勃开展。学者们分属两大阵营:后现代主义和建构主义。

后现代主义者号召学者们关注教育技术学研究中其他更富人文性的探究模式,例如文学评论、符号学和解构主义。这一举措的动机是质疑教育技术学没有得到证实的假设,尤其是那些作为研究和实践基础的狭隘科学范式。后现代主义阵营主张揭示教学设计过程和产品中隐藏着的意义。后现代主义者并不是提出截然不同的设计方法,而是致力于让研究者和设计者对自身的研究工作进行反思,检验自身的动机并增强伦理警觉。正如泰勒和斯沃茨(Swartz)所指出的那样,单一世界观内伦理问题常归于琐碎,因为它只是涉及风格问题或对规范的理解。而不同世界观碰撞时,伦理问题更容易成为核心问题。由琳卡(Hlynka)和贝朗(Belland)、泰勒和斯沃茨发起的哲学对话,在教育技术学文献和学术会议中广泛开展,对这些思想的评价也方兴未艾。

建构主义者同后现代主义者一样反对教学设计领域的积极假设,认为这是传统教学设计的基础。他们认为知识是社会建构的结果,是在学习者的头脑中建构出来的。建构主义者的标签表明他们对这一理念的拥护。建构主义思想首次进入教育技术学领域的标志是1990年教学设计与技术教授会议上戴维·乔纳森(David Jonassen)的发言。乔纳森质疑教学设计领域实践的客观主义认识论基础,他认为教学设计领域之所以没能进行深刻的变革就是因为接受了客观主义认识论,而这一思想也正是行为主义学习理论和认知学习理论的认识论基础。同一时期贝德纳(Bednar)、坎宁安(Cunningham)、达菲(Duffy)、佩里(Perry)也对现有理论假设提出了相似的质疑,他们认为教学设计领域中庸地借鉴了不同领域的做法,这些做法的理论基础各异,甚至是相对立的。他们反对"客观主义认识论"的极端表现形式,认为建构主义是被众多学科领域认同的观点,它对教学设计的影响将是革命性的。

在建构主义者掀起的论辩热潮中,他们对哲学和教育思想的陈述呈现出巨大的差异性。建构主义是一个松散的结构,能够容纳关键哲学问题上的不同立场。正如帕金斯(Perkins)描述的那样,几乎所有的教育家和心理学家都是建构主义者,争论的焦点在于建构的程度。"温和的建构主义者"和"激进的建构主义者"的称谓广泛应用于建构主义的对话中。

二、中国教育技术学的发展

我国的教育技术学于20世纪20年代开始出现,30年代定名为"电化教育",90年代更名为"教育技术"。我国传统的电化教育思想源自美国的视听教育,其发展受到美国视听教育的影响,在多媒体和网络信息技术发展的推动下,逐步转变成为现代教育技术学。

(一)学科建设

我国在20世纪20年代从西方引进了影视教育,金陵大学是中国第一代电教创始人和奠基者的摇篮。1936年金陵大学成立了教育电影部,在我国高校首创专业的电教服务部门,并受教育部委托举办了全国电化教育训练班。1938年金陵大学理学院创建两年制的电化教育专修科,并于1948年改为系,学制四年,成为我国第一个本科层次的电化教育专业。

20世纪三四十年代期间,随着电化教育学科的专业办学,我国出现了一批电化教育的论文、研究报告和专著等成果。其中,1936年中国教育电影协会上海分会创办了《电化教育》月刊;1942年,金陵大学理学院创办了《电影与播音》月刊,成为当时电化教育论文、报告主要发表和刊载的杂志。此后,专门以电化教育为内容的期刊陆续出现。在专著方面,1937年商务印书馆出版了第一本电教专著《有声教育电影》(陈友松编著),1948年中华书局出版了舒新城的《电化教育讲话》。这些研究论文和专著是我国电化教育学科建设和理论发展的重要支持,反映了我国电化教育研究的逐步深入,标志着由教育电影、视觉教育和播音教育组成的电化教育研究领域初步形成,我国电化教育理论研究出现质的飞跃,我国电化教育理论体系的雏形开始形成。

20世纪80年代,我国电化教育专业进入了快速发展的时代,学科体系逐步形成。这一时期电视迅速普及,微机也开始进入学校的课堂,开展电化教育研究、开设电化教育专业提上了历史日程。1982年在北京师范大学和华东师范大学创建了两个计算机教育研究所,1983年在华南师范大学和华东师范大学创建了我国第一批电化教育本科专业。1983年,国家教育部发布《高师本科专业目录》,将"电化教育"列入其中,这是电化教育正式确立的标志。

20世纪90年代,我国电化教育专业在多媒体和国际互联网两种新媒体技术的推动下,加快了从传统电化教育向现代教育技术转变的步伐,并大大加强了对教学设计、学习理论、教育技术学研究方法、网络课程设计开发、远程教育基础和应用理论等学科基础理论的研究和建设。在本科专业建设发展的同时,研究生教育也逐渐发展起来。1985年,北京师范大学、华东师范大学、华南师范大学、河北大学被批准招收首批教育技术学硕士研究生。1994年,北京师范大学获批招收首批教育技术学博士研究生。2002年北京师范大学、华南师范大学被评选为我国首批教育技术学专业国家级重点学科。至此形成了专科、本科、硕士研究生、博士研究生、博士后等不同层次教育的完整的教育技术学专业体系和人才培养体系。同一时期,我国还先后创办了一系列电化教育杂志刊物,包括《电化教育研究》《中国电化教育》《外语电化教育》《中小学电教》《中国远程教育》《远距离教育》等,对我国教育技术学的发展起到有力的推动作用。

(二)理论发展

电化教育在我国的发展有八十余年的历史,其中相当长的时间是在实践领域发展,对电化教育的理论研究主要是集中在20世纪80年代以后,围绕探讨电化教育的概念、本质、名称和学科理论体系进行。

1. 电化教育的概念

"电化教育"概念从 20 世纪 30 年代提出以来一直被广泛使用，但是对这一概念在理论上的深入探讨却直到 20 世纪 80 年代初期才逐步开展起来。萧树滋先生提出"所谓电化教育，主要是指运用各种现代科学技术手段去做教学工作，以提高学习效率，用的除视听工具外，还有辅之以相应的电气化的嗅觉、触觉、味觉等工具，以获得最大效果"。[①]廖泰初先生也发文阐述了自己对使用电化教育概念的认识，并且呼吁理论界的朋友们共同探讨概念的界定。[②]1982 年《电化教育研究》第二、三期连续刊登了孙明经先生的长篇文章《试论电化教育的基本概念》，文章中特别强调要从多个侧面来认识和理解电化教育的概念。

20 世纪 80 年代中期前后，国内出版了两本颇具影响的电化教育教科书——《电化教育》和《电化教育学》，两书对电化教育给出了不同的定义。《电化教育》一书中的定义是："所谓电化教育，简单说，就是指利用现代化的声、光、电设备进行教学、教育活动。具体说，就是指利用幻灯、电影、广播、录音、录像、电视、语言实验室、程序教学机、电子计算机……以提高学习效率，扩大教育规模，从而使教育更好地适应时代的要求。"[③]《电化教育学》中给出的定义是："运用现代教育媒体，并与传统教育媒体恰当结合，传递教育信息，以实现教育最优化就是电化教育。"[④]上述两种电化教育的定义是我国电化教育教科书中对电化教育的较早的表述方式，对人们进一步认识电化教育起了较大的作用。

进入 20 世纪 90 年代，教育技术概念的使用逐渐增多，一些专家学者对电化教育的概念又开始了新的思考。冯秀琪教授认为："通常在我国电化教育与教育技术被看作是同一事物的不同名称，殊不知这是不合适的。因为两个概念的内涵和外延不同，是不能等同起来的。事实上，我国的电化教

---

① 萧树滋. 对电化教育的意见[N]. 人民日报，1981-3-22.
② 廖泰初. 从国外名词术语的演变看"电化教育"[J]. 电化教育研究，1982(1)：61-66.
③ 萧树滋. 电化教育[M]. 石家庄：河北人民出版社，1983：1.
④ 南国农. 电化教育学[M]. 北京：高等教育出版社，1985：1-2.

育作为开发与应用现代化教育媒体、促进教育最优化的事业,它和教育技术又有着千丝万缕的联系。为此,我主张借鉴国外教育技术的经验,扩展电化教育的概念。使电化教育与教育技术的概念尽量接近或等同起来。""扩展后的电化教育的新定义为:电化教育是根据教育科学理论,运用系统科学方法和现代教育媒体,通过教学设计有效地传递教育信息,以实现教育最优化的教育活动。"[①]冯教授对电化教育概念这一极富新义的解释,对人们研究和探讨电化教育的概念有着重要的启发意义。

2. 电化教育的本质

我国理论界在20世纪80年代初期曾对电化教育的本质进行过热烈的讨论,其观点和主张可以归纳为教育方式说、新教育说、手段工具说和新形态教育说。其中,教育方式说认为,电化教育不是教育的全体,而是涉及教育的某几个部分。电化教育本质上是一种新型的教育方式,它没有自己特殊的教育目的和教育内容,只是采取特殊的教育器材、教材形态、教育方法、教育设施来传递教育内容,实现教育目的。新教育说认为,电化教育是教育发展的新阶段,是教育的延续和发展,是一种新教育。它涉及了教育的各个方面,是一种全新的教育。手段工具说认为,电化教育是辅助教师讲授的一种重要手段或工具(主要指电化教育的器材、设备、教材、资料等)。新形态教育说则是在综合上述各种主张的基础上提出的一种新的认识,即认为电化教育是一种新形态的教育。教育形成一种新的形态,需要经历教育手段、教育方式和教育形态逐步形成的过程。我国的电化教育,目前还只是处于某些新手段的初期试用阶段,距离形成一种完善的新方式和健全的教育形态,尚有很长一段路要走。

20世纪80年代我国电化教育界对电化教育本质的讨论有利于加深人们对电化教育的理解,对人们从思想上弄清楚到底什么是电化教育,富有启发意义。尽管争论并没有达成一致的认识,却起到了活跃学术气氛、广开思路、促使人们从多层次多角度去认识电化教育本质的作用。

---

① 冯秀琪.扩展电化教育概念的设想[J].电化教育,1994(9):10-11.

3. 电化教育的名称

"电化教育"的名称从20世纪30年代中期的电影教育和播音教育中发展而来。[①] 1942年,南京金陵大学某部门负责人提出把"电化教育"改为"影音教育"。20世纪50年代初,北京师范大学电教部门的负责人又提出将该校"电化教育馆"改为"直观教育馆"。20世纪80年代中期,电化教育名称之争又起,这次争议的突出特点是争议时间长、参与范围广、提出的新名称多。20世纪90年代初,围绕《电化教育专业课程设置计划草案》的讨论,又出现了一次关于电教名称的争议。[②]

20世纪80年代以来的两次教育技术名称之争,已不是个别部门或个别人对"电化教育"概念提出质疑,而是在理论界形成了强烈要求。在主张更改"电化教育"名称的众多学者中,最具影响的是廖泰初先生。1982年他在《电化教育》发表《从国外名词术语的演变看"电化教育"》一文中指出,"电化教育这个术语用了约半个世纪,已不足以代表今天在这个领域内发展的情况,名不符实",并"盼望经过大家讨论能获得一个最有代表性、最恰当的名词术语"。该文还指出,"欧美各国(主要是美国),从1910年到今天,在这一领域内,由1920年的视觉教育,30年代至40年代流行的视听教育,发展到50年代的电视教育广播,迈进到60年代的教育技术……由于技术的发展和教育理论的演变,每十年左右就有一次名词术语的变化"。针对这种现象,他认为,"正在发展中的某一种新科学技术的术语,就常得有变动,尤其在科技知识急剧增长的今天,更是如此"。不少学者也纷纷发表意见,主张更改电化教育的名称。

与此同时,捍卫电化教育名称的势力也相当强大,其中有代表性的如南国农先生。南先生认为,电化教育虽然历经四次改名危机,但都"危"而不倒,至少有四个方面的原因:"电化教育"这个名称,是广大教师和教育工作者用以同旧教育弊端做斗争的有力武器;"电化教育"这个名称具有鲜明的民族性,体现了我国视听教育的特色;在实践中,既然"说"的是教育技术,

---

① 孙建三.关于电化教育名称的由来及学术内涵[J].电化教育研究,2007(1):73-75.
② 南国农.面向21世纪的中国电化教育[J].电化教育研究,1996(3):3-8.

"做"的是电化教育,改名没有多大意义;我国的电化教育已经成为一项高速培养人才的事业,已经建成一支庞大的队伍,改变名称,将对这支队伍的建设、这项事业的发展造成不良的影响。① 直到 20 世纪末,关于"电化教育"是否更名的问题,依然存在分歧意见。

4. 电化教育学学科理论体系

电化教育学作为专门的学科名称,是电化教育的理论形态,是电化教育实践的理论化。它重点研究的问题是产生这种教育方式的电子教育媒体,以及运用电教媒体后教学形式与教学方法的变革等。它是研究教育媒体与教育方式方法的新领域。电化教育学学科理论体系的建立问题受到人们的广泛重视,很多学者都把电化教育学学科理论体系的建立看作是一项十分迫切而又重要的任务。

《电化教育学》②一书的出版发行,是电化教育学学科理论体系建立的重要标志。在关于电化教育学学科体系的理论探讨中,南国农先生提出的"我国电化教育学的理论体系由七论构成"的主张颇具影响,这七论包括本质论、功能论、发展论、媒体论、过程论、方法论和管理论。萧树滋先生在谈及这一问题时则认为,电化教育研究的范围主要有四个方面:电化教育理论研究、电化教育技术研究、电化教育应用研究、电化教育管理研究。③

这一时期电化教育学的理论框架主要包括教育传播理论、教学设计理论和建构主义理论。

1988 年高等教育出版社出版了传播学鼻祖施拉姆的传播理论专著《传播·教育·现代化:教育传播的理论与实践》。次年,李运林教授结合中国实际编著的《传播理论》在高等教育出版社出版。1992—1995 年,用传播理论解析教育传播过程的《教育传播学》的三种版本也陆续出版。这些著作的出版对电化教育学的教学过程理论建设起到了重要的推动作用。

20 世纪 80 年代中期,李克东、谢幼如等人提出将现代教学媒体和传统

---

① 南国农.面向 21 世纪的中国电化教育[J].电化教育研究,1996(3):3-8.
② 南国农.电化教育学[M].北京:高等教育出版社,1985.
③ 萧树滋.电化教育概论[M].北京:北京师范大学出版社,1988:6.

媒体组合,采用教学设计的方法,在中小学开展教学试验,取得了非常显著的效果,消除了人们认为只有采用电教媒体教学才是电化教育的误解。他们1992年出版了《多媒体组合教学设计》一书。接下来有多个版本的《教学设计》先后出版发行,包括乌美娜的《教学设计》、李龙的《教学过程设计》、何克抗的《教学系统设计》等。教学设计理论的引进与运用,为现代教育媒体的设计、选择、运用和优化教学过程提供了坚实的理论支持,丰富了电化教育学的理论框架。

20世纪90年代起,众多电化教育研究者撰文介绍建构主义学习理论,并探讨其在教学设计和教学革新中的应用。何克抗教授和李克东教授应用建构主义理论开展小学语文四结合教学试验研究,规模浩大,效果也非常显著,形成了支架式、抛锚式、随机进入式等建构主义教学过程模式,并提出了具有中国特色的"教师为主导、学生为主体"的语文教学模式。

20世纪的教育技术领域有一个周而复始的期待和结果的模式循环。曾经大家都相信技术的发展可以解决所有学习问题。爱迪生"书本将在学校中被废弃"的预言并没有实现。当一个新的媒体进入教育技术场景,总是能引起高昂的热情和极大的兴趣,却又终将褪去。媒体实际上对教学实践只能产生极微小的影响。20世纪80年代人们预言计算机将掀起教育革命,90年代显示革命并没有到来。人的因素,对新的工作方法和特殊训练的抵制,妨碍了教师和培训者使用ICT。也正是由于人的因素,技术的运用不可避免地要滞后于技术带来的可能性。

第三节　教育技术学的确立期

进入21世纪,教育技术研究者、实践者和政策制定者开始关注技术的有效性问题。有效性常被界定为"效应值",即技术支持的教学条件下学习者的学习成绩比控制条件下高出的部分。早在1983年,克拉克(R. E. Clark)

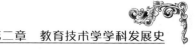

就撰文主张摒弃这种媒体比较研究。① 他认为比较基于不同媒体的教学从而判断哪一个是最佳媒体的研究没有意义。由于所采纳的教学策略不同,每一种媒体教学都有可能非常有效或者无效。他将媒体看作杂货店的货车,运送食品而自身并不能提供营养(教学)。另一种观点认为,教育技术提供的是一种可能性,让教育事件的发生与传统环境下有所不同,也包括让更多学习者可以接受教育,让教师更轻松地进行教学管理。比如说,远程教育可以惠及更大的目标群体,并且通过设置多个学习场所来节省大量时间和金钱;外语单词操练程序可以管理学习材料内容和顺序,提供实时反馈,并且可以不知疲倦地永远做下去。研究者对技术在课堂教学中所扮演的角色的观点直接影响他们的研究问题和研究方法的选择。21世纪,学者们的共识是,教育技术不是实验中单纯的一项干预,而是包含各种学习媒介、工具和策略,教育技术的有效性则取决于它能够帮助教师和学生达到教学目标的程度。

一、新工具有效性和运用方法研究

(一)新工具的出现

21世纪初,在信息技术和网络技术发展的推动下,教育技术领域的新技术、新媒体层出不穷。学习管理系统成为学校提供混合学习和完全在线学习课程的平台。学习管理系统平台的互动软件和在线工具(讨论板和Dropbox)可以支持各种教学方法的运用。2007年,《今日美国》允许读者在其在线报纸上发表评论或者提出问题。这一举措对教育技术领域影响重大,因为由此阅读和讨论过程已经超出教室墙内小范围观众的界限。

2007年Flip摄像机大大降低了数码摄像机的成本,学生可以录制视频作为评价材料,视频媒体开始对教育技术产生实质性的影响。2008年,可汗学院(Khan Academy)由孟加拉裔美国人萨尔曼·可汗创立,对教育技术产

---

① CLARK R E. Reconsidering the research on learning from media [J]. Review of educational research,1983(4):445-459.

生了深远的影响。可汗学院利用网络视频进行免费授课,有数学、历史、金融、物理、化学、生物、天文学等科目的内容,在 YouTube 上发布教学视频超过 2000 段。尽管视频对教育技术领域来说不是新鲜事,可汗学院的资源库还是让公众意识到视频独特的教育价值。可汗学院的意义在于推动教师实践"翻转课堂"(Flipped Classroom),学生在家里进行视频学习,而将课堂时间用于批判性思维活动。同时学生可以自己制作教育视频,实现以学生为中心的学习模式。可汗学院 2009 年获得微软教育奖,2010 年获得谷歌"十的一百次方"计划教育项目两百万美元资助。2013 年可汗学院的课程被二十多所美国公立学校采用。

2008 年 9 月,第一个大规模开放在线课程 MOOC(Massive open online course)出现。它是一个小型学分制课程,在一个开放的网络环境中进行,注册参与者 2200 名,其中 150 人是积极的参与者。这门课程吸引了参与者,传播技术的运用也十分独特,它体现了一个新的教学理念——联结主义。课程目标是要参与者通过探究理论和自身体验来学会联结主义。

随着社交网络逐渐渗入人们的社会生活,2008 年尼克·博格(Nic Borg)和杰夫·奥哈拉(Jeff O'Hara)为学校创建了一个安全可靠的网络平台——Edmodo。这个免费教育内容分享平台是一个面向学生和教师的社交类学习资源分享的开发平台,同时还提供教师通过移动网络平台创建安全的教学空间或课堂的免费服务。Edmodo 让传统教室中的教师能够将随时随地的学习融入教学,促进安全环境中的协作学习。

(二)工具的辅助作用

最早也是研究得最广泛深入的教育技术应用是计算机辅助教学(CAI)。CAI 程序可以根据学生的需求提供辅导课程和操练。图表和动画使得 CAI 的学习材料比纸质课本更加生动有趣。多年的研究表明,CAI 和传统的教师引导的教学结果很接近。尽管优秀 CAI 程序运用大量实践证明有效的策略,比如适应性的教学内容、经常性测试、实时反馈等,优秀教师同样可以使用这些策略。反之,设计拙劣的 CAI 程序和授课枯燥、混乱的教师同样得到很低的测试成绩和消极的学生反馈。因此,一个更加有效的研究方法是考察运用CAI作为常规课堂教学有益补充的策略。

(三) 工具作为教师的助手

技术的另一个有价值的作用是用来提高教师组织和呈现课程的有效性。例如美国"万众成功基金会"(Success for All Foundation)开发的Reading Reels程序,将视频片段和互动性问答练习巧妙嵌入日常课程。另一个例子是远程教育环境中的虚拟教室,以双向视听等电子技术为媒介。

多媒体展示让教师能够将教学材料变得更生动、更吸引人。然而教师提高课堂质量的选择越多,对他们精心组织各种教学活动的要求也越高。作为刚刚进入大众视野的一项技术创新,交互式电子白板显示出协助组织教学的强大优势。由于教师和学生可以在白板的触摸屏上写字,学习的趣味性和互动性大增。教师可以预先上传课程资料(PPT、视频、图片、字母、文字等)和大纲到计算机中,课程组织变得很轻松。

互动式课堂交流系统,又称为"课堂表决器",是另一项作为教师助手的技术。通过这些仪器,学生可以对教师的提问做出即时反馈,答案会迅速汇总并以图表形式显示出来。同没有信息技术支持的教学相比,互动式课堂交流系统的优势在于:(1)为学生提供了宝贵的即时回顾与反馈;(2)为教师提供学生进步的实时数据,并据此做出教学调整;(3)在教师为主导的教学中学生高度参与和互动。

(四) 工具支持学习

对于学生如何从电脑中获取知识或者学习电脑知识的研究已经广泛开展,但21世纪一个更迫切的需求是获取关于学生使用电脑进行学习活动的科学认识和数据。令人遗憾的是,即使是在经历了教育技术高速发展的美国,技术与课堂学习的高度融合仍然是少数现象。美国商务部的一个报告显示,教育在美国55个工业部门中属于技术使用率最低的行业。一项对400名美国雇员开展的调查显示,美国进入劳动力市场的高中毕业生缺乏21

世纪获得职场成功所需要的知识和技能。

众多学校正在努力将计算机作为学习工具融入教学。在计算机利用程度较高的学习环境中,以学生为中心的协作性深度学习加强,学生的写作、问题解决和技术使用技能提高,学生、家长、教师和学校领导对技术作为学习工具的态度变得更加积极。当学生的未来职业发展同学校里学生之间的同伴互助密切结合时,技术融入教学的项目质量和可持续性得到提高。

虽然与技术相融合的课堂中,学生的学习成绩并没有出现明显改善,却不能据此得出技术干预对学生的学习无效的结论。研究者们有责任探究复杂技术干预的多重目标和结果。虽然学校和计算机融合项目资助者会因统考成绩的提高而感到欣喜,研究者发现这些项目通常以改善教师和学生对计算机的看法、提高运用技术的能力、促进深度学习等作为近期目标。近期目标达成后,其他益处会在一定时期后产生,包括统考成绩的提高。由于学校教育的主要目标是为进入高等教育及未来职业发展做准备,教育技术学研究关注的焦点也从提高统考成绩,转移到如何科学使用技术进行有效教学上。

二、教育技术研究方法多样化

(一)发展趋势

2008年出版的《教育传播与技术研究手册》中众多学者探讨了教育技术研究的趋势。汉纳芬(Hannafin)和杨(Young)认为对计算机技术的研究最初(20世纪70到80年代)关注的焦点是"计算机能不能改善学习"。计算机被比作教师或教材,在教育研究中起"干预项"的作用。尽管克拉克[1]和考兹玛(R. B. Kozma)[2]等人对媒体比较研究的争论一度降低了学者们把技术作为一个因变量的热情,21世纪对此类研究的兴趣有所回升。20世纪70年代末到90年代,关于技术作用的研究对象从干预本身扩展到实施其他干预的

---

[1] CLARK R E. Reconsidering the research on learning from media[J]. Review of educational research,1983(4):445-459.

[2] KOZMA R B. Will media influence learning? reframing the debate [J]. Educational technology research and development,1994(42):7-19.

策略上来。例如,莫里森(Morrison)等人用基于计算机的教学来实施和比较不同的反馈策略的有效性。关注个别学习者因选择不同数量或类型的教学支持所产生的不同功效的研究,也称作学习者控制研究,也在那个时期广泛开展,但计算机还只是作为实施干预的手段出现,而不是研究兴趣所在。

持续的媒体效果辩论同建构主义学习理论一起,构成了20世纪末、21世纪初教育技术学研究的新动向。学者们开始研究开放学习环境和技术支持的学习环境中学生如何运用技术来解决高阶问题,例如在学习物理、化学或数学时用技术来控制变量并观察和评价其影响。他们还研究开发让学习者参与真实情景模拟和真实问题解决过程的情境学习环境。越来越多的研究者开始关注"基于设计的研究",关注技术支持的学习环境或其他基于计算机的学习产品在特定学校环境中的有效性。

对前沿技术应用的研究开始繁荣起来,例如远程学习研究和基于网络的学习研究。然而这些新的教育技术研究热点,似乎与之前的技术实证研究发现以及更大的教育研究背景有些脱节。柯比(Kirby)等人发现,教育技术领域的研究和教育体系的研究的相互引证及研究者兴趣交叉非常有限。[1]这种研究领域的分裂化趋势削弱了新研究的功效和理论基础的坚实程度。新研究往往忽略了已经得到广泛认可的认知负担、语言记忆与视觉记忆、思维深度、有意义的学习等学习原则,忽略了反馈、学习者控制、附加问题、个性化等基本的教育心理学研究发现。由于没能援引颇具影响力的学者的观点与研究发现,新研究的可信度受到质疑。

21世纪教育技术学的一个研究动向是寻找有效教学的方法。教育技术学研究的有效教学探索总是面临混淆传送模式与教学策略的风险。比如,有研究者开展了大规模随机抽取实地教学实验,来考察基于计算机的辅导系统对阅读和算术教学的有效性。来自美国11个地区43所学校的158名教师和2169名学生参与了研究,他们被随机分入计算机辅助教学(CAI)环境或控制环境中。CAI环境中学生每周使用计算机94分钟,控制环境中也

---

[1] KIRBY J A, HOADLEY C M, CARR-CHELLMAN A A. Instructional systems design and the learning sciences: a citation analysis[J]. Educational technology research & development, 2005, 53: 37-48.

有计算机配置，学生每周用 18 分钟从事阅读测试和练习。在不同科目中开展的实验结果显示，CAI 组和控制组学生在标准测试中的成绩相差无几。这似乎可以得出技术无效的结论。在对研究设计的反思中，学者们得出较为合理的解释，标准化测试中学生成绩没有显著差别的原因或许是技术干预的强度较低，CAI 组在历时半个学年的实验中每天使用计算机不超过 20 分钟。另一个原因是实验在随机抽取的非自然环境中进行。还有一种观点认为，CAI 在某种程度上来说是成功的，因为它让学生的成绩比传统教学略有提高，同时让教师有时间和精力从事其他重要的工作，例如给学生做个别辅导、研究评价数据或者做课程计划。

（二）研究类型

21 世纪教育技术学的研究方法受到多方面的影响。对于学习和认知过程认识的哲学观点对研究方法选择的影响首当其冲，然后是考虑严密性、读者兴趣、可行性、时间限制和资源。选择研究方法的一个可行的策略是，尽量保持内部效度和外部效度的平衡。其中内部效度指得出关于不同变量间因果关系的结论的合理程度，外部效度指研究结果可以推广到其他环境中的程度。一方面通过随机试验提高研究的严谨性仍然是 21 世纪教育技术研究的重要考虑因素，另一方面研究者们比以往更加关注研究的相关性和有效性。

实验法在过去的一百年中得到研究者的认可，被广泛应用于教育研究中。至今，在许多政策制定者和研究者眼中，随机实验仍然是研究方法的"黄金标准"。但是学者们也发现，这些高度严格控制的实验研究发现来自不真实的人造环境，用它们来指导教育实践是很愚蠢的。例如，一项实验研究显示，当基于计算机的课程为学习者提供针对问题的反馈时，学习者化学科目成绩提高。假定该研究具有高度的内部效度，就可以将学习者学业上的进步归功于这种反馈策略，而排除其他变量，如学习者自身的能力更高、学习时间增加或测试题目更简单等。然而，如果学习者在项目研究者那里获得了很多学习帮助，研究结果的外部效度则大大降低，在学校教育中的推广就受限。

斯莱文（R. Slavin）认为，真实实验设计是能够将内部效度最大化的研究设计。① 它的显著特点是将参与者随机分配到干预组和对照组，从而避免有可能让两者中的一个有获得更高成绩的系统错误出现。然而，尽管真实实验（或称为随机实验）具有高度的严谨性，但它的外部效度通常很低。即使学习条件可以严格控制，实验结果也不能充分反映出常规教学中教师会遇到的实施困难，或者真实情境中学生的学习活动与学习动机。另外，被指定使用或不使用某项技术也不是教师和学校采纳教育技术的常态。在实际的学校环境中，随机指派参与者到干预组的做法通常不可行。被指派或没有被指派使用实验教学策略都有可能让教师感到怨恨，校长也会因为在同一年级同时使用不同教学方案而感到麻烦。

由此应运而生的准实验研究设计，按自然状态中已经存在的分组分派实验条件和控制条件。内部效度和推理严谨性很大程度上取决于组间差异的大小。准实验研究包括随机准实验和匹配准实验、因果对比、回归连续性、打乱时间序列和相关性等研究。其中随机准实验研究指设计中班级或学校被随机分派到实验组和控制组，然而数目太少，不能支持严谨的随机实验分析。随机分派设计比配对实验设计具有更高的建立均衡分组的可能性，但低于大样本实验。

匹配准实验研究中，实验组的确定建立在参与者自己决定实施相关干预措施的基础上。控制组则选择关键变量同实验组高度一致的参与者，关键变量指前测成绩、学生特征、学校规模、教师经历等。同随机准实验设计相比，匹配准实验研究的内部效度更容易受到威胁，自愿选择进入实验组的学校有可能有更优秀的师资、更好的校长或者更有利的学习氛围。然而它的外部效度会因为复制了现实世界中的教学条件而大大增强，实际教学中学校往往基于自身条件和兴趣选择决定是否采纳某一项干预措施，而不是像实验设计中那样随机选取。更具权威性（同时也更具样本选择偏见的风

---

① SLAVIN R. What works? issues in synthesizing education program evaluations[J]. Educational researcher, 2008(1): 5-14.

险)的做法是选择那些不受实验影响的情况下接受干预措施的学校。

因果比较研究具备准实验研究和相关性研究的双重特征。干预和控制样本利用预先存在的分组,但根据参与者的内容特征分组,例如种族、教育背景、社会经济地位等。例如,琼和戴维森-希维斯(Jeong & Davidson-Shivers)的研究比较了参与计算机支持的在线讨论的男性和女性的行为特征。[1] 其中干预组按照学生的性别特征确定,而不是像匹配准实验研究中那样出于参与者自身的选择或者像随机准实验研究中由研究者分派。尽管在组间进行对比,这一研究设计的本质是相关性研究,探究性别同计算机支持的讨论中的反应方式之间是否相关。其研究兴趣在于考察技术对不同类别的用户的影响,而不是比较不同的干预方式。

回归连续性研究中,参与者根据一个分数界限或其他量化指标被分派到干预组或控制组。例如,假设有一个全国项目,向全国统一考试中成绩位于前25%的学校提供基于计算机的阅读课程。为了评价项目的有效性,研究者选取分数仅次于干预组的学校(前26%—30%)作为控制组,以增强内部效度。其外部效度也非常高,因为那些合格的参与者在自然学习环境中接受实验干预。

打乱时间序列研究设计中,相关研究指标在干预前后被多次测量,且只测量实验组。如果干预有效,干预后的测试成绩应该有所提高。在这一研究方法中添加一个控制组,从而将其与匹配研究设计相结合,会增强其内部效度。

相关性研究实施方便且通常外部效度高,因为它在自然环境中考察变量间的关系,例如考察拥有家庭计算机的学生是否比没有家庭计算机的学生掌握更好的键盘技巧。但是它的缺点是可能有无法控制的干预变量影响研究结果,例如拥有家庭计算机的学生可能同时从父母、软件或计算机夏令营中得到正规的键盘知识培训。

---

[1] JEONG A, DAVIDSON-SHIVERS G V. The effects of gender interaction patterns on participation in computer-supported collaborative argumentation[J]. Educational technology research and development,2006(6):543-568.

将技术应用于教育是一个相当复杂的过程,尤其是在真实的中小学教学环境中应用,要求有通过孤立测量手段获取的量化数据证实其有效性。仅凭研究者主观印象(质性数据)不足以让从业者决定采纳何种技术产品。因此,将产生教学效果数据的量化方法和产生使用过程数据及其他潜在影响因素的质性方法相结合的混合研究法在这一阶段逐步得到广泛应用。

由于技术在教育领域发挥的作用迅速增长,21世纪初的教育技术学研究需要不断发掘提高教学效果的新方法和新策略。这一时期重要的研究领域有远程学习(包括网络课程、远程会议、混合学习等),全球化的学习者社交网络,如何将技术作为学习工具融入课堂教学,以及如何增强学习者使用技术的技能和信心等。这一时期的研究选题丰富,采用的研究设计也趋于多样化,从质性的描述性研究到严格的随机试验研究都有。研究者们关注的焦点,从证实技术的有效性,转向开展设计严谨的混合型研究,来探究何种技术可以有效促进学习。

第三章　教育技术学关键术语与核心概念

教育技术学经过几十年理论与实践的融合发展,已发展成为一门初具规模的学科。随着时代的变迁以及教育技术学的不断发展,教育技术学的众多研究领域出现了许多术语和概念。教育技术学学科的关键术语及核心概念并不是一成不变的,其内涵和外延经历着多次演化的发展过程。本章尝试对教育技术学的关键术语和核心概念进行梳理和提炼。

第一节　教育技术学关键词统计分析

教育技术学的研究包括基础研究与应用研究两大部分,研究主题丰富,活跃度高,呈现出多元发展的趋势。关键词是为反映文献主题内容和满足文献检索需要而从文献中选取的词或词组,能够揭示文献的主题信息,是对文献最核心的内容、思想观点和论证方法的提炼和概括。① 关键词是文献的重要组成部分,凝聚了文献的论述核心。本节利用 CNKI 平台以及国外较为权威的教育技术杂志——*Educational Technology Research and Development*、*Computers & Education*——作为调研对象,通过统计其关键词的方式,总结近年来教育技术学领域的关键术语及核心概念。

一、国内教育技术学关键术语及核心概念统计分析

首先以 CNKI 为平台,筛选出 2005—2019 年十五年间所刊载的教育技

---

① 耿志杰,朱学芳,王文鼐. 情报学领域关键词同现网络结构研究[J]. 情报科学,2010(8), 1179-1182,1202.

术核心期刊及 CSSCI 期刊论文共计 20597 篇,涉及的期刊包括《远程教育杂志》《中国电化教育》《开放教育研究》《现代远程教育研究》《电化教育研究》《现代教育技术》《现代远距离教育》《中国远程教育》。利用 Excel 等统计软件对这些论文的关键词进行统计分析,以此方式探讨近年来我国教育技术学领域的关键术语与核心概念。

为避免词频统计中存在泛义关键词及命名不规范的关键词而影响分析结果,在统计的过程中,采取了如下处理方式:合并教育技术学研究范围内基本同义的关键词,如教育技术与教育技术学、教学设计与教学系统设计等;删除无益于研究的泛义词汇,如影响、研究、发展、现状、分析、改革、设计、应用、思考、对策、策略等。通过对上述两种情况的处理,将提取的有效关键词通过 Excel 等工具进行词频统计,对出现的词频进行排序,获得了如表 3-1 所示的关键词。其中,除"教育技术"可作为带有学科性质的专用名词外,其他关键词表明,当前教育技术学研究中除了传统研究领域外,远程教育和信息技术、教学设计、教育信息化等伴随着 IT 技术革新而产生的研究领域正逐步成为教育技术学研究的热点。这也反映出教育技术学以技术为支撑的学科特点,现代科学技术和新型教育理念赋予了教育技术学新的内涵和生命力。

如表 3-1 所示,统计国内教育技术学领域的关键词及其出现频次发现,远程教育、教育信息化和教学设计仍是教育技术学研究的核心,移动学习、网络学习、泛在学习等依托现代化传播技术的新型学习模式和教学方法的研究成为热点,而以信息技术为主的虚拟环境下的教学模式、学习模式、学习资源等研究成为新的趋势。从统计中可以发现,当下教育技术领域出现了 MOOC、翻转课堂、在线教育、人工智能、大数据等新鲜名词,这些名词成为 IT 界、出版界、金融界、教育界热议的话题,并已经逐步成为重要的教学技术实践领域,在教育教学过程中发挥更大的作用。实践证明,MOOC、翻转课堂以及网络教育已经获得了社会的认可,在不少学校已经进入实际应用阶段。

当前,在智能化教育和教育信息化 2.0 的时代背景下,人工智能发展已进入新阶段,与移动互联网、大数据、超级计算、传感网、脑科学等新理论新技术一起,正逐渐从未来学校、教学方式和学习方式三个方面介入改造现有的教育教学流程。2017年,国务院发布《新一代人工智能发展规划》,指出人工智能在变革学校教育服务形态和教学方式上具有巨大潜力。在人工智能技术的支持下,深度挖掘教育大数据并提供教学方式与内容的分析与优化逐渐成为可实现的事,为精准化教学和个性化学习提供有力的智能支持。人工智能与教学进一步融合的实践路径,已成为当前教育技术领域的研究热点。此外,随着我国教育信息化行动计划的不断推进和教育信息化建设的全方位覆盖,互联网与教育的融合程度日渐深入。物理学习空间与虚拟学习空间中所发生的教学活动由最初的相互独立逐渐转向协同统一,教育教学的设计与实施呈现出跨时空、开放化的趋势,教育正在发生质变。同时,随着融合阶段的提升,隐藏在技术使用不当下的深层教学问题逐渐重现,未来"互联网+教育"的继续推进需要更加关注教与学活动机制及其影响的研究,构建新型教学模式,提升教学效果。学习科学为探究人类如何学习和怎样学习提供了一个重要的跨学科研究领域,涵盖认知学科、心理学、哲学、社会学等不同领域的研究者从不同的角度对人类的学习行为提出的不同观点,而脑科学的加入更令整个领域面貌一新。学习的机制获得了新的外显方式和解读模式,个体层面的学习行为化证据,也许会从自我管理的认知、情感和运动的系统机制中产生,其中每一个系统都在神经中枢上有特定的体现,为智能教育时代实现学生全面发展的教育目标提供了一个新的实践方向。[①]

表 3-1 国内教育技术学领域关键术语及核心概念统计表(2005—2019年)

序号	关键词	词频	序号	关键词	词频	序号	关键词
1	远程教育	1075	20	自主学习	184	39	学习资源
2	教育技术	854	21	网络学习	182	40	混合学习
3	信息技术	624	22	网络教学	178	41	教学资源

---

① 任友群,赵建华,孔晶,等. 国际学习科学研究的现状、核心领域与发展趋势:2018版《国际学习科学手册》之解析[J]. 远程教育杂志,2020(1):18-27.

(续表)

序号	关键词	词频	序号	关键词	词频	序号	关键词
4	教育信息化	604	23	协作学习	167	42	美国
5	教学设计	536	24	远程教学	167	43	教学改革
6	MOOC	529	25	远程开放教育	163	44	实证研究
7	教学模式	387	26	高等教育	161	45	深度学习
8	网络课程	356	27	信息素养	155	46	学习者
9	移动学习	319	28	学习环境	155	47	云计算
10	翻转课堂	264	29	教师培训	153	48	现代教育技术
11	开放大学	261	30	网络环境	146	49	学习支持服务
12	网络教育	241	31	智慧教育	146	50	个性化学习
13	在线学习	238	32	内容分析	141	51	基础教育
14	学习分析	228	33	终生学习	139	52	泛在学习
15	人工智能	212	34	E-Learning	139	53	知识建构
16	教师专业发展	211	35	精品课程	138	54	远程学习
17	现代远程教育	208	36	创客教育	138	55	信息化
18	开放教育	208	37	教育游戏	136	56	社会网络分析
19	大数据	193	38	开放教育资源	135	57	学习科学

二、国外教育技术学关键术语及核心概念统计分析

以国外较为权威的教育技术学期刊——Educational Technology Research and Development（ETR&D）、Computers & Education（C&E）——为代表，在 Web of Science 搜索得到 2005—2019 年十五年间所发表的 3668 篇期刊论文，其中，ETR&D 论文 764 篇，C&E 文 2904 篇。将筛选出的论文作为研究对象，通过统计其关键词，以此探讨、总结国外教育技术学领域的关键术语及核心概念。具体统计情况见表 3-2。

表 3-2 ETR&D 和 C&E 期刊载文关键术语及核心概念统计表（2005—2019 年）

序号	关键词	词频	序号	关键词	词频	序号	关键词	词频
1	交互式学习环境	607	20	分布式学习环境	98	39	教师教育	39
2	教学/学习策略	593	21	虚拟现实	96	40	教育技术	38

(续表)

序号	关键词	词频	序号	关键词	词频	序号	关键词	词频
3	教育问题	401	22	智能辅导系统	93	41	投入度	34
4	提高课堂教学	392	23	性别研究	91	42	跨文化项目	34
5	合作/协作学习	349	24	成人学习	89	43	自我效能感	33
6	教育媒体	293	25	高等教育	88	44	自主学习	33
7	计算机中介通信	283	26	国别发展	76	45	导航	32
8	中学后教育	230	27	在线学习	74	46	混合学习	32
9	中等教育	222	28	教学设计	71	47	问题解决	31
10	基础教育	221	29	移动学习	69	48	反馈	31
11	远程教育	196	30	终生学习	62	49	科学教育	30
12	人机交互	194	31	技术集成	57	50	学习策略	29
13	学科领域应用	192	32	创作工具和方法	56	51	技术接纳模型	29
14	CAL系统评价	148	33	动机	55	52	数学	26
15	评价方法	145	34	跨学科项目	49	53	学习成果	25
16	多媒体/超媒体系统	131	35	学习	48	54	学习分析	24
17	学习共同体	118	36	基于游戏的学习	48	55	形成性评价	21
18	教育技术系统架构	107	37	编程和编程语言	43	56	悦趣化	21
19	电子学习	106	38	认知负荷	42	57	元分析	20

研究发现,在全部的关键词中,"交互式学习环境"(Interactive learning environments)一词出现频次最高,始终是两种期刊载文研究对象的核心和焦点。教学(Instructional)、学习(Learning)和技术(Technology)也是两种期刊中出现频次较高的关键词。其中,"教学"一词之所以使用形容词"Instructional"表达,是因为该词主要与技术、设计等词合用,以词组的形式出现,如"教学设计"(Instructional Design)、"教学技术"(Instructional Technology)、"教学认识"(Instructional Perception)、"教学模拟"(Instructional Simulation)和"教学质量"(Instructional Quality)等。

结合对两种期刊研究主题的分析可以发现,这些关键词表明当前国际教育技术学领域十分重视学习,关注学习的环境、策略、技术与方法等内在要素(如分布式学习环境、合作/协作学习等),专注于通过设计(如教学设计、多媒体设计等)促进学习的研究理念和基本范式。从统计结果中可以看出,国际教育技术学研究以基于设计和技术的学习研究为核心,逐渐形成了开放多元、实证主导、交叉融合的方法论体系和深入学校、走近学生、融入学科的研究取向。

第二节 学习领域

学习是人脑智慧的突出表现,也是人类生存和发展的重要基础。对人类是如何学习的探索一直是哲学、心理学和教育学等学科的关切重点。传统心理学对学习的论述曾经产生了重要影响,如 20 世纪三四十年代行为主义大师桑代克和斯金纳为代表的刺激反应学说就曾经对世界各国的语言教学起过巨大的推动作用。进入 21 世纪,随着科学技术的不断发展,特别是直接研究人脑的科学手段的普及,人们对人脑的工作机制,特别是学习和记忆以及语言加工和学习等高级功能的脑机制研究取得了突破性的进展,对几千年来传统的学习理论形成了极大的冲击。21 世纪的学习科学需要把心理学、神经科学、教育学和机器学习等学科有机整合起来,形成一门新的学习科学。

一、认知

认知也可以称为认识,是指人认识外界事物的过程,或者说是对作用于人的感觉器官的外界事物进行信息加工的过程。[1] 它包括感觉、知觉、记忆、思维、想象、言语,指人们认识活动的过程,即个体对感觉信号接收、检测、转换、简约、合成、编码、储存、提取、重建、概念形成、判断和问题解决的信息加工处理过程。在心理学中认知是指通过形成概念、知觉、判断或想象等心理活动来获取知识的过程,即个体思维进行信息处理的心理功能。对认知进行研究的科学被称为认知科学。

---

[1] BARAC R, BIALYSTOK E, CASTRO D C, et al. The cognitive development of young dual language learners: a critical review[J]. Early childhood research quarterly, 2014, 29(4): 699-714.

(一) 知识

知识,是指人类在实践中认识客观世界(包括人类自身)的成果。它包括事实、信息、描述或在教育和实践中获得的技能。[①] 知识可能是关于理论的,也可能是关于实践的。在哲学中,关于知识的研究叫作认识论。知识的获取涉及许多复杂的过程:感觉、交流、推理。知识可以看成是构成人类智慧的最根本的因素。知识的定义在认识论中仍然是一个争论不止的问题。一个经典的定义来自柏拉图:一条陈述能称得上是知识必须满足三个条件,它一定是被验证过的,正确的,而且被人们相信的。知识的概念是哲学认识论领域最为重要的一个概念。

(二) 表征/表象

表征(Characterization;Representation)是信息在头脑中的呈现方式。根据信息加工的观点,当有机体对外界信息进行加工(输入、编码、转换、存储和提取等)时,这些信息是以表征的形式在头脑中出现的。表征是客观事物的反映,又是被加工的客体。同一事物,其表征的方式不同,对它的加工也不相同。例如,对于文字材料,着重其含意的知觉理解和对字体的知觉就完全不同。信息的来源不同,人脑对其加工也不同。信息的编码和存储有视觉形象形式和言语听觉形式,抽象概念或命题形式。那些具有形象性特征的表征,也称表象,只是表征的一种形式。

知识表征是指信息在人脑中的储存和呈现方式,它是个体知识学习的关键。人们在学习过程中,都是根据自己对知识的不同表征而选择相应的学习方法和应用方法。知识表征通常有三种形式:陈述性知识表征,程序性知识表征,大知识单元的表征。

1. 陈述性知识表征

心理学家普遍认为,陈述性知识主要是以命题和命题网络的形式进行

[①] ALMEIDA M V, SOARES A L. Knowledge sharing in project-based organizations: overcoming the informational limbo[J]. International journal of information management,2014,34(6):770—779.

表征。另外,表象和图式也是表征陈述性知识的重要形式。其中,"命题"是信息的基本单位,是陈述性知识的一种基本表征形式,它比句子更为抽象,是将句子表征为一组符号。一个命题大致相当于一个观念,一般由两个成分构成:关系和论题。"命题网络"是基于语言网络提出来的,它是指任何两个命题,如果它们具有共同成分,则可以通过这些共同成分而彼此联系在一起。许多彼此联系的命题组成命题网络。命题网络的基本表示方法是用一组由关系联结的节点所构成的有向结构来表示。节点表示记忆中的概念。

2. 程序性知识表征

程序性知识主要以产生式和产生式系统进行表征。"产生式"这个术语来自计算机科学,信息加工心理学的创始人纽厄尔(Allen Newell)和西蒙(Herbert A. Simon)首先提出用产生式表征人脑中储存的技能。他们认为,人脑和电脑一样都是"物理符号系统",其功能都是操作符号。人脑之所以能进行计算、推理和解决问题等各种复杂活动,是由于人经过学习,其头脑中储存了一系列的以"如果—那么—"形式表征的规则。同计算机程序的本质一样,这种规则被称为"产生式"。简单产生式只能完成单一的活动,有些任务需要完成一系列的活动,因此需要许多简单的产生式,通过练习简单的产生式可以形成复杂的"产生式系统",这种产生式系统被认为是复杂技能的心理机制。

3. 大知识单元的表征

许多心理学家认为,一个大知识单元中既有陈述性知识,又有程序性知识,二者相互交织在一起。许多心理学家用图式(Scheme)来描述这种大块的知识表征。[①] 从现代认知心理学的知识分类观来看,图式中不仅含有命题的或概念的网络结构,也含有解决问题的方法步骤,即程序性知识。一般认为,图式能运用于范围广阔的情景,作为理解输入的信息的框架;从知识来看,在记忆中存在的图式就像是人所知道的东西;从结构来看,图式是围绕某个主题组织的;从理解来看,图式中含有许多空位,它们可以被某些具体

---

① SHEN Y, ZHA G CH. Generalized finite compact difference scheme for shock/complex flowfield interaction[J]. Journal of computational physics,2011(12):4419-4436.

的信息填补。

（三）概念

概念（Idea；Notion；Concept）是反映对象的本质属性的思维形式。人类在认识过程中，从感性认识上升到理性认识，把所感知的事物的共同本质特点抽象出来，加以概括，就成为概念。表达概念的语言形式是词或词组。概念都有内涵和外延，即其含义和适用范围。概念随着社会历史和人类认识的发展而变化。

（四）智力

智力（Intelligence）是指生物一般性的精神能力，指人认识、理解客观事物并运用知识、经验等解决问题的能力，包括记忆、观察、想象、思考、判断等。[1] 智力包括以下几点：理解、判断、解决问题，抽象思维、表达意念以及语言和学习的能力。当考虑到动物智力时，"智力"的定义也可以概括为：通过改变自身、改变环境或找到一个新的环境来有效地适应环境的能力。智力包括多个方面，如观察力、记忆力、想象力、分析判断能力、思维能力、应变能力等。智力的高低通常用智力商数来表示，用以标示智力发展水平。特别需要指出的是智力不是智慧，两者的意义有一定的差别。

（五）元认知

元认知是对认知的认知，具体地说，是关于个人自己认知过程的认识和调节这些过程的能力，是对思维和学习活动的认识和控制。元认知包括元认知知识、元认知体验和元认知监控[2]。例如在教学心理学中常提到"学习如何学习"，指的就是这种元认知。元认知的实质是对认知活动的自我意识和自我调节。

---

[1] LEE C S, THERRIAULT D J. The cognitive underpinnings of creative thought：a latent variable analysis exploring the roles of intelligence and working memory in three creative thinking processes [J]. Intelligence，2013(5)：306-320.

[2] AKTURK A O, SAHIN I. Literature review on metacognition and its measurement[J]. Procedia-social and behavioral sciences，2011(15)：3731-3736.

(六) 分布式认知

分布式认知(Distributed Cognition)是一个包括认知主体和环境的系统,是一种包括所有参与认知的事物的新的分析单元。[①] 分布式认知是一种认知活动,是对内部和外部表征的信息加工过程。分布式认知是指认知分布于个体内、个体间、媒介、环境、文化、社会和时间等之中(表3-3)。分布式认知强调的是认知现象在认知主体和环境间分布的本质。分布式认知的理论和方法来源于认知科学、认知人类学以及社会科学,但实际上分布式认知的思想自1879年第一个心理学实验室建立后不久就已经有人提出来了。

表 3-3　分布主体及认知表现

分布主体	认知表现
个体内	知识是在脑中非均匀分布的。认知科学和认知神经科学的一种重要的理论——模块说——支持这一观点。模块说认为,人脑在结构和功能上都是由高度专门化并相对独立的模块组成,这些模块复杂而巧妙地结合,是实现复杂而精细的认知功能的基础。
媒介中	认知活动可以被看成是在媒介间传递表征状态的一种计算过程。其中,媒介可以是内部的(如个体的记忆),也可以是外部的(如地图、图表、计算机数据库等)。
文化上	文化是指规范、模式化的信念、价值、符号、工具等人们所共享的东西。文化是模式化的,但并不是统一的。文化需要在面对面的实地交流中才能被体会或感受到。文化以间接方式影响着认知过程,例如,不同文化背景下人可能具有不同的认知风格。
社会中	在具体情境中(例如在餐厅),记忆、决策等认知活动不仅分布于工具(菜单、椅子和桌子的布置、桌号)中,而且分布于规则(例如,就餐后离开餐厅前付账等)中,分布于负责着不同性质工作的人(例如,是服务员,而不是洗碗工,负责餐厅内就餐的各项事务)之中。
时间上	认知横向分布于每个认知主体特有的时间维度上,纵向分布于特定认知主体的过去、现在和未来。例如,成人常常根据过去的或文化上的经验来解释儿童的一些行为。

[①] NILSSON M,VAN LAERE J,SUSI T,et al. Information fusion in practice:a distributed cognition perspective on the active role of users[J]. Information fusion,2012(1):60-78.

二、人类的信息处理模式

近年来有关学习的学说及理论已由行为主义所主导的制约学习研究转向认知心理学所主张的认知历程研究。所谓"信息处理"指的就是认知心理学中对"认知历程"的推论性解释,亦是指个体由感觉器官接收信息、贮存信息以及使用信息等整个心理历程。[①] 以动作习得为例,信息论者指出人类处理外界刺激的过程类似于电脑的功能,强调人类动作行为的产生,经由感觉器官得到刺激,输送到中枢神经系统加以处理,经过判断与决策之后才能付诸行动。其动作反应的结果,又可提供下一次动作前的感觉参考或动作修正的依据,此为反馈步骤。因此信息论认为,运动行为的控制关键在于"输入""决策""输出"和"反馈"四个连续动作的流程步骤。

(一) 双重编码理论

双重编码理论是心理学家佩维奥(Allan Paivio)提出的,他强调在信息的贮存、加工与提取中,语言与非语言的信息加工过程同样重要。因为,人的认知是独特的,它专用于同时对语言与非语言的事物和事件的处理。此外,语言系统是特殊的,它直接以口头与书面的形式处理语言的输入与输出,与此同时,它又保存着与非语词的事物、事件和行为有关的象征功能。任何一种表征理论都必须适合这种双重功能。双重编码理论假设,存在着两个认知的子系统:其一专用于对非语词事物、事件(即映象)的表征与处理,而另一个则用于语言的处理。[②] 佩维奥同时还假定,存在两种不同的表征单元:适用于心理映像的"图像单元"和适用于语言实体的"语言单元"。前者是根据部分与整体的关系组织的,而后者是根据联想与层级组织的。

---

① LI J L, FRASER M W, WIKE T L. Promoting social competence and preventing childhood aggression: a framework for applying social information processing theory in intervention research [J]. Aggression and violent behavior, 2013(3): 357-364.

② PAIVIO A. Intelligence, dual coding theory, and the brain [J]. Intelligence, 2014(47): 141-158.

（二）自上而下的处理方式与自下而上的处理方式

自上而下的处理方式是先勾勒出解决问题的大纲,然后根据这个大纲再把问题细分,逐步解决问题。自下而上的处理方式则在解决问题的时候没有初始的大纲,先解决局部问题,然后再组合各个局部的解决方案,从而解决最终的问题。

（三）神经回路

由于神经系统由众多的神经元组成,神经元与神经元又通过突触建立联系,而每个神经元又有大量的突触,于是便构成了极端复杂的信息传递和加工的神经回路。① 单个神经元极少单独地执行某种功能,神经回路才是脑内信息处理的基本单位。

三、问题解决

问题解决（Problem Solving）是在问题空间中进行搜索,以便使问题的初始状态达到目标状态的思维过程。心理学上认为,问题解决是由一定的情景引起的,按照一定的目标,应用各种认知活动、技能等,经过一系列的思维操作,使问题得以解决的过程②。例如,证明几何题就是一个典型的问题解决的过程。几何题中的已知条件和求证结果构成了问题解决的情境,而要证明结果,必须应用已知的条件进行一系列的认知操作。操作成功,问题得以解决。心理学家认为,提出问题是解决问题的先决条件,但仅仅满足于提出问题是不够的,提出问题的目的是为了有效解决问题。人生就是一系列解决问题的过程。个体克服生活、学习、实践中新的矛盾时的复杂心理活动,其中主要是思维活动。教育心理学着重研究学生学习知识、应用知识中的问题解决。问题解决分为四个步骤:发现问题—分析问题—提出假设—

---

① KATO M. Active noise control in a duct by an analog neural network circuit[J]. Applied acoustics,2011,72(10):732-736.

② JOHNSON A M,REISSLEIN J,REISSLEIN M. Transitional feedback schedules during computer-based problem-solving practice [J]. Computers & education,2015(81):270-280.

检验假设。

我们生活的世界时时处处都存在着各种各样的矛盾,当某些矛盾反映到意识中时,个体才发现它是个问题,并要求设法解决它。这就是"发现问题"的阶段。从问题解决的阶段性看,这是第一阶段,是解决问题的前提。发现问题对学习、生活、创造发明都十分重要,是思维积极主动性的表现,在促进心理发展上具有重要意义。

要解决所发现的问题,必须明确问题的性质,也就是弄清有哪些矛盾,它们之间有什么关系,以确定所要解决的问题要达到什么结果,所必须具备的条件、其间的关系和已具有哪些条件,从而找出重要矛盾、关键矛盾之所在,这一阶段是"分析问题"阶段。

在分析问题的基础上,进入"提出假设"阶段。提出解决该问题的假设,即可采用的解决方案,其中包括采取什么原则和具体的途径、方法。所有这些往往不是简单现成的,而且有多种多样的可能。提出假设是问题解决的关键阶段,正确的假设引导问题顺利得到解决,不正确不恰当的假设则使问题的解决走弯路或导向歧途。

最后一个阶段是"检验假设"阶段。假设只是提出一种可能的解决方案,还不能保证问题必定能获得解决,所以问题解决的最后一步是对假设进行检验。通常有两种检验方法:一是通过实践检验,即按假定方案实施,如果成功就证明假设正确,同时问题也得到解决;二是通过心智活动进行推理,即在思维中按假设进行推论,如果能合乎逻辑地论证预期成果,就算问题初步解决。特别是在假设方案一时还不能立即实施时,必须采用后一种检验。但必须指出,即使后一种检验证明假设正确,问题的真正解决仍有待实践结果才能证实。不论哪种检验,如果未能获得预期结果,必须重新另提假设再行检验,直至获得正确结果,问题才算解决。

(一)心智技能水平

心智技能是影响问题解决的重要因素,因为解决问题主要是通过思维进行的,心智技能正是思维能力在解决问题中所表现的技能。① 为此,在教学中不能只重视知识的灌输,还必须同时促进心智技能的发展。

(二)思维定式

思维定式指连续解决一系列同类型课题所产生的定型化思路。这种思路对同类的后继课题的解决是有利的。如果后继课题虽可用原先的方法解决,但也可以采用更合理更简易的步骤时,思维定式就成为障碍,影响解题的速度与合理化。因此,平时既要注重训练学生思维的定向性又要训练其思维的灵活性。

(三)问题情境

问题总是由问题情境引起的。问题情境就是在生活中出现在我们面前、使我们感到困惑又不能利用经验直接解决的情况。这种情境性促使我们进行思考,开动脑筋,并采取相应的策略去改变这种困境。问题解决的过程就是问题情境消失的过程。当一个问题解决之后,再遇到同类情境时就不会再感到困惑。

(四)问题表征

问题表征就是问题解决者将问题任务范围或问题范围或作业领域转化成问题空间,问题空间是问题解决者对客观问题的主观陈述,这种陈述过程实际上是按照自己理解的方式将问题在头脑中重新记载和储存。一般说来,这种表征包含三种状态,即初始状态、中间状态和目标状态。初始状态是指问题被认识时问题解决者所处的情境;目标状态是指问题解决者所要寻求的最终结果。问题解决的任务就在于要找出一种能把初始状态转变为目标状态的操作(或称算子)序列。中间状态是指在实现从初始状态向目标

---

① PASHABADI A, SHAHBAZI M, HOSEINI S M, et al. The comparison of mental skills in elite and sub-elite male and female volleyball players[J]. Procedia-social and behavioral sciences, 2011(30): 1538-1540.

状态转变的过程中由操作引起的种种状态。

(五) 操作序列性

问题解决包含一系列心理操作,这种操作是成序列、有系统的。序列出现错误,问题就无法解决。采用不同的方法和途径解决同一问题时会呈现出不同的序列。选择一种解决问题的方法和途径,实际上就是选择了一种序列和系统。

四、动机

动机(Motive)在心理学上一般被认为涉及行为的发端、方向、强度和持续性。动机为名词,在作为动词时则多称作"激励"。在组织行为学中,激励主要是指激发人的动机的心理过程,即通过激发和鼓励,使人们产生一种内在驱动力,使之朝着所期望的目标前进的过程。[①]

(一) 习得性无助

习得性无助指因为重复的失败或惩罚而造成的听任摆布的行为,是通过学习形成的一种对现实的无望和无可奈何的行为、心理状态。[②] 美国心理学家塞利格曼(Seligman)1967年在研究动物时提出这一概念。他做了一项经典实验,起初把狗关在笼子里,只要蜂音器一响,就对狗施加电击,狗关在笼子里逃避不了电击。多次实验后,蜂音器一响,在电击前,先把笼门打开,此时狗不但不逃,不等电击出现就先倒地开始呻吟和颤抖。本来可以主动地逃避却绝望地等待痛苦的来临,这就是习得性无助。

[①] KIM Y J, VAN DYNE L, KAMDAR D, et al. Why and when do motives matter? an integrative model of motives, role cognitions, and social support as predictors of OCB[J]. Organizational behavior and human decision processes, 2013, 121(2): 231-245.

[②] BIBER M, BIBER S K. Investigation of the level of prospective teachers' learned helplessness in mathematics in relation of various variables [J]. Procedia-social and behavioral sciences, 2014, 116(21): 3484-3488.

（二）归属需要

归属需要即归属和爱的需要。美国心理学家马斯洛1943年在其著作《动机论》中提出需要层次理论，认为人的需要可以分为五个层次，它们依次是：生理的需要、安全的需要、归属和爱的需要、尊重的需要和自我实现的需要。当前两种需要得到满足后，人便会产生更高一层的社会需要，比如希望得到爱和爱他人，与他人建立友谊，有和谐的人际关系，被团体所接纳，有归属感。

（三）皮格马利翁效应

皮格马利翁效应（Pygmalion Effect），也译为"期待效应"，由美国著名心理学家罗森塔尔和雅各布森提出。它是指人的情感和观念会不同程度地受到别人下意识的影响，人们会不自觉地接受自己喜欢、钦佩、信任和崇拜的人的影响和暗示。

皮格马利翁效应与罗森塔尔效应比较相似。但是罗森塔尔效应是指他人告诉自己两组存在差异，皮格马利翁效应则是指由于他人的评价而对自己产生具有偏向的期待。皮格马利翁效应对主试和被试都有作用，对主试来说，他会给被试更多机会，而被试会印证这种期待，在测试之后会在被试身上得到体现。而在罗森塔尔效应中，被试不会因为主试的期待而达到预期，这与皮格马利翁效应是不同的。

（四）霍桑效应

霍桑效应是指那些意识到自己正在被别人观察的个人具有改变自己行为的倾向。霍桑效应起源于1924年至1933年间的一系列实验研究，由哈佛大学心理学家梅奥（George Elton Mayo）教授为首的研究小组提出此概念。霍桑是美国西部电气公司坐落在芝加哥的一间工厂的名称，是梅奥进行实验研究的工厂。实验最开始研究的是工作条件与生产效率之间的关系，包括外部环境影响条件（如照明强度、湿度）以及心理影响因素（如休息间隔、团队压力、工作时间、管理者的领导力)。

五、记忆

学习是个体后天与环境接触、获得经验而产生的行为变化的过程。记忆是学习的认知侧面,一般分识记、保持和重现三个过程。学习是人类社会中必不可少的基本活动,在广义上可理解为人类以获得的经验去适应周围不断变化的环境的过程,产生的行为或行为潜能具有相对持久的适应性变化;狭义上主要指学生在教师指导下,在一定的时空环境中进行的有目的、有计划、系统地掌握知识技能和行为规范的过程。学习理论是心理学的分支学科,主要研究学习的行为特征、心理规律和认知过程,要解决的基本问题是学习的实质问题,即解释学习的实质是什么,以及学习发生的原因。

记忆是人脑对经验过的事物的识记、保持、再现或再认,它是进行思维、想象等高级心理活动的基础。人类记忆与大脑海马结构、大脑内部的化学成分变化有关。记忆作为一种基本的心理过程,是和其他心理活动密切联系着的。记忆联结着人的心理活动,是人们学习、工作和生活的基本机能。把抽象无序转变成形象有序的过程是记忆的关键。关于记忆的研究属于心理学或脑部科学的范畴。运用那些经过实践后能有效提高记忆力的方法、技巧,可以使之更好地服务于人类的工作、生活、学习。

(一) 集中学习与分散学习

集中学习和分散学习是根据学习时间分配不同而划分的两种学习方法。其中,集中学习指在较长的时间里不间断地反复学习;分散学习(又称间隔学习、分布学习)指学习时间间隔的学习。关于集中学习与分散学习,有两个实验研究可以帮助大家理解。

例 1 苏联心理学家 M. H. 沙尔达科夫在一个实验中让两个人数、智力相同的小组分别用集中学习和分散学习的方式识记同一诗篇。一组学生集中在一段时间内反复阅读,直到记熟为止;另一组学生则把学习时间分散在 3 天里。结果表明,分散学习所用的时间比集中学习少得多(如表 3-4 所示)。

表 3-4　不同识记方式所需时间

识记方式	记熟诗篇所需的全部时间
集中学习	14.5 分钟
分散学习	9 分钟

例 2　S.O.奥斯丁让两组学习者读 2—4 页的历史和经济材料,两组读法不同:一组在 1 天内集中读 5 次;另一组每天读 1 次,5 天读完。在不同时距内进行保持测验的结果表明分散学习效果好,保持时间比集中学习要长(如表 3-5 所示)。

表 3-5　集中学习与分散学习不同时间后的保持量　　　　　　　　（%）

诵读方法	测验时间		
	次日	两个星期后	一个月后
分散学习	64.4	47.26	33.59
集中学习	66	13.13	11.49

（二）正式学习与非正式学习

学习可以分为正式学习与非正式学习两种基本形式。研究者于 20 世纪 50 年代首次提出了正式学习、非正式学习的概念,但对其研究的关注则是从 20 世纪末开始的。

正式学习,主要是指在学校的学历教育和参加工作后的继续教育;非正式学习指在非正式学习时间和场所发生的,通过非教学性质的社会交往来传递和渗透知识,由学习者自我发起、自我调控、自我负责的学习。[1]

非正式学习的定义是包括信息和内容在内的一切事物,如会议、书籍、网站等,或者是非正式的人与人的交流,如交谈、讨论、会议等。人们几乎是在不知不觉中在任何地方向任何东西学习,生活中随时随处都能发生学习,当它融入人们的生活并自然地发生时是很有意义的。非正式学习可以是有

---

[1] CRUZ-CORREIA R. AprendIS:a tool for formal learning in health informatics [J]. Procedia technology,2014(16):1367-1373.

明确目的的,也可以是偶然性的。有无目的性是另外一种学习形式划分的维度,正式学习与非正式学习的学习结果都可能是预先期望的,也可能是偶然性的。① 有些非正式学习具有清晰的目标,如改进一个软件或学习使用一种新工具。多数时候非正式学习的目标并不是清晰明确的,如理解公司的文化、对新角色找到"感觉"等。

(三) 强化学习

强化学习(reinforcement learning,又称再励学习、评价学习)是一种重要的机器学习方法,在智能控制机器人及分析预测等领域有许多应用。但在传统的机器学习分类中没有提到过强化学习,而在联结主义学习中,把学习算法分为三种类型,即非监督学习、监督学习和强化学习。

(四) 试误学习

试误学习又称选择学习或联结学习,是指当人或动物面临一个新情境时,会进行各种尝试,以求得动机的满足。

(五) 观察学习

观察学习又称无尝试学习或替代性学习,是指通过对学习对象的行为、动作以及它们所引起的结果进行观察,获取信息,而后经过学习主体的大脑进行加工、辨析、内化,再将习得的行为在自己的动作、行为、观念中反映出来的一种学习方法。观察学习是美国心理学家班杜拉(Albert Bandura)在20世纪60年代提出的一个概念。在班杜拉看来,人有通过语言和非语言形式获得信息以及自我调节的能力,这使得个体通过观察他人(榜样)所表现的行为及其结果,不必事事经过亲身体验,就能学到复杂的行为反应。也就是说,在观察学习中,学习者不必直接做出反应,也无须亲身体验强化,只要

---

① CHANG T Y. Problems and strategies for improving the non-formal learning accreditation system in taiwan [J]. Procedia-social and behavioral sciences, 2014, 142(14): 578-585.

通过观察他人在一定环境中的行为,并观察他人接受一定的强化便可完成学习。个体能通过观察他人的行为得到某种认知表象,并以之指导自己以后的行为,不必直接做出行为,不依赖直接强化,具有认知性,不等同于模仿,可提高学习效率,这样就使其减少了不必要的错误尝试。

(六)先行组织者

先行组织者(advance organizer)是先于学习任务本身呈现的一种引导性材料,它要比原学习任务本身有更高的抽象、概括和包容水平,并且能清晰地与认知结构中原有的观念和新的学习任务关联。先行组织者是认知心理学的代表人物、美国教育心理学家奥苏伯尔(David Ausubel)于1960年提出的一个重要概念,也是他在教学理论方面的主要贡献之一。根据奥苏伯尔的解释,学生面对新的学习任务时,如果原有认知结构中缺少同化新知识的适当的上位观念,或原有观念不够清晰或巩固,则有必要设计先于学习材料呈现的引导性材料,可能是一个概念、一条定律或者一段说明文字,可以用通俗易懂的语言或直观形象的具体模型,但是在概括和包容的水平上高于要学习的材料(因此属于下位学习),构建一个使新旧知识发生联系的桥梁。这种引导性材料被称为先行组织者。[①]

(七)潜意识

潜意识是指人类心理活动中不能认知或没有认知到的部分,是人们已经发生但并未达到意识状态的心理活动过程。

我们是无法觉察潜意识的,但它影响意识体验的方式却是最基本的:我们如何看待自己和他人,如何看待我们生活中日常活动的意义,我们所做出的关乎生死的快速判断和决定能力,以及我们本能体验中所采取的行动。潜意识所完成的工作是人类生存和进化过程中不可或缺的一部分。

---

① JAFARI K, HASHIM F. The effects of using advance organizers on improving EFL learners' listening comprehension: a mixed method study [J]. System, 2012, 40(2): 270-281.

（八）前摄抑制与倒摄抑制

前摄抑制在认知心理学上指之前学习过的材料对保持和回忆以后的学习材料的干扰作用；倒摄抑制指后来学习过的材料对之前学习材料的干扰作用。简单点说可以这样比喻：当我们学习英语单词时，我们以前学习过的汉语拼音对我们的记忆有干扰，这就是前摄抑制；当我们能熟练使用英语单词时，英语单词又对我们回忆汉语拼音会有干扰，这就是倒摄抑制[①]。

六、推论与判断

推论指的是从一个或者一些已知的命题得出新命题的思维过程或思维形式，其中已知的命题是前提，得出的命题为结论；也指从一系列的示例中找出一个组型，即受测者能从一系列示例中，借由观察相关联的属性与注意到示例间的关系，进而抽取出一个概念或程序知识。推论的过程通常包含：比较示例，指认出组型规则，使用组型规则产出符合组型规则的新示例。

（一）批判性思维

批判性思维是以逻辑方法作为基础，结合人们日常思维的实际和心理倾向发展出的一系列批判性思考技巧，是一种技能和思想态度，没有学科边界，任何涉及智力或想象的论题都可以从批判性思维的视角来审查。批判性思维既是一种思维技能，同时也是一种人格或气质；既能体现思维水平，也凸显现代人文精神。它最初的起源可以追溯到苏格拉底。在现代社会，批判性思维被普遍确立为教育特别是高等教育的目标之一。

（二）决策

决策，指决定的策略或办法。决策是人们在政治、经济及日常生活中普

---

① DU Y CH, XIAO ZH W, SONG Y, et al. An electrophysiological signature for proactive interference resolution in working memory [J]. International journal of psychophysiology, 2008, 69(2): 107-111.

遍存在的一种行为。决策是决定的意思，它是为了实现特定的目标，根据客观的可能性，在占有一定信息和经验的基础上，借助一定的工具、技巧和方法，对影响目标实现的诸因素进行分析、计算和判断选优后，对未来的行动做出决定。决策分析是一门与经济学、数学、心理学和组织行为学密切相关的综合性学科。它的研究对象是决策，它的研究目的是帮助人们提高决策质量，减少决策的时间和成本。因此，决策分析是一门创造性的管理技术。它包括发现问题、确定目标、确定评价标准、方案制定、方案选优和方案实施等过程。

（三）心理模式

心理模式是指人们通过经验、训练和教导，对自己、他人、环境以及接触到的事物形成的模式。

七、个体差异

近代对个体差异的重视和研究源于生理学家和心理学家对个体差异的实验室认定。1879年，心理学家冯特建立了第一个实验室后，心理学家在研究人类行为的共同特点时发现，对于同一刺激，个体间的反应常常不同。开始时心理学家以为这是由实验本身的误差造成的，但经过长时期的实验后，心理学家终于发现这种差异与误差无关，而是由被试个体之间的差异造成的。个体差异由此引起了人们的重视。随后，高尔顿、卡特尔、桑代克、比奈、斯腾等人对个体差异均进行了大量的研究。

20世纪50年代以来，个体差异的研究逐渐被性向研究所代替。20世纪60年代，有关动机的研究日益丰富和深入，进一步揭示出人类行为多样化的根源。20世纪70年代初，元认知研究兴起，把个体差异研究又推上了一个新台阶。20世纪90年代以来，随着科学技术的日益发展和各学科研究既纵深分化又综合贯通的趋势，对个体差异的研究也进一步微观化和综合化。微观化表现在个体的自我效能、信息加工模式、认知方式等方面的研究大量涌现，综合化表现在许多研究通过强调智力因素与非智力因素的统一，从环境与人相互作用的观点解释人的个体差异的形成与发展。近年来,关于个体差异的研究仍然是心理学、教育学中的一个热点问题,学习风格、内部动机、认知方式等个体差异变量逐渐受到了人们的重视。

(一) 性向

性向(aptitude)作为某种特定情形下行为的预先倾向性或适合性,既包括能力,也涉及个性,既包括意动,也涉及情感,而且还暗含着个人与环境相互作用的特征,因此,在教育、教学以及社会决策和规划等领域中均具有重要意义,受到了人们的普遍重视。特别是克龙巴赫和斯诺的开创性研究,使性向与教学紧密联系了起来,直到现在仍然是个体差异研究乃至教学论研究中的重要领域之一。

(二) 内部动机与外部动机

学习动机主要指学生学习活动的推动力,是直接推动学生进行学习的一种内部动力,也是激励和指引学生进行学习的一种需要。动机决定着个体活动的自觉性、积极性、倾向性和选择性,动机水平的高低和强弱决定着个体活动的质量、水平和效果,对人的行为、活动有极为重要的意义。教学过程中,激发学生的学习动机是一个十分重要的环节。

学习动机可以分为内部动机和外部动机。内部动机是认知内驱力,指人们对学习本身的兴趣所引起的动机;外部动机包括自我提高内驱力和附属内驱力,是人们由外部诱因所引起的动机,动机的满足不在学习活动中,人们对学习本身并不感兴趣,而是对学习所带来的结果感兴趣。动机理论表明,人的需要不同,就产生了不同的动机,导致了不同的行为,而不同的行为反过来又强化了不同的动机。如此循环往复,进一步巩固和扩大了个体之间的差异。动机研究的重要意义在于,它将人的个体差异的研究从单纯的心理差异引向了社会性差异,由微观的个体差异引向了宏观的个体差异。

(三) 元认知

1976 年,弗拉维尔在《认知发展》一书中对元认知进行了明确的界定和系统的论述:元认知是认知主体对自身心理状态、能力、任务目标、认知策略等方面的认知;是以认知过程和认知结果为对象,以对认知活动的调节和监控为外在表现的认知,其实就是"人的自我意识、自我控制和自我调节"。元认知在个体发展中具有重要意义,对于更好地解释个体差异的形成与发展、学生学习的差异性等,都很有价值,极大地深化、完善了个体差异的研究。

(四)学习者特征

学习者特征是指对学习者的学习产生影响的心理的和社会的特点。它一方面指学习者原有的认知结构和认知能力;另一方面指学习者在进入学习以前所具有的一般心理特征,如社会背景、情感态度、性格特点等。学习起点水平是学习者特征的重要部分,是学习者在学习之前已有的认知结构和知识、能力、经验的水平。了解学习者的学习起点水平,即把握了当前所学新概念、新知识的教学起点,是实施个别化教学和因材施教的重要前提。学习者的学习起点水平包括两方面:一般特征和起点能力。其中,一般特征指对学习者从事学习产生影响的心理、生理和社会的特点,包括学习者的年龄、性别、年级水平、生活经验、社会背景等因素;起点能力指学习者在学习某一特定的学科内容时已经具备的有关知识与技能的基础,以及他们对这些学习内容的认识和态度。

(五)自我效能

自我效能感的概念最早是由美国心理学家班杜拉于20世纪70年代末提出。班杜拉认为,自我效能感是指人们对自身完成某项任务或工作行为能力的信心或信念,是人对自己是否能够成功地进行某一成就行为的主观判断。学习自我效能感是自我效能感在学习领域的应用,是指个体的学业能力信念,是学习者对自己能否利用所拥有的能力或技能去完成学习任务的自信程度的评价,是个体对控制自己学习行为和学习成绩的能力的一种主观判断。学习自我效能感影响个体的学习努力程度,是学习成就的"预测器"。

（六）学习风格

学习风格是学习者感知不同刺激并对不同刺激做出反应、产生影响的所有心理特性。由于人与人之间在学习风格上是有差异的，每一位学习者具有自身持续一贯的带有个性特征的学习方式，综合体现为不同的学习策略和学习倾向。[①] 凯夫从信息加工角度界定了学习风格："学习风格由学习者特有的认知、情感和生理行为构成，它是反映学习者如何感知信息、如何与学习环境相互作用并对之做出反应的相对稳定的学习方式。"

（七）认知方式

认知方式（cognitive style）又称认知风格，是个体在知觉、思维、记忆和理解问题等认知活动中加工和组织信息时所显示出来的独特而稳定的风格。认知方式表现为一个人习惯于采取什么方式对外界事物进行认知，它并没有好坏的区分。认知方式有很多表现形式，如沉思性和冲动性、拉平和尖锐化等。其中最主要的是 H. A. 威特金提出的场依存性和场独立性特征。具有场依存性特征的人，倾向于以整体的方式看待事物，在知觉中表现为容易受环境因素的影响；具有场独立性特征的人，倾向于以分析的态度接受外界刺激，在知觉中较少受环境因素的影响。

（八）学习策略

学习策略主要指在学习活动中，为达到一定的学习目标而应掌握的学习规则、方法和技巧，即学生能够自觉地用来提高学习成效的谋略，是一种在学习活动中思考问题的操作过程。学习策略对学习过程的影响极为重要。

（九）学习障碍

学习障碍（learning disabilities）是指从发育的早期阶段起，儿童获得学

---

① RICHARDSON J T E. Approaches to studying, conceptions of learning and learning styles in higher education[J]. Learning and individual differences, 2011, 21(3): 288-293.

习技能的正常方式受损。这种损害不是单纯缺乏学习机会的结果,不是智力发展迟缓的结果,也不是后天的脑外伤或疾病的结果。这种障碍来源于认识处理过程的异常,由一组障碍所构成,表现在阅读、拼写、计算和运动功能方面有特殊和明显的损害。

第三节　教学领域

一、学习环境

"学习环境"是指支持学习者学习的外部条件和内部条件。学生的学习环境可分为学校学习环境、家庭学习环境和社会学习环境。学校学习环境是指学校的校舍、师资、教学条件、教学手段、校风、学风等,这些都是影响学生学习的因素;家庭学习环境是指家庭为学生学习而提供的物质条件,如安静舒适的房间,和睦的家庭关系,能够辅导学生学习的家庭成员等;社会学习环境是指影响学生树立正确的人生观、世界观和学习目的的社会氛围。

二、学习策略

迈克卡(Mckeachie)等人把学习策略分为认知策略、元认知策略和资源管理策略三大部分。认知策略是学生借以调节注意、学习、记忆和思维等内部过程的技能,即学生通过获取、选择、组织信息,复习学过的内容,将新内容与记忆中的信息建立联系,保持和检索不同类型知识的策略。认知策略包括复述策略、精细加工策略和组织策略。元认知是个体对自己的认知活动的认知,是个体关于自己的认知过程的知识和调节这些过程的能力。元认知策略是学生对自己整个学习过程的有效监视及控制的策略,主要包括两方面的内容:一是有关认知的认识,二是对认知的调节。资源管理策略主要包括对学习时间、学习环境的管理,还包括对自己努力程度的控制和寻求其他人支持的管理等。资源管理策略可以辅助学生管理可用的环境和资源,帮助学生调节环境以适应自己的需要,对学生适应环境的变化有重要的作用。

（一）问题驱动学习法

问题驱动学习法，即基于问题的学习方法（Problem-Based Learning，PBL），是一种以学生为主体、以专业领域内的各种问题为学习起点、以问题为核心规划学习内容、让学生围绕问题寻求解决方案的一种学习方法。教师在此过程中的角色是问题的提出者、课程的设计者以及结果的评估者。问题驱动学习法能够提高学生学习的主动性，提高学生在教学过程中的参与程度，容易激起学生的求知欲，活跃其思维。

（二）参与式学习

参与式学习作为一种体验式的学习方式，强调以人为本、学习者积极参与、尊重学习者学习主体性及个性发展等教育观念。在参与式学习过程中，教师要以学生为中心进行教学设计，选择挑战性的、可行的综合任务和活动作为学生参与的切入点，以创造和谐的合作环境和广阔的信息技术环境，从而为学生进行参与式学习提供保障。在教学中引导学生使用参与式学习方式，可以调动学生的学习兴趣，提高其参与意识。

（三）掌握学习

掌握学习是学习者在最佳教学、足够时间条件下掌握学习材料的一种学习方式。美国心理学家B. S. 布卢姆是提倡这一学习方式的代表，其中心思想是：只要提供最佳的教学并给以足够的时间，多数学习者能获得优良的学习成绩。

（四）小组合作学习

合作是指两个或两个以上的学生或群体，为了达到共同的目的而在行动上相互配合的过程。小组合作学习是在班级授课制背景上的一种教学方式，即在承认课堂教学为基本教学组织形式的前提下，教师以学生学习小组为重要的推动力，通过指导小组成员展开合作，发挥群体的积极性，提高个体的学习动力和能力,达到完成特定的教学任务的目的。这种方式改变了教师垄断整体课堂的信息源而学生处于被动地位的局面,从而激发了学生的主动性、创造性。小组合作学习是目前许多国家普遍采用的一种富有创意的教学理论与策略,由于其实效显著,被人们誉为近十几年来最重要和最成功的教学改革。综合来看,小组合作学习就是以合作学习小组为基本形式,系统利用教学中动态因素之间的互动,促进学生的学习,以团体的成绩为评价标准,共同达成教学目标的教学活动。

三、教学设计

教学设计(Instructional Design)是根据课程标准的要求和教学对象的特点,将教学诸要素有序安排,确定合适的教学方案的设想和计划。它一般包括教学目标、教学重点难点、教学方法、教学步骤与时间分配等环节。教学设计具有以下特征:教学设计是把教学原理转化为教学材料和教学活动的计划,要遵循教学过程的基本规律,选择教学目标,以解决教什么的问题;教学设计是实现教学目标的计划性和决策性活动,以计划和布局安排的形式,对怎样才能达到教学目标进行创造性的决策,以解决怎样教的问题;教学设计是以系统方法为指导,把教学各要素看成一个系统,分析教学问题和需求,确立解决的程序纲要,使教学效果最优化;教学设计是提高学习者获得知识、技能的效率和兴趣的技术过程,是教育技术的组成部分,它的功能在于运用系统方法设计教学过程,使之成为一种具有操作性的程序。

四、教学模式

教学模式(Teaching Model)是在一定教学思想或教学理论指导下建立起来的较为稳定的教学活动结构框架和活动程序。作为结构框架,突出了教学模式从宏观上把握教学活动整体及各要素之间内部的关系和功能;作为活动程序,则突出了教学模式的有序性和可操作性。比较经典的有奥苏伯尔提出的教学模式。奥苏伯尔是认知结构理论的倡导者,他认为认知结构就是书本知识在学生头脑中的再现形式,是有意义学习的结果和条件。

他着重强调了概括性强、清晰、牢固、具有可辨别性和可利用性的认知结构在学习过程中的作用,并把建立学习者对教材的清晰、牢固的认知结构作为教学的主要任务。奥苏伯尔的学习理论着重强调了认知结构的地位,围绕着认知结构提出上位学习、下位学习、相关类属学习、并列结合学习和创造学习等学习类型,为新旧知识的组织提供了较有说服力的解释。

(一)传递—接受式

该教学模式源于赫尔巴特的四段教学法,后来由苏联凯洛夫等人进行改造;传入我国后,广为流行,很多教师在教学中自觉不自觉地使用这种方法教学。该模式以传授系统知识、培养基本技能为目标。其着眼点在于充分挖掘人的记忆力、推理能力与间接经验在掌握知识方面的作用,使学生比较快速有效地掌握更多的信息量。该模式强调教师的指导作用,认为知识是教师到学生的一种单向传递的作用,非常注重教师的权威性。该模式的基本教学程序是:复习旧课→激发学习动机→讲授新课→巩固练习→检查评价→间隔性复习。

(二)自学—辅导式

自学-辅导式的教学模式是学生在教师的指导下独立进行学习的模式。这种教学模式能够培养学生的独立思考能力,在教学实践中也有很多教师在运用它。其教学程序是:自学→讨论→→启发→总结→练习巩固。

(三)探究式教学

探究式教学以问题解决为中心,注重学生的独立活动,着眼于学生思维能力的培养。它依据皮亚杰和布鲁纳的建构主义理论,注重学生的前认知,注重体验式教学,培养学生的探究和思维能力。其教学的基本程序是:问题→假设→推理→验证→总结提高。首先创设一定的问题情境提出问题,然后组织学生对问题进行猜想和做假设性的解释,再设计实验进行验证,最后总结规律。

(四) 概念获得模式

概念获得模式的目标是使学习者通过体验所学概念的形成过程来培养思维能力。该模式主要反映了认知心理学的观点,强调学习是认知结构的组织与重组的观点。概念获得模式共包含如下步骤:教师选择和界定一个概念→教师确定概念的属性→教师准备选择肯定和否定的例子→将学生导入概念化过程→呈现例子→学生概括并定义→提供更多的例子→进一步研讨并形成正确概念→概念的运用与拓展。

(五) 巴特勒学习模式

20世纪70年代美国教育心理学家巴特勒提出教学七要素,并提出"七段"教学论,在国际上影响很大。它的主要理论依据是信息加工理论。其基本教学程序是:设置情境→激发动机→组织教学→应用新知→检测评价→巩固练习→拓展与迁移。其中情境是指学习内外部的各种情况,内部情况是学生的认知特点,外部情况是指学习环境。情境的组成要素包括个别差异、元认知、环境因子。动机是学习新知识的各种诱因,其主要构成要素有情绪感受、注意、区分、意向。组织是将新知识与旧知识相互关联起来,主要构成要素有相互联系、联想、构思、建立模型。应用是对新知识的初步尝试,构成要素有参与、尝试、体验、结果。评价是对新知识初步尝试使用之后的评定,组成要素有告知、比较、赋予价值、选择。重复是练习与巩固的过程,它的主要组成要素有强化、练习、形成习惯、常规、记忆、遗忘。拓展是把新知识迁移到其他情境中去,其构成要素有延伸、迁移、转换、系统、综合。

(六) 抛锚式教学

扫锚式教学要求建立在有感染力的真实事件或真实问题的基础上。确定这类真实事件或问题被形象地比喻为"抛锚",因为一旦这类事件或问题被确定,整个教学内容和教学进程也就被确定了(就像轮船被锚固定一样)。它的理论基础是建构主义。建构主义认为,学习者要想完成对所学知识的意义建构,即达到对该知识所反映事物的性质、规律以及该事物与其他事物之间联系的深刻理解,最好的办法是让学习者到现实世界的真实环境中去感受、去体验(即通过获取直接经验来学习),而不是仅仅聆听别人(例如教师)关于这种经验的介绍和讲解。抛锚式教学要以真实事例或问题为基础(作为"锚"),所以有时也被称为"实例式教学""基于问题的教学"或"情境性教学"。抛锚式教学由这样几个环节组成:创设环境→确定问题→自主学习→协作学习→效果评价。

(七)现象分析模式

现象分析模式主要基于建构主义的认知理论,非常注意学生利用先前经验对问题进行解释。现象分析模式的基本教学程序是:出示现象→解释现象的形成原因→现象的结果分析→解决方法分析。在教学中,某种现象往往是以材料的形式出现的,学生要能通过现象揭示其背后的本质。

(八)加涅模式

加涅提出了九步教学法:引起注意→告知目标→刺激回忆先决条件→呈现刺激材料→提供学习指导→引发业绩→提供业绩正确程度反馈→评价→增强保持与迁移。加涅认为学习这九个阶段可分为三个部分,即准备、操作和迁移。准备包括接收、预期、提取到工作记忆中,对应的教学事件是引起注意、告知目标、刺激回忆先前的知识;操作包括选择性知觉、语义编码、反应、强化,对应的教学事件是呈现刺激、提供学习指导、引出行为、提供反馈;学习迁移包括提取和强化、提取并一般化,对应的教学事件是评价行为、促进保持与迁移。

(九)合作学习模式

合作学习模式是一种通过小组形式组织学生进行学习的策略。小组取得的成绩与个体的表现是紧密联系的。合作式学习一般具备五大要素:个体积极的相互依靠;个体有直接的交流;个体必须都掌握给小组的材料;个体具备协作技巧;群体策略。合作学习有利于发展学生个体思维能力和动作技能,增强学生之间的沟通能力和包容能力,还能培养学生的团队精神,提高学生的学业成绩。

(十) 分组教学法

分组教学法是指按学生智力水平或学习成绩分成不同的组进行教学的一种组织形式,有校内分组制和班内分组制。分组教学法有其优点:(1) 有利于因材施教:分组教学根据学生不同的能力水平、不同的兴趣等分成几个小组,对不同的组提出不同的要求,采用不同的教学方法进行教学,能适应学生的能力和要求,照顾学生的差异;(2) 有利于"英才教育":班级授课,教师组织教学时更多是面向中等学生,尖子学生常感到"吃不饱"和太容易而厌倦学习,分组教学能较好照顾尖子学生的特点,满足其强烈的求知欲和需要,有利于英才的培养;(3) 有利于教师组织教学,提高教学质量。分组教学法也有其不足:很难科学地鉴别学生的能力和水平;在分组教学上,学生、家长和教师的意愿常常与学校的要求相矛盾;不利于学生个性的健康发展,能力强的学生易滋生骄傲情绪,能力差的学生会产生自卑感。

(十一) 任务驱动

任务驱动的教学模式是指在学习的过程中,学生在教师的帮助下,紧紧围绕一个共同的任务活动中心,在强烈的问题动机的驱动下,通过积极主动地应用学习资源,进行自主探索和互动协作的学习,并在完成既定任务的同时产生学习实践活动。任务驱动是一种建立在建构主义教学理论基础上的教学法。它要求"任务"的目标性和教学情境的创建,使学生带着真实的任务在探索中学习。在这个过程中,学生会不断地获得成就感,被激发出求知欲,逐步形成感知心智活动的良性循环,从而培养出独立探索、勇于开拓进取的自学能力。其基本实施程序和步骤是:创设情境→布置任务→实施任务(自主学习/协作学习)→效果评价。

(十二)案例教学

案例教学是通过模拟或者重现现实生活中的一些场景,让学生把自己纳入案例场景,通过讨论或者研讨来进行学习的教学方法。在案例教学中,教师要在课前用心策划和准备案例,在课上组织学生开展讨论或争论,形成反复的互动与交流。教学所用的案例一般要结合一定的理论,通过各种信息、知识、经验、观点的碰撞来达到启示理论和启迪思维的目的。它所使用的案例是为了达成明确的教学目的,基于一定的事实而编写的故事,用于课堂讨论和分析,使学生有所收获,提高学生分析问题和解决问题的能力。其实施的程序和操作步骤为:呈现案例→阅读案例→讨论案例→知识内化。

(十三)知识建构

基于知识建构的教学模式的基础是"知识建构"理论。知识建构是指学习者针对学习任务,在原有认知结构或经验的基础上,通过旧知识与新获得的信息的互动,对原有的知识经验进行改造、重组,使之产生新的有意义的关联,或创造新的意义,并以自己的方式理解新信息、建构其意义的过程和结果。在知识建构机制中,图式(schema)是指个体认识世界的心理活动框架或组织结构;同化(assimilation)是指学习者在感受刺激时,把外来信息纳入头脑中原有的图式之内,使其成为自身的一部分;顺应(accommodation)是指学习者遇到不能用原有图式来同化新的刺激时,便要对原有图式加以修改或重建,以适应环境;平衡(equilibration)是指学习者通过自我调节机制使认知发展从一个平衡状态向另一个平衡状态过渡的过程。

(十四)翻转课堂

翻转课堂(Flipped Classroom, Inverted Classroom)是指重新调整课堂内外的时间,将学习的决定权从教师转移给学生。在这种教学模式下,在课堂内,学生能够更专注于主动的基于项目的学习,共同研究解决本地化或全球化的问题,从而获得更深层次的理解。教师不再占用课堂的时间来讲授信息,这些信息需要学生在课后完成自主学习。他们可以看视频讲座、听播客、阅读电子书,还能在网络上与同学讨论,查阅需要的材料。教师也能有更多的时间与每个人交流。在课后,学生自主规划学习内容、学习节奏、学习风格和呈现知识的方式,教师则采用讲授法和协作法来满足学生的需要,促成他们的个性化学习,其目标是为了让学生通过实践获得更真实的学习。翻转课堂模式是大教育运动的一部分,它与混合式学习、探究性学习等教学方法和工具在含义上有所重叠,都是为了让学习更加灵活、主动,让学生的参与度更强。在互联网时代,学生通过互联网学习丰富的在线课程,不必一定到学校接受教师讲授。互联网尤其是移动互联网催生了"翻转课堂式"教学模式。"翻转课堂"是对基于印刷术的传统课堂教学结构与教学流程的彻底颠覆,由此将引发教师角色、课程模式、管理模式等一系列变革。

五、教学策略

策略指为达到某一目的而采用的手段和方法。教学策略是指在不同的教学条件下,为达到不同的教学结果所采用的方式、方法、媒体的总和,具体体现在教与学的相互作用的活动中。教学模式与教学策略二者之间,教学模式是教学策略的上位概念。此外,教材模式和教学策略是多对多的关系。教学模式比教学策略的范围大。在稳定性方面,教学模式是稳定的,教学策略是灵活的。

(一)支架式策略

支架式策略指为促进学习者建构对知识的理解提供概念框架的策略。框架中的概念是为发展学习者对问题的进一步理解所需要的,为此,事先要把复杂的学习任务加以分解,以便把学习者的理解逐步引向深入。支架也被认为是提供符合学习者认知层次的支持、导引和协助,以帮助学习者由需要协助而逐渐能够独立完成某一任务,进而使其由低阶的能力水准发展到高阶的能力水准。支架的类型主要包括:范例支架、问题支架、建议支架、工具支架。

（二）最近发展区

最近发展区（Zone of Proximal Development，ZPD）是指介于独自解决问题所显示的实际发展程度，与经成人指导（或与有能力的同伴合作解决问题）所显示的潜在发展程度之间的距离。

（三）抛锚式策略

抛锚式策略建立在有感染力的真实事件或真实问题的基础上，其中的"锚"指有情节的故事，"抛锚"即确定这类真实事件或问题，从而确定教学内容和教学进程。因为一旦"抛锚"，整个教学内容和教学进程也就被确定了。抛锚式策略的理论基础是建构主义。建构主义认为，学习者要想完成对所学知识的意义建构，即能够深刻理解知识所反映事物的性质、规律以及该事物与其他事物之间的联系，最好的办法是让学习者到现实世界的真实环境中去感受，通过获取直接经验去体验学习的过程，而不是仅仅听从教师关于这种经验的介绍和讲解。

（四）随机进入式策略

在随机进入式教学策略中，学习者可以随意通过不同途径、不同方式进入同样教学内容的学习，从而获得对同一事物或同一问题的多方面的认识与理解；又称"随机通达学习策略"。

六、教学评价

评价指依据明确的目标，按照一定的标准，采用科学方法，测量对象的功能、品质和属性，并对评价对象做出价值判断。从本质上理解，评价是一种对客体满足主体需求程度的价值性判断活动。教学评价是根据教学目标及其他有关标准，对教学活动进行系统调查，以确定价值和优缺点并据此进行调整的过程。教学评价的依据是教学目标及相关标准；系统调查、评定和调整是其基本手段。

（一）诊断性评价

诊断性评价是指在教学活动前，对评价对象的学习准备程度做出鉴定，以便采取相应措施使教学计划顺利、有效实施而进行的测定性评价。诊断性评价有助于为不同学习起点水平和学习风格的学生制定个别化教学方案。

（二）形成性评价

形成性评价又称过程评价，是在教学过程中进行的评价。形成性评价有助于在教学过程中调节和完善教学活动，强化改进学生的学习，并为教师提供反馈，保证教学目标得以实现。形成性评价的主要目的是改进、完善教学过程。[1]

（三）总结性评价

总结性评价是以预先设定的教学目标为基准，对评价对象达成目标的程度即教学效果做出评价。[2] 总结性评价注重考查学生掌握某门学科的整体程度，概括水平较高，测验内容和范围较广，常在学期中或学期末进行，次数较少。

（四）教学评价的方法和工具

在课堂教学过程中，主要采取课堂练习、教学测验、作品展示、评价量规、电子学档和概念图等方法和工具开展教学评价。

1. 课堂练习

练习是进行形成性评价常采用的方式，是检验学习效果的重要一环。

---

[1] KATZ J, WANDERSMAN A, GOODMAN R M, et al. Updating the FORECAST formative evaluation approach and some implications for ameliorating theory failure, implementation failure, and evaluation failure[J]. Evaluation and program planning, 2013(39)：42-50.

[2] CRAIG C J. "Evaluation gone awry"：the teacher experience of the summative evaluation of a school reform initiative[J]. Teaching and teacher education, 2010, 26(6)：1290-1299.

它主要考查学生对课程中基本概念、基本原理的理解和掌握程度，以及对实际问题的分析能力。

2. 教学测验

测验是了解学生认知目标达标程度最常用的工具，要求学习者在规定的时间内完成一定量的任务，是实现测验评价的主要工具之一。

3. 作品展示

学习者根据所学的知识，针对某一主题独立完成任务并以成果的形式如电子作品、解决方案、研究报告、网页等方式展示自己的学习所得。

4. 评价量规

量规是一个评分工具，它为一个作品或其他成果表现列出标准，并且从优到差明确描述每个标准的水平。量规是一种结构化的定量评价标准。它往往是从与评价目标相关的多个方面详细规定评价指标，具有操作性好、准确性高的特点。①

（1）学生档案袋

学生档案袋是指用以显示学生学习成就或持续进步信息的一连串表现、作品、评价结果等相关记录和资料的汇集。② 学生档案袋评价是通过分析档案袋的形成过程和最终结果，评价学生的发展状况。

（2）绩效评价

绩效评价是学生创造成果或完成所要求任务的过程。为了绩效的真实性，即使不是真实的任务，也应该是有意义的任务。

（3）评估表

评估表是按问题或评价条目组织的表单，可以帮助学习者通过回答预先设计好的问题来得到启发并产生某种认识，有效地促进学生的反思，增强他们的自主学习能力，达到提高绩效的目的。

---

① SMIT R，BIRRI T. Assuring the quality of standards-oriented classroom assessment with rubrics for complex competencies[J]. Studies in educational evaluation，2014(43)：5-13.

② MIYASAWA Y，FUKUMURA Y，YUKAWA T. An e-portfolio system that enables cooperation between institutes[J]. Procedia computer science，2014(35)：1239-1246.

第四节 媒体领域

在科学技术发展日新月异的今天,各种媒体进入了人们的生活,影响着人们工作、学习、娱乐的方方面面。当前阶段,网站、数字报纸、电子期刊、手机报、数字电视等可以看作是媒体的代表,这些媒体的一个共同特征,就是传播者非常依赖对新技术的运用。同时,这些技术具有绚丽多彩的表现力、良好的互动功能,大大提升了新媒体的传播效果,同步直播、互动报道等报道方式已经被广大受众所熟知。随着新媒体的逐渐普及,新技术对人们生活的影响越来越深入,新媒体与新技术在教育中的应用也逐渐普及。

一、媒体

教育信息化始终受到技术变革和教育发展两方面因素的交互影响,技术的变革是教育信息化进程的不竭动力,而教育发展则是更新观念、促进教育信息化深层次变革的重要影响因素。当前,技术的发展呈现出数字化、网络化、多媒体、交互式、泛在性、智能化的特征,而教育发展的主题则表现在实现更高水平的普及教育、形成惠及全民的公平教育、提供更加丰富的优质教育、构建体系完备的终生教育,以及健全充满活力的教育体制。[①] 技术发展的不同阶段为不同历史时期的教育发展主题提供源源不断的动力和支持。技术本身的发展不是教育教学发展和进步的决定性因素,任何情境下,技术都是服务于教学的。

(一) 多媒体

多媒体(Multimedia)同时融合了两种或两种以上的媒体,主要用于人机交互式的信息交流和传播,其中的媒体形式包括文字、图像、图形、动画、音

---

① 马东明,赵宏. 新媒体支持的创新学习:"第十届教育媒体国际会议(ICoME)"述评[J]. 中国电化教育,2012(10):70-76.

频、视频等,是当今信息技术领域发展最快的媒体技术。①

(二)超媒体

超媒体(Hypermedia)是超文本技术和多媒体的融合发展,超文本(Hypertext)是按照人脑的联想思维方式非线性地组织管理信息的一种先进技术。超媒体允许多种形式的信息如文本、静态图像、动态图像、音视频的非线性连接和交互访问,是多媒体化的非线性信息结构。②

(三)流媒体

流媒体(Stream Media)是采用流式传输的方式在互联网播放的媒体格式。流媒体对多媒体信息进行"流化"处理,解决多媒体信息在窄带宽上的传输问题,它允许播放器及时反应而不用等待整个文件的下载,以满足实时性及无盘工作站的播放。③

二、教育媒体

教育媒体是在教育过程中携带和传递教育信息的物质载体和工具,可分为传统教育媒体和现代教育媒体。传统教育媒体指教科书、黑板、实物标本模型、报刊图书资料、图表照片挂图等。现代教育媒体即电子技术媒体,它由两部分构成:一个是硬件,一个是软件。硬件是指各种教学机器,如幻灯机、投影器、录音机、电影机、录像机、电视机、计算机等。软件是指已录制的载有教育信息的幻灯片、投影片、录音带、电影片、录像带、计算机课件等。在科学技术日益发达的今天,教育技术研究的重点逐渐转向了关注现代媒体在教育教学中的应用。技术发展的演进过程,从侧面体现了教育技术关

---

① HU W, LIU D. Experimental research on the multimedia CAI courseware in the university tennis teaching[J]. Procedia engineering, 2011(23): 339-344.

② FARD S M, AZMAN H, AMIR Z. Academic hypermedia reading at postgraduate level: a case study of EFL learners[J]. Procedia-social and behavioral sciences, 2014, 136(9): 2-7.

③ PATTANASRI N, PRADHAN S, TANAKA K. Extending information unit across media streams for improving retrieval effectiveness[J]. Data & knowledge engineering, 2013(83): 70-92.

注焦点的变化,在经历了视觉媒体、视听媒体、计算机多媒体、虚拟现实技术之后,逐渐走向了一个新的媒体时代。

(一)视听媒体

在教育中应用的视听媒体包括视觉媒体、听觉媒体、视听媒体以及交互多媒体。其中,视觉媒体主要指幻灯、投影;听觉媒体主要指广播、录音等学习资源;视听媒体主要指电视教材,例如远距离系统教学采用电视和电视教材进行整门课程的远距离教学,是我国广播电视大学各门课程采用的主要教学形式,或者在课堂教学中利用电视等现代教学媒体与传统教学媒体相互配合,开展多媒体组合教学。

(二)数字媒体

数字媒体是指以二进制数的形式记录、处理、传播、获取的信息载体,这些载体包括数字化的文字、图形、图像、声音、视频影像和动画等感觉媒体,表示这些感觉媒体的表示媒体(编码)(通称为逻辑媒体),以及存储、传输、显示逻辑媒体的实物媒体。通常意义下所称的数字媒体常常指感觉媒体。

(三)虚拟现实技术

虚拟现实技术又称"真实幻觉"(Virtual Reality,简称 VR),是近年来出现的高新技术,也称灵境技术或人工环境。虚拟现实是利用电脑模拟产生三维空间的虚拟世界,提供使用者关于视觉、听觉、触觉等感官的模拟,让使用者如同身历其境一般,可以及时、没有限制地观察三度空间内的事物。[①]

三、媒介教育

"媒介教育"又称"媒介素养教育",是 20 世纪下半叶在欧洲、北美洲、亚

---

① RODRÍGUEZ A,REY B,CLEMENTE M,et al. Assessing brain activations associated with emotional regulation during virtual reality mood induction procedures[J]. Expert systems with applications,2015,42(3):1699-1709.

洲等地区逐渐兴起的一种新型教学科目,是在大众传媒时代针对多种媒介对人的影响而提出的一种教育思想和方法。[①] 它以培养人的媒介素养为核心,使人们具备正确使用媒介和有效利用媒介的能力,形成理解媒介所传递的信息意义并独立判断其价值的认知结构。媒介教育还力图使未来信息社会的人具备有效地创造和传播信息的能力。媒介素养教育包括三方面的内容:使受众了解不同媒介形式的特征和信息制作过程,能够自觉掌握个人接触媒介的量和度,清醒认识媒介带来的"快感"和"满足";让受众批判性地解读媒介信息,诸如媒介对现实的再现、媒介的商业性与价值观;使受众能够有效地使用媒介,充分利用媒介完善自己。

(一)媒介素养

概括地说,媒介素养就是指正确地、建设性地享用大众传播资源的能力。媒介素养主要包括受众利用媒介资源动机、使用媒介资源的方式方法与态度、利用媒介资源的有效程度以及对传媒的批判能力等,其中,接受媒介产品的能力、对待媒介内容独立而批判的眼光以及建设性地利用媒介的能力是媒介素养的重要方面。

媒介素养主要包括三个层面,即能力模式、知识模式和理解模式。能力模式,指公民所具有的获取、分析、评价和传输信息的能力,侧重的是对信息的认知过程。知识模式观点认为,媒介素养就是关于媒介如何对社会产生功能的知识体系,其侧重点是信息如何传输。理解模式认为是指理解媒介信息在制造、生产和传递过程中受到来自文化、经济、政治和技术诸力量的强制作用,侧重的是对于信息的判断和理解能力。

(二)视听教育

视听教育(Audio-Visual Education)最早出现于美国,指依据教育理论,运用多种媒体,充分发挥视听感官的功能,有目的地传递教育信息,以实现

---

① FLORESCU O. Positive and negative influences of the mass media upon education[J]. Procedia-social and behavioral sciences,2014,149(5):349-353.

最优化的教育活动。① 具体而言，视听教育是指运用照片、图表、模型、标本、仪器、录音唱片、广播、电视、电影等视听手段进行教学、教育活动，以及直接由视听觉获得知识的教学活动。参观、旅行、表演、展览、实验、实习等都属于视听教育范围。

（三）广播教学

广播教学，是指利用有线、无线广播进行远距离教学的教育方式。它是一种适宜于进行普及、群众性教育的大众教育手段，可分为学校教育和面向社会的大面积教育两种。校内广播教育一般通过广播室广播，学生在教室、礼堂、会议室、操场等活动场所接收广播，节目可以是教学性质和娱乐性质的。面向社会的广播教育由广播电台播出，由分布在社会各处的有线和无线广播接收，是对社会进行政治、经济、文化、思想品德和科技教育的方便而有效的手段，同样可分为娱乐和教学两种。

（四）教育节目

教育节目全称是"社会科学教育类节目"，是电视节目中对观众进行社会教育、文化教育的一类节目样式。这类节目寓教育于娱乐，寓教化于服务，寓宣传于信息、文化知识的传播之中，题材广泛，节目设置、编辑、播出手法灵活多样，是集中体现电视特色和电视台水准的一类节目。

四、计算机教育应用

随着现代科学技术的发展，计算机已进入我国的教育领域，并得到迅速的发展。计算机引进校园，对素质教育具有重要的意义。随着素质教育的全面推广，计算机辅助教学是教育发展的必然趋势，是一种新兴的教学方式。计算机在教育上的应用，使得教学手段、教学方法、教材观念与形式、课堂教学结构以至教学思想与教学理论，都发生了重大变革。

---

① MAGNAN A，ECALLE J. Audio-visual training in children with reading disabilities[J]. Computers & education，2006，46(4)：407-425.

计算机发展到今天,多媒体技术应用于教学已成为现实,要在一节课的课堂教学中提高教学效益,进行高效率的教学,多媒体的应用势在必行。利用计算机进行课堂辅助教学的好处也是不言而喻的。通过计算机精心设计的动画、插图和音频等,可以使抽象深奥的知识以简单明了、直观的形式呈现,更好地帮助学生思考知识间的联系,促进新的认知结构的形成。教师可以将传统的教学媒体与现代教学媒体有机地联系起来,相辅相成,互为补充,充分发挥各自的教学功能,优化课堂结构,提高课堂教学质量。

(一) 教育管理支持系统

计算机管理教学(Computer Managed Instruction,CMI)是计算机支持的教学管理任务的各种应用,通常包括 CBE、CAI 与 CMI 等。

1. 计算机辅助教育(Computer Based Education,CBE)

一般把计算机在教育领域的各种应用统称为计算机辅助教育(CBE)。

2. 计算机辅助教学(Computer Aided Instruction,CAI)

计算机辅助教学(CAI)是将计算机技术用于辅助教学的技术。它是程序教学的进一步发展,是一种新的程序教学形式。它的研究对象是教师、学生和计算机三者组成的人—机教学系统的构成、各要素之间的关系及其相互作用的规律,目的是利用计算机技术实现教学过程的进一步优化。

3. 计算机管理教学(Computer Managed Instruction,CMI)

计算机管理教学(CMI)是计算机支持的教学管理任务的各种应用。

CAI 和 CMI 构成了 CBE 的两个主要方面,但并不是 CBE 的全部,CBE 还包括计算机辅助行政管理、计算机教学等其他方面。

(二) 学习支持系统

计算机辅助教学(CAI)是在计算机辅助下进行的各种教学活动,以对话方式与学生讨论教学内容、安排教学进程、进行教学训练的方法与技术。CAI 为学生提供良好的个人化学习环境,综合应用多媒体、超文本、人工智能和知识库等计算机技术,克服了传统教学方式单一、片面的缺点。它能有效地缩短学习时间,提高教学质量和教学效率,实现最优化的教学目标。例如,音频动画就是学习资源的一种形式,将文本化的教学资源电子化,配上声音和图画能够提高学习者的接受程度和接受效率,在低龄学习者中尤为有效。

1. TTS

TTS 是 Text To Speech 的缩写,意即"从文本到语音",是人机对话的一部分。它是同时运用语言学和心理学的杰作,在内置芯片的支持之下,通过神经网络的设计,把文字智能地转化为自然语音流。TTS 技术对文本文件进行实时转换,转换时间之短可以以秒计算。在其特有的智能语音控制器的作用下,文本输出的语音音律流畅,使得听者在听取信息时感觉自然,毫无机器语音输出的冷漠与生涩感。

TTS 可以帮助有视觉障碍的人阅读计算机上的信息,或者只是简单地用来增加文本文档的可读性。现在的 TTS 应用包括语音驱动的邮件以及声音敏感系统。TTS 经常与声音识别程序一起使用。

2. 智能教学系统

20 世纪 70 年代,由于人工智能技术研究的深入,尤其是专家系统的出现,人们尝试将人工智能技术应用于计算机教学,于是出现了智能导师系统(Intelligent Tutor System)或智能教学软件(Intelligent Computer-Aided Instruction)。智能教学系统的最大特征是利用了学科专家知识,能够针对不同学生的特征进行因材施教。

一个智能教学系统具有如下特征:能自动生成适合学习者程度的问题和练习;能根据学生的不同水平与学习情况选择学习内容,调整学习进度,改变教学策略;能理解教学内容并对其具有解释咨询的能力;具有自然语言的生成与理解能力,改善人机接口;能诊断学生的错误,分析错误发生的原因并采取相应的纠正措施;能评价学生的学习行为。

显然,智能教学系统的目标就像一个好的老师在指导学生的学习一样。但人工智能自身还处于发展阶段,人类对学习本质的认识不足,要使一个智能教学系统具备上述全部智能特征并不容易。智能教学系统的研究依然是一个前沿性的、具有很好应用前景但还没有妥善解决方法的热点和难点问题。

3. 适应性学习支持系统

适应性学习是一种着眼于个体差异的学习,是让学习环境、学习内容、学习活动来适应每个人不同特点的高度个性化的学习过程。适应性学习支持系统是针对个体学习过程中的差异性而提供适合个体特征的学习支持的系统。它是一种基于观察学习者的学习偏好以获得最好的学习效果而进行动态组织的智能系统。适应性学习支持系统大多从智能教学系统和适应性超媒体系统衍生而来,为学习者提供适应其个性特征的用户视图,不仅包括个性化的学习资源,而且包括个性化的学习进程和策略。

适应性学习支持系统在很大程度上体现了网络学习的特征,如基于资源的主动式学习、知识的自我建构、个别化和人性化的学习、快速反馈、数字化和智能化技术的支持等。适应性学习支持系统的核心特征是学习的个别化和人性化,即能够提供适合个别需求的学习内容与学习环境支持。

一般而言,适应性学习支持包含三个核心组件:

(1)学习者模型:是对学习者的若干特征信息的抽象描述,包括其在学习过程中呈现出来的知识状态、目标、背景、认知风格和爱好等。

(2)领域知识模型:其内容包括学习资源、课程结构、教学策略以及练习测试库等。

(3)适应性引擎:包括一些学习策略和学习工具,能根据学习者的有关信息,对其认知能力和知识水平进行诊断,动态地构建适合的学习内容及其呈现方式,并能对教学进行监测和管理,不断修改和维护学习者模型。

(三)计算机应用于教育的目标

教育目标是指所培养的人才应达到的标准。这个目标可高可低,按需而定,是反映教育目的的具体且可观测的变化或进步。① 对于教育目标有多种分类方法,美国著名心理学者布鲁姆为了编制测验的需要,把教育目标分为认知领域、情感领域和动作技能领域。计算机应用于教育领域有其特定的教育目标。基于计算机的功能特性,计算机在教育中能够为学习者提供个性化指导、学习指导、问题解决支持、概念学习支持,作为训练系统为创造性想象提供支持等。

1. 个性化指导

个性化指导是尊重学生个性的教学指导,必须根据每个学生的个性、兴趣、特长、需要施教,亦即学生需要什么,便教授给学生什么,依据学生不同的天赋秉性、兴趣爱好指导学生的学习过程,学生完全是进行自主性的学习。

2. 问题解决支持

人类的学习就是为了更加自如地解决现在或将来的生活中面临的种种问题,学习其实就是一种问题解决的过程。因此,培养成功的问题解决者,帮助学习者有效、成功地解决工作或学习中遇到的问题,培养学习者分析问题、解决问题的能力以及探索知识的能力,是学习的重要目标。计算机的智能计算功能为学习者提供了问题解决支持,通过提供"脚手架"的方式为学习者解决问题提供帮助。

五、网络教育应用

(一) 社会通信基础设施

综合业务数字网(Integrated Services Digital Network,ISDN)是一个数字电话网络国际标准,是一种典型的电路交换网络系统。ISDN 是一个全数字的网络,实现了端到端的数字连接。现代电话网络中采用了数字程控交

---

① ZWAANS A, VAN DER VEEN I, VOLMAN M, et al. Social competence as an educational goal: the role of the ethnic composition and the urban environment of the school[J]. Teaching and teacher education,2008,24(8):2118-2131.

换机和数字传输系统,在网络内部的处理已全部数字化,但是在用户接口上仍然用模拟信号传输话音业务。而在 ISDN 中,用户环路也被数字化,不论原始信息是语音、文字,还是图像,都先由终端设备将信息转换为数字信号,再由网络进行传送。由于 ISDN 实现了端到端的数字连接,它能够支持包括语音、数据、图像在内的各种业务,是一个综合业务网络。从理论上说,任何形式的原始信号,只要能够转变为数字信号,都可以利用 ISDN 来进行传送和交换,实现用户之间的信息交换。各类业务终端使用一个标准接口接入 ISDN,同一个接口可以连接多个用户终端,并且不同终端可以同时使用,这样,用户只要一个接口就可以使用各类不同的业务。

1. 移动计算技术

移动计算是分布式计算在移动通信环境下的扩展与延伸。20 世纪八九十年代,分布式计算技术得到了很大的发展,并逐步成熟。建立在网络上的分布式计算系统反映了一种非常自然的信息处理模式,其宗旨是在整合全局资源的基础上实现任务的分解与协同、数据的共享,减少集中处理的压力,从而最终获得较高的性能价格比、系统可伸缩性以及实用性与容错性。分布式计算的思想还广泛应用在数据库、操作系统、文件系统以及通用信息处理环境中。通信技术日新月异的发展促使无线、移动通信逐渐成为灵活、方便的大众化技术。通信技术的最高发展目标就是利用各种可能的网络技术,实现任何人(whoever)在任何时间(whenever)、任何地点(wherever)与任何人(whomever)进行任何种类(whatever)的信息交换,即所谓 5W 通信。个人化通信模式、宽带数据通信能力以及通信内容的融合是迈向 5W 发展的必然途径。其最终的目标是达到通信与数据服务的智能化,从而在合适的时间、合适的地点实现合适的信息交换与数据服务。通信技术与计算机技术的相互融合,移动、无线通信与互联网相互渗透,促成了移动互联网的出现与发展。在泛互联网时代,移动通信的核心技术从电路交换转变为以分组数据交换为主。各种有线、无线网络尽管其物理层通信机制与协议并不相同,但均在 TCP/IP 技术基础上透明地连接在一起,承载着从实时语音、视频到 Web 浏览、电子商务等多种业务,并最终实现全球范围的网际信息交换与资源共享。

2. OCN

OCN 即开放式网络学习环境(Open College Network)，是 20 世纪 80 年代初由英国政府和大学合作开发的一种验证和保证质量的学习方法。2010 年，超过 70 万英国人通过这种学习模式完成了课程并取得相关行业的证书。

3. CATV

CATV(Community Antenna Television)是指使用一条同轴电缆(Co-axial Cable)就可以做到双向多频道通信的有线电视(Cable Television)，字面翻译为"社区公共电视天线系统"，国内一般指广电有线电视系统，或者广电有线电视网络。基本上，CATV 电缆是用作宽带传输，有别于其他以太网物理层所采用的基带传输。宽带布线系统可将频带分割成不同频谱，再通过不同频带去提供不同服务。此种技术已经在有线电视广播上广泛使用，在同一电缆上同时提供多种电视频道，由于每一频道都占用不同频带，所以能够互不干扰。

（二）网络技术应用

远程教育和网络学习是实现"终生学习"的行之有效的手段，也是计算机支持的协同工作(Computer Supported Cooperative Work, CSCW)的理念和技术在教育领域中的应用。基于 Web 的 CSCW 系统不仅与知识获取工具 Web 高度集成，而且还提供了协同工作的环境。基于 Web 的 CSCW 系统是远程教育支持系统的一个重要发展方向。基于 Web 的协作学习环境，主要提供给学习者一个集成的基于 Web 协作学习的工作空间，包括电子会议系统、虚拟教室、导师系统、协作支持等。其中，协作支持包括电子邮件、音频和视频会议系统、共享白板，以及可进行语音、图形、图像、视频、文本交互的基于 Web 的交互式系统等。CSCW 在教育中有很多应用，如多媒体会议系统、协同编著系统等。

1. CSCW

CSCW即计算机支持的协同工作（Computer Supported Cooperative Work）。CSCW是指在计算机支持的环境中一个群体协同工作，完成共同的任务。它的基本内涵是计算机支持通信、合作和协调。CSCW的目的是研究和设计支持各种各样协同工作的应用系统，支持人们进行协同工作的软件系统叫作"群件"（Groupware）。

2. CSCL

CSCL即计算机支持的协作学习（Computer Supported Cooperative Learning），是利用计算机技术建立协作学习的环境，使教师与学生、学生与学生在讨论、协作与交流的基础上进行协作学习的一种学习方式，是传统合作学习的延伸和发展。它是建立在以计算机为中介的交流（Computer-mediated Communication，CMC）机制上的一种学习方式，优点众多，倍受关注和青睐。

（三）网络应用

WWW（World Wide Web）的含义是"环球网""布满世界的蜘蛛网"，俗称"万维网"、3W或Web。WWW是一个基于超文本（Hypertext）方式的信息检索服务工具。它最初由欧洲粒子物理实验室（CERN）研制，将位于全世界因特网上不同地点的相关数据信息有机地编织在一起。WWW提供友好的信息查询接口，用户仅需要提出查询要求，而到什么地方查询及如何查询则由WWW自动完成。因此，WWW带来的是世界范围的超级文本服务：只要操纵电脑的鼠标，就可以通过因特网从全世界任何地方调来所希望得到的文本、图像（包括活动影像）和声音等信息。另外，WWW还可提供"传统的"因特网服务：Telnet、FTP、Gopher和Usenet News（因特网的电子公告牌服务）。通过使用WWW，一个不熟悉网络使用的人也可以很快成为因特网行家。WWW与传统的因特网信息查询工具Gopher、WAIS最大的区别是它展示给用户的是一篇篇文章，而不是令人费解的菜单说明。因此，用它查询信息具有很强的直观性。WWW的成功在于它制定了一套标准的、易于掌握的超文本开发语言 HTML、信息资源的统一定位格式 URL 和超文本传送通信协议 HTTP。

1. HTML

HTML(Hyper Text Mark-up Language)即超文本标记语言,是万维网的描述语言。设计 HTML 语言的目的是为了能把存放在一台电脑中的文本或图形与另一台电脑中的文本或图形方便地联系在一起,形成有机的整体,人们不用考虑具体信息是在当前电脑上还是在网络的其他电脑上。只要使用鼠标在某一文档中点取一个图标,就会马上转到与此图标相关的内容上去,而这些信息可能存放在网络的另一台电脑中。HTML 文本是由 HTML 命令组成的描述性文本,HTML 命令可以说明文字、图形、动画、声音、表格、链接等。HTML 的结构包括头部(Head)、主体(Body)两大部分。头部描述浏览器所需的信息,主体包含所要说明的具体内容。

2. 电子邮件

电子邮件(E-mail)是指因特网上或常规计算机网络上的各个用户之间通过电子信件的形式进行通信的方式。电子邮件最初是作为两个人之间进行通信的一种机制来设计的,但目前的电子邮件已扩展到可以与一组用户或与一个计算机程序进行通信。由于计算机能够自动响应电子邮件,任何一台连接因特网的计算机都能够通过 E-mail 访问因特网服务,使得电子邮件成为因特网上使用最为广泛的服务之一。事实上,电子邮件是因特网最为基本的功能之一,在浏览器技术产生之前,因特网用户之间的交流大多是通过 E-mail 方式进行的。

3. 数字新闻

数字新闻是指在信息化、数字化时代以数字或图表为主要表现形式并体现一定新闻价值的新闻信息报道。数字新闻不仅丰富了新闻传播实践,而且对新闻理论研究提出了新的要求。

4. FTP

文件传送协议 FTP(File Transfer Protocol)是因特网文件传送的基础。

通过该协议,用户可以从一个因特网主机向另一个因特网主机拷贝文件。FTP 曾经是因特网中一种重要的交流形式。目前,我们常常用它来从远程主机中拷贝所需的各类软件。与大多数因特网服务一样,FTP 也是一个客户机/服务器系统。用户通过一个支持 FTP 协议的客户机程序,连接到在远程主机上的 FTP 服务器程序。用户通过客户机程序向服务器程序发出命令,服务器程序执行用户所发出的命令,并将执行的结果返回到客户机。比如说,用户发出一条命令,要求服务器向用户传送某一个文件的一份拷贝,服务器会响应这条命令,将指定文件送至用户的机器上。客户机程序代表用户接收到这个文件,将其存放在用户目录中。

5. 电子公告栏

电子公告栏就是 BBS(Bulletin Board System),翻译为中文就是"公告板系统"。BBS 最早是用来公布股市价格等信息的,当时 BBS 连文件传输的功能都没有,而且只能在苹果计算机上运行。早期的 BBS 与一般街头和校园内的公告板性质相同,只不过是通过电脑来传播或获得消息而已。到个人计算机开始普及之后,有些人尝试将苹果计算机上的 BBS 转移到个人计算机上,BBS 才开始渐渐普及开来。近些年来,由于爱好者们的努力,BBS 的功能得到了很大的扩充。

(四)开放教育

近年来,随着开放获取理念与运动的发展,网络上的开放教育资源特别是开放课程日渐丰富。2012 年兴起的大规模开放式在线课程(Massive Open Online Course,MOOC)是开放课程(Open Course Ware,OCW)发展到更高阶段的产物,并进一步推动了开放理念的发展。MOOC 是针对大规模用户参与而设计的、通过网络提供的可开放获取的在线课程,具有开放参与、课程碎片化、注重在线交互和学习反馈、提供基于学习大数据的个性化服务等特点。目前,国际上已形成了 edX、Coursera、Udacity 三大 MOOC 平台提供商。国内北京大学、清华大学、复旦大学、香港大学、香港科技大学等著名高校与国际上著名 MOOC 平台合作,积极参与 MOOC 课程制作。这些平台提供了丰富的课程等教育资源。这些MOOC课程资源数量巨大,但是处于碎片化状态,通常以知识点/知识体作为资源的组织模式,难以被用户发现及使用,一定程度上造成了学习的松散性。要想使用户在丰富的MOOC课程资源中快速地将主题相同、相关的内容模块串联起来,并及时根据用户需求推荐其他优秀资源,使之发现新的知识点,MOOC平台需要具备强大的知识组织能力和有效的链接技术。① 其中,语义网关联数据正是可用来实现MOOC教育资源组织与连接的契合技术。

1. MOOC

MOOC即大型开放式网络课程,有时译作"慕课"。2012年,美国一些大学陆续设立网络学习平台,在网上提供免费课程。Coursera、Udacity、edX三大课程提供商的兴起,给更多学生提供了系统学习的可能。2013年2月,新加坡国立大学与Coursera合作,加入大型开放式网络课程平台。新加坡国立大学是第一所与Coursera达成合作协议的大学,2014年它率先通过该公司平台推出量子物理学和古典音乐创作的课程。这三大平台的课程全部针对高等教育,并且像真正的大学一样,有自己的学习和管理系统。它们的课程都是免费的。以Coursera为例,这家公司原本已和美国哥伦比亚大学、普林斯顿大学等33所学府合作,2013年2月,公司宣布有另外29所大学加入其阵容。

2. 终生学习

终生学习(Lifelong Learning)是1965年在联合国教科文组织主持召开的成人教育促进国际会议期间,由联合国教科文组织成人教育局局长保罗·朗格朗(Parl Lengrand)正式提出,迄今为止没有统一的权威性定论。对于终生教育比较普遍的看法是终生教育是"人们在一生中所受到的各种培养的总和",包括人发展的各个阶段及各个方面的教育活动。它既包括纵向的一个人从婴儿到老年期各个不同发展阶段所受到的各级各类教育,也

---

① HOSSAIN M S, ISLAM M S, GLINSKY J V, et al. A massive open online course (MOOC) can be used to teach physiotherapy students about spinal cord injuries: a randomised trial [J]. Journal of physiotherapy, 2015, 61(1): 21-27.

包括横向的从学校、家庭、社会各个不同领域受到的教育,其最终目的在于"维持和改善个人社会生活的质量"。[1]

3. 语义网

语义网是对未来网络的一个设想,现在与 Web 3.0 这一概念结合在一起,作为 3.0 网络时代的特征之一。简单地说,语义网是一种智能网络,它不但能够理解词语和概念,而且还能够理解它们之间的逻辑关系,可以使交流变得更有效率和价值。语义网的核心是通过给万维网上的文档添加能够被计算机所理解的语义"元数据"(Meta data),从而使整个互联网成为一个通用的信息交换媒介。[2]

4. 虚拟大学

虚拟大学是运用虚拟技术创办在互联网上的、不消耗现实教育资源和能量并且有现实大学特征和功能的办学实体。

第五节 新技术推动教与学的变革

计算机和互联网技术的发展,深刻影响着教学和学习方式的变革。学生的学习方式先后经历了传统的课堂学习、20 世纪出现的虚拟网络学习、近年来的移动学习,以及正在开始并在将来大有发展前景的泛在学习。课堂学习有上千年的历史,而虚拟学习、移动学习以及泛在学习的出现只有短短几十年时间,其主要原因是信息技术的发展带动了学习的革命。这种变革体现在学习的时间、空间上,体现在学习的内容和方式上,更为主要的是体现在学习的交互性上。

计算机和网络技术的发展,影响着教育领域的方方面面。西方现代教育思想强调以学习者为中心,发挥技术的工具性和中介性特征来促进学习

---

[1] ESCUDER-MOLLON P,ESTELLER-CURTO R,OCHOA L,et al. Impact on senior learners' quality of life through lifelong learning[J]. Procedia-social and behavioral sciences,2014,131(15):510-516.

[2] KABIR S,RIPON S,RAHMAN M,et al. Knowledge-based data mining using semantic web[J]. IERI procedia,2014(7):113-119.

者进行知识建构,营造出以人为本的学习环境,让学习者在实践活动中以自然交互的方式体验学习的乐趣,与同伴、助学者形成融洽的人际关系。交互已成为影响教育活动的关键因素之一,它不仅涉及课堂中师生间与生生间的关系,涉及教学质量与氛围,而且还涉及他们的日常交往,甚至渗透并影响着整个教育领域。

一、虚拟学习

随着个人电脑的发展和互联网技术的广泛运用,出现了新形式的学校,即虚拟学校(E-School),如美国新奥尔良大学的虚拟校园,日本早稻田大学人间科学学院的虚拟学校和网络学校(Online-School)等。现实中学校的概念延伸到了虚拟网络世界之中,课堂和学习也发生了变化,出现了虚拟教室(E-Classroom)和虚拟学习(E-Learning)。随着 Web2.0 技术的进一步发展,以 Blog、RSS、Wiki 等社交软件的应用为核心,依据六度分隔、XML 等新理论和技术的实现,开启了新一轮的E-Learning方式,其最大特点是:以学习者为中心,而不是以计算机为中心,学习者可以参与学习(课程)的架构,可重用、可聚合微学习内容等。这场技术革命的变化,为教育的交互环境、交互结构、交互关系和交互方式提供了新的范式,使学习交互突破了现实场域的藩篱,而延伸到虚拟网络场域之中。

在虚拟学习活动中,协作交互是影响虚拟学习的重要因素。因此,交互成为虚拟学习的关键性环节,学习者能力和智慧的发挥在很大程度上取决于交互过程中协作和动机水平的高低,这也就自然成为人们研究和关注的热点。

1. 3D 虚拟学校

3D 虚拟学校最大的优势在于它的互动性和三维立体带来的直观性能帮助学生理解所学的专业技术理论,并可以让学生通过虚拟现实技术进行一些现实中很难开展的实验。3D 虚拟学校还可以真正再造一个数字校园,让院校"不做宣传即展现于全球",为各院校提供了一个打破地域限制,展现学校规模、设施、师资的全球性信息服务窗口。

2. 虚拟教室

虚拟教室为用户创造了一个实时的网络互动课堂,通过远程音视频授课,不仅能够有效提升网络培训的学习效果,更能满足用户大规模培训的需求,全面提升培训效率,建立起具有竞争力的网络培训体系。其系统基础主要由课件制作工具、实时互动课堂、课件点播系统、学习管理系统和学习网关构成。其中,展视互动虚拟直播课堂技术走在行业前沿,能够轻松实现超万人实时在线培训、学习互动与交流。

3. 六度分割

六度分割(Six Degrees of Separation)来自数学领域的猜想,也有翻译成"小世界理论"等。该理论指出,你和任何一个陌生人之间所间隔的人不会超过五个,也就是说,最多通过五个中间人你就能认识任何一个陌生人(如图 3-1 所示)。[①]

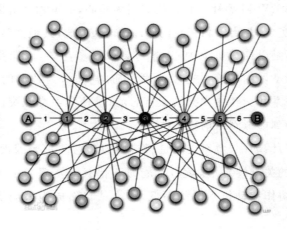

图 3-1　六度分割理论图示

4. XML

XML 为可扩展标记语言,是标准通用标记语言的子集,是一种用于标

---

① ORONSKY B T, KNOX S J, SCICINSKI J. Six degrees of separation: the oxygen effect in the development of radiosensitizers[J]. Translational oncology, 2011, 4(4): 189-198.

记电子文件使其具有结构性的标记语言。它可以用来标记数据、定义数据类型,是一种允许用户对自己的标记语言进行定义的源语言,可提供统一的方法来描述和交换独立于应用程序或供应商的结构化数据,是互联网环境中跨平台的、依赖于内容的技术,也是当今处理分布式结构信息的有效工具。

5. AJAX

AJAX 即"Asynchronous Javascript And XML"(异步 JavaScript 和 XML),是指一种创建交互式网页应用的网页开发技术。通过在后台与服务器进行少量数据交换,AJAX 可以使网页实现异步更新。这意味着可以在不重新加载整个网页的情况下,对网页的某部分进行更新。传统的网页(不使用 AJAX)如果需要更新内容,必须重载整个网页。

6. Blog

Blog(网络日志)是继 Email、BBS、IM 之后出现的第四种网络交流方式,是网络时代的个人"读者文摘",它代表着新的生活方式和新的工作方式,更代表着新的学习方式。简言之,网络日志就是以网络作为载体,简易迅速便捷地发布自己的心得,及时有效轻松地与他人进行交流,再集丰富多彩的个性化展示于一体的综合性平台。

7. Wiki

Wiki 一词来源于夏威夷语的"wee kee wee kee",发音 wiki,原本是"快点快点"的意思,被译为"维基"或"维客",是一种多人协作的写作工具。Wiki 站点可以有多人(甚至任何访问者)维护,每个人都可以发表自己的意见,或者对共同的主题进行扩展或者探讨。Wiki 也指一种超文本系统,这种超文本系统支持面向社群的协作式写作。

8. RSS

RSS 中文名称为"简易信息聚合"(也叫聚合内容),是一种描述和同步网站内容的格式。使用 RSS 订阅能更快地获取信息,网站提供 RSS 输出,有利于让用户获取网站内容的最新更新。网络用户可以在客户端借助于支持 RSS 的聚合工具软件,在不打开网站内容页面的情况下阅读支持 RSS 输出的网站内容。

二、移动学习

数字化学习和移动技术的发展和广泛的应用,推动了移动学习的兴起和发展。移动学习随着通信技术和网络技术的不断发展,经历了三个阶段。

在移动学习出现的初始阶段(第一阶段),主要是利用移动设备的便捷性、移动性和无处不在的无线通信技术,以"推"的方式来实现知识的传递,由网络传递方式变为无线通信传递方式,注重学习的内容呈现,学习者成为学习"拉"的对象。这是一种被动的、单向的、机械的交互方式。虽然在学习内容设计上考虑了如何符合学习者的认知结构和认知规律,但这一阶段注重的还是知识的传递和服务消息的通知,与课堂教学的本质无异,其理论基础体现了行为主义和认知主义学习思想,移动设备在学习过程中的主要功能是呈现学习材料和提供适当的反馈途径。在这一阶段出现了基于短消息的移动学习形式。

1. 基于短消息的移动学习形式

基于短消息的移动学习是依托短消息服务技术进行的。短消息服务(Short Message Service,SMS)是 GSM 网络传输有限长度的文字信息的服务。该模式采用短信息交互方式,在用户间、用户与互联网服务器之间实现短信息的传送。用户通过移动终端,将短信息发送到位于互联网中的教学服务器,教学服务器分析用户的短信息,转化成数据请求,进行数据分析、处理,然后再发送给用户终端。利用这一模式可实现用户与互联网之间的通信,并完成一定的教学活动:学习者可以定制学科知识短信息以及短信息接收的密度与频度,定制学科知识的复习策略,参与学习讨论、信息查询、自测练习等;教师可以对所有学生或某一门课程的学生提供激励支持、管理支持服务,进行学习资源管理,如创建和管理文本知识库、语音知识库、学习群组,管理学习者的短信息定制。

第二阶段强调了利用移动技术来增强移动学习内容的管理和自适应

性,把移动设备视为认知工具,来支持、改进和扩展学习者的心智模型和思维过程,为学习者实现积极的知识建构提供有效的工具。常见的学习方式是采用流媒体技术,以"流"的形式进行多媒体数据的传输,实现"边下载,边学习"的流式学习,其特点是学习者既可以实时播放多媒体学习内容,也可以对多媒体内容进行点播,具有一定的内容交互性,让学习者摆脱被动接受学习内容的方式,灵活自主、随时随地选择自己所需学习的内容,从而实现个性化学习。在这一阶段出现了以下学习方式。

2. 移动环境中的 PBL 学习

基于移动学习的 PBL 是以移动学习作为学习形式,而以 PBL 作为学习内核的学习模式。其技术环境设计包括系统设计、通信途径设计以及学习终端选择三个方面。基于短信的 PBL 学习系统,通信协议是 GSM、SMPP、CMPP、ISMG,学习终端是 GSM 手机等;基于浏览连接的 PBL 学习系统,通信协议是 WAP、CDMA、GPRS、3G、802.11X 等,学习终端是 WAP 手机、便携式电脑等。

3. 移动探究式学习

在探究学习中,学习者主导学习目标,主导学习过程中探究的主题,决定如何开展探究活动。移动设备可以支持探究学习,设计系统可以支持探究过程和移动设备,支持学习者和专家间的交流。

4. 基于移动技术的非正式学习

"非正式学习"是指移动学习以一种间断性的形式开展,是因时、因地和按需而发生的学习。非正式学习一词源于 20 世纪 40 年代末联合国教科文组织开展的"非正式教育"。它以移动学习的特点、理论基础和移动学习的实现方式为基础,通过移动社区、移动论坛、移动博客等形式来组建学习共同体,开展非正式学习,以最大限度地发挥移动学习在非正式学习中的重要作用。

第三阶段的移动学习得益于无线技术系统的发展和移动设备的进一步智能化。该阶段强调在生活环境和实践情景中进行学习,认为学习在特定情景中发生,真正实现了情境学习的理念。情境认知学习理论成了这一阶段的学习理论基础,把情境置于整个学习中重要而有意义的组成部分,关注了物理、社会的情境与学习者的交互作用。

5. 情境认知

情境认知是一种解决学生在保持和概括知识时存在困难的方法。学习者使用概括的方法,有助于将知识从一种情境迁移至另一种情境。情境学习环境允许学习者在"需要的时候能复述有关的信息"。情境认知赋予学习以意义,促进知识向日常生活情境的迁移,因为提供真实情境的现实体验而丰富了学习过程。

三、泛在学习

泛在学习为学习者提供了数字化的学习资源以及灵活的学习方式,为终生学习开辟了新的路径,对促进终生学习的发展具有深远的意义。泛在学习是在泛在计算技术环境支持下的一种学习者可以根据自己的需求以及所处的环境、使用身边的计算设备获取有效的信息和资源进行学习的学习模式。

计算和通信技术的快速发展,特别是微型化、小型化、智能化计算设备和网络互联的普及,有力地推动着计算模式进入普适计算时代。20 世纪八九十年代,美国施乐(Xerox)公司帕罗·阿尔托中心(PARC)首席科学家马克·魏瑟(Mark Weiser)首先提出了"无处不在的计算"的思想,并第一次提出"普适计算"(Ubicomp)的概念。他认为"我们与计算机的关系需要一个根本性的范式转换"。计算和网络无处不在地存在于我们的生存空间中,促使计算机与人之间本质关系的转变,大量计算设备可以主动地围绕学习者展开计算,人们无须再去主动地适应计算设备的行为,可以更加关注任务本身。

普适技术的思想为未来学习交互指明了发展方向,一种基于自然方式和具有环境意识的,更加符合人性、本能和情感体验的日常交互形式将成为未来的研究方向。这种形式无处不在地存在我们生活周边,和我们的衣食住行密切相关,把人与人、人与环境、人与计算设备紧密联系在一起。

1. 泛在学习

泛在学习,又名无缝学习、普适学习、无处不在的学习,顾名思义就是指无时无刻、无处不在的学习,是一种任何人可以在任何地方、任何时刻获取所需的任何信息的方式。泛在学习是数字学习的延伸,克服了数字学习的缺陷或限制。随着移动通信技术的进步,移动学习(M-Learning)逐渐引入泛在学习体系。

2. 普适技术

魏瑟领导的 PARC 计算机科学实验室最早开始了普适技术的研究。魏瑟认为,普适技术将带领人们进入"宁静技术"时代,使技术无缝地融入人们的日常生活,无须人们分散精力进行干预。因此,技术能从根本上减轻人们的认知负荷,增强人们的感觉通道与动作通道的能力。

3. "流"

"流"式体验特征是泛在学习的重要特征。"流"或称为"心流"的概念来自美国心理学家米克森特米哈伊(H. Csikszentmihalyi),他认为心流体验是个体完全投入某种活动的整体感觉。当个体处于心流体验状态时,个体完全浸润在活动过程之中,并能感受到独特的心理经验。这一"心流"感觉能在普适计算环境下的交互过程中获得,并成为该环境下学习者能感受到的特有的内心体验。

4. 中间件技术

在普适计算的环境中,不同的嵌入式终端设备有着很大的差异,计算方式和网络条件的多样性造成动态异构性和移动性,可能导致执行环境的复杂性和各计算协议不兼容。因此,采用中间件技术来屏蔽这种复杂性,将应用状态以及涉及的数据与应用运行的实际环境相分离,如可以采用定制各种规范的应用接口,或可以应用代理机制对不同嵌入式设备进行统一管理,以简化设备的控制与使用。

5. 上下文感知技术

在动态、开放的普适计算环境中,为了让人们透明地使用环境提供的服务,设备需要具备获取环境和活动相关上下文信息的能力。因此,上下文感知技术主要的功能是让有关设备能够感知环境的变化,根据这一变化采取符合人们需要的响应或服务。上下文感知的类型可以分为三类:物理上下文(如位置、时间等)、计算上下文(如网络带宽、资源状态等)和用户上下文(如用户的信息、偏好等)。

6. 识别技术

识别技术在普适技术支持的交互环境中扮演着重要的角色。它允许人们通过无线通信技术对特定计算系统中的数据进行读写,无须人的干预就能与环境进行交互,并能感知人的各种信息。

7. 终端设备技术

终端设备技术的主要目的是借助无线通信技术和因特网技术,对周边环境信息进行感知,并与嵌入在环境中的设备进行交互,使学习者能够及时获得计算服务并开展协作学习。

四、智慧教育

2008年11月,IBM公司提出了"智慧地球"的概念,并于2009年8月发布了《智慧地球赢在中国》计划书,正式开启IBM"智慧地球"中国战略的序幕。在计划书中,IBM为中国量身打造了六大智慧解决方案——"智慧电力""智慧医疗""智慧城市""智慧交通""智慧供应链"和"智慧银行",却没有提"智慧教育"。自2009年以来,仅"智慧城市"一项,中国就有数百个城市正在或者即将与IBM展开合作。受IBM的启发,教育技术学领域的学者提出了"智慧教育"的概念,并从信息化视角对智慧教育概念进行了阐述。

祝智庭教授在《智慧教育:教育信息化的新境界》中分析了信息时代智慧教育的基本内涵:通过构建智慧学习环境,运用智慧教学法,促进学习者进行智慧学习,从而提升成才期望,即培养具有高智能和创造力的人,利用适当的技术智慧地参与各种实践活动并不断地创造制品和价值,实现对学习环境、生活环境和工作环境灵巧机敏的适应、塑造和选择。尹恩德从教育信息化带动教育现代化发展的角度出发,界定了智慧教育的概念:智慧教育是指运用物联网、云计算为代表的新兴信息技术,统筹规划、协调发展教育系统各项信息化工作,转变教育观念、内容与方法,以应用为核心,强化服务职能,构建网络化、数字化、个性化、智能化、国际化的现代教育体系。① 金江军认为智慧教育是教育信息化发展的高级阶段,是教育行业的智能化,与传统教育信息化相比表现出集成化、自由化和体验化三大特征。②

1. 智慧教室

智慧教室是借助普适计算技术、物联网技术、云计算技术和智能技术构建起来的促进学生构建知识的智慧学习空间。其中学习空间是物理空间与数字空间的结合、本地与远程的结合。在学习空间实现人与环境自然交互,利于交流、协作和共享,促进个性化学习、开放式学习和泛在学习。③

"智慧教室"的定义也经历了多次变更。罗纳德·雷西尼奥在《教育技术的实际执行》一文中提出了"Smart-Classroom",认为"Smart-Classroom"就是在传统教室嵌入个人电脑、交互式光盘视频节目、闭路电视、VHS 程序、卫星链接、本地区域网络和电话调制解调器的教室。斯基顿(Skipton)认为,智慧教室就是基于电子或技术增强的教室。④ 2008 年后,国外关于智慧教室概念的界定出现明显变化,不再是从教室的信息技术装备来界定,而是从学习环境来界定。2009 年,美国《每日论坛》指出,未来的课堂是一个学习环境,采用创新的教育活动,从课堂管理到教学的所有方面提高对技术的使用,使教学者和学习者成为优越的学习环境的一部分。2010 年,英特尔全球教育总监布雷恩·格洛扎莱兹(Brain Glozalez)提出,未来课堂是颠倒的课堂,教育者赋予学生更多的自由,把知识传授过程放在教室外,让大家选择最适合自己的方式来接受新知识,而把知识内化的过程放在教室内,以便同学之间有更多的沟通和交流。

---

① 尹恩德.加快建设智慧教育,推动教育现代化发展:宁波市镇海区教育信息化建设与规划[J].浙江教育技术,2011 (5):56-60.
② 金江军.智慧教育发展对策研究[J].中国教育信息化(基础教育),2012(11):18-19.
③ 张亚珍,张宝辉,韩云霞. 国内外智慧教室研究评论及展望[J]. 开放教育研究,2014(2):81-91.
④ SKIPTON C. Moving from "dumb" to "smart" class-room: technology options and implementation issues[J]. Journal of college teaching & learning, 2006 (6):19-27.

2. 智慧学习环境

智慧学习环境是一种能感知学习情景、识别学习者特征、提供合适的学习资源与便利的互动工具、自动记录学习过程和评测学习成果，以促进学习者有效学习的学习场所或活动空间。智慧学习环境是普通数字化学习环境的高端形态，是教育技术发展的必然结果。智慧学习环境和普通数字学习环境在学习资源、学习工具、学习社群、教学社群、学习方式和教学方式等方面有着显著差异（如表 3-6 所示）。

表 3-6 普通数字学习环境与智慧学习环境的比较

	普通数字学习环境	智慧学习环境
学习资源	① 倡导资源富媒体化；② 在线访问成为主流；③ 用户选择资源	① 鼓励资源独立于设备；② 无缝链接或自动同步成为时尚；③ 按需推送资源
学习工具	① 通用型工具，工具系统化；② 学习者判断技术环境；③ 学习者判断学习情景	① 专门化工具，工具微型化；② 自动感知技术环境；③ 学习情景被自动识别
学习社群	① 虚拟社区，侧重在线交流；② 自我选取圈子；③ 受制于信息技能	① 结合移动互联的现实社区，可随时随地交流；② 自动匹配圈子；③ 依赖于媒介素养
教学社群	① 难以形成社群，高度依赖经验；② 地域性社群成为可能	① 自动形成社群，高度关注用户体验；② 跨地域性社群成为时尚
学习方式	① 侧重个体知识建构；② 侧重低阶认知目标；③ 统一评价要求；④ 兴趣成为学习方式差异的关键	① 突出群体协同知识建构；② 关注高阶认知目标；③ 多样化的评价要求；④ 思维成为学习方式差异的关键
教学方式	① 重视资源设计，重视讲解；② 基于学习者行为的终结性评价学习结果；③ 学习行为观察	① 重视活动设计，重视引导；② 基于学习者认知特点的适应性评价学习结果；③ 学习活动干预

智慧学习环境并不是一个新概念，它是数字学习环境的高端形态，是社会信息化背景下学生对学习环境发展的诉求，也是当前学习与教学方式变革急需的支撑条件，代表了教育信息化的一个重要发展方向。智慧学习环境可以使教育研究者更加重视新型学习环境的研发；使教育管理者充分认识到学习环境对学与教方式变革的支持作用；使学习环境的建设者从学与

教方式变革的角度,构建适应新时期学生需求的学习环境;使教师从以学习者为中心的理念出发,利用学习环境进行个性化教学;使学生可以轻松、投入和有效地在可感知的、自适应的、智能的学习场所学习。

由智慧学习环境衍生出一个新的说法"Smart Learning",国内学者将其译为"智慧学习"。"智慧学习"作为一个代表新学习形态和新教育形态的概念,所指涉的状态时至今日尚未充分体现出来。"智慧学习"的概括并没有脱离现有学习形式的框架,也没有本质性突破。

3. 未来教室

未来教室是将教育学、传播学、心理学、空间设计、教学论、科学技术等相关理论有机融合在一起,构建出更适合学习者进行知识探索的学习环境。未来教室概念是将具有高科技含量的信息技术与传统教学环境整合的探索,以重构学习者的学习环境,使多种学习方式得以顺利开展,促进学习者的自主、探索、协作能力与心智的全面发展。

五、无处不在的"学习场"

"学习场"如同磁场一般,看似无形,却让学生在不知不觉中得到持续学习的支持。学习场的建造并非一日完成,有赖于以下几个方面的建设发展:云计算成为学习场的重要支撑,屏幕成为学习场的主要通道,开放内容让学习场更具深度,常态化使用让学习场具备黏性。

云计算成为学习场的重要支撑。云计算包括云存储和云处理,云存储意味着越来越多的用户可以将自己的资料保存在云端,可以随时随地提取,并可以分享给更多的学习者,这让信息无处不在变成可能。云处理的能力很大程度上降低了对用户端的要求,使得用户具备更强的信息处理能力。用户本身不需要承担高昂的终端设备费用,只需借助云处理的能力就能够拥有卓越的信息处理能力。

屏幕成为学习场的主要通道。越来越多的学生拥有自己的智能设备,通过智能手机、平板电脑、笔记本电脑的屏幕,学生在任何时间都能够接触到海量的互联网信息。原本存在于虚拟空间的信息通过屏幕都可以获得。

比起有限的纸质材料和限定的书本教材,屏幕呈现出更丰富的多媒体维度,让学习场就在身旁。

开放内容让学习场更具深度。以往大量的网络信息不一定适合基础教育阶段的教学需求。而近年来,国内高校发起的大规模开放在线课程,让高校的大量优质课程得以免费观看。国外三大主流网站 Coursera、Udacity、edX 也发布了大量的开放课程。国内正在开展的微课程制作,让开放内容深入到中小学具体的教学环节中。内容的生产者不再局限于个别机构,而是允许任何人生产内容并分享给所有人。这些内容正在逐步构成微课程体系,支持学生在学习场中随时随地地深入学科学习。

常态化使用让学习场具备黏性。学习者在网络空间内持续记录、分享、创造自己的学习信息,使得该空间具备对学习的黏性。更重要的是,更多元的学习者在同一个空间内不断形成新的学习氛围,从而使得学习者更乐于在此不断地学习。同时,学生通过持续的学习分享得到远程交流的信任,远程的专家学者可以提供视频帮助。学习场将具备更多元的用户群体,不仅有一个班级的学习者,也有跨班级的同伴交流,还有专家学者的加入。

1. 学习场

在过去,由书本、笔、黑板、投影仪组成的教室空间很好地支持了班级授课,很大程度上满足了一对多的教学讲授环节。如今,随着移动设备的普及、无线网络环境的优化、云服务质量的提升,学习空间已经不仅仅局限于课堂。学生开始在更广泛的空间里学习,逐渐意识到可以在任何时候和学习同伴保持链接,可以通过网络与更多的老师进行交流,可以获得全世界丰富的学习资源和学习工具。无论何时,身处何地,学生都可以沟通和交流。学习者所处的这一有利于无时无刻学习的环境被称为"学习场"。

2. 云计算

云计算是一种按使用量付费的模式,这种模式提供可用的、便捷的、按需的网络访问,进入可配置的计算资源共享池(资源包括网络、服务器、存储、应用软件、服务),这些资源能够被快速提供,只需投入很少的管理工作,或与服务供应商进行很少的交互。云计算是分布式计算、并行计算、效用计算、网络存储、虚拟化、负载均衡、热备份冗余等传统计算机和网络技术发展融合的产物。

3. 微课、微课程与微视频

关于"微课"的概念,在当前的教学实践或相关文献中,不同的人根据不同的视角或者不同的应用场合,常与微课程、微视频等概念混用,容易让人误以为在三者之间可以画上等号。在这三个概念当中,"微视频"与"微课""微课程"的区别是显而易见的:"微视频"属于技术概念范畴,本身与教学没有直接关系,同后两者显然不是一个维度的概念。

对于"微课"的概念,不同学者从不同角度出发会有不同的理解,国内部分学者对"微课"定义有不同的阐释。从定义的字面意义来看,可以将定义归为三类:(1)对应"课"的概念,突出"微课"是一种短小的"教学活动";(2)对应"课程"的概念,有课程计划(微教案)、课程目标、课程内容(学科知识点)、课程资源(微课、微练习、微课件);(3)对应"教学资源"的概念,如在线教学视频、数字化学习资源包。尽管在定义的表述上有差异,但在定义的内涵上是有共同点的,即"目标单一、内容短小、时间很短、结构良好、以微视频为载体",从媒体形式上来看,就是一段与教学相关的视频。

可见,"微课"本质上是一种支持教师教和学生学的新型课程资源。"微课"与其相匹配的"微目标、微教案、微讲义、微练习"等课程要素共同构成"微课程",属于课程论的范畴。当学习者通过"微课"开展学习时,学习者就以"微课"为介质与教师之间产生间接的交互,通过在线讨论、面对面辅导等不同形式进行直接交互,从而产生有意义的教学活动。[①]

六、学科学习分析技术

学习分析深入学科教学,进而演化出学科学习分析技术,需要实现三个具体步骤:有数据,有分析,可视化呈现。数据的来源不仅局限于测验或是

---

① 苏小兵,管珏琪,钱冬明,等. 微课概念辨析及其教学应用研究[J]. 中国电化教育,2014(7):94-99.

偶尔的调查问卷,数据的来源必须是学生在学习的过程中从多个维度记录下来的数据,包括学生的课外活动、兴趣爱好、行为习惯、练习情况、网络社交等大量信息。数据的来源也将是学生在新环境下产生的大量学科学习的记录、交流和分享的信息。有数据之后,需要进行有效而又具备教育基本原理的学科分析,抓住数据的背景意义,在大量的信息中发现过程性数据的规律;借助大数据分析,找准数据的相关性,结合具体学科、具体知识点与学生基本信息进行综合分析。在初步分析之后,给予学科教师具体的教学策略和教学内容的提示。通过大量的数据分析,一线教师仍然需要面对大量复杂的分析结果,这就有赖于可视化呈现。只有当分析结果可视化地呈现出来,才能够真正有助于教师教学使用。教师可以观看可视化呈现的结果,清晰地了解整体和个别化的情况,做出有效的教学改变。

学科学习分析的意义和价值在于有理有据的数据分析和反馈。学习分析的目标是使教师和学校根据学生不同的水平和需求,提供不同的教育机会。其难点在于,分析的过程中需要严谨的教育思想作为基础,避免出现贴标签和短视化的缺点。让数据分析的过程深入学科本身,让教育本源中成长规划的判断回归一线教师本身,是学科学习分析技术的独立价值所在。

1. 大数据

"大数据"或称巨量资料,指的是资料量规模巨大,无法通过目前主流软件工具在合理时间内撷取、管理、处理并整理的资讯。大数据分析不用随机分析法(抽样调查)这样的捷径,而采用所有数据进行分析处理。大数据具有 4V 特点:Volume(大量)、Velocity(高速)、Variety(多样)、Value(价值)。

2. 学习分析

学习分析是指为了预测和指导人们的学习,通过收集学习者产生的数据来分析、计算数据模型,以发现信息和学习者实践的关联。数据仅仅是信息的载体,信息是有背景的数据,知识则是信息呈现出的内在规律。学习分析利用数据挖掘、数据解释与数据建模的优势来改善对教与学的理解,从而为个别学生量身定制更有效的教育。

七、游戏化体验式学习

教育游戏是严肃游戏的一种,是专门针对特定教育目的而开发的游戏,具有教育性和娱乐性并重的特点。未来将会有越来越多的教育游戏和学习游戏的出现,教育者需要正确看待电子游戏在教育教学中的价值。学生通过游戏进行学习的比重将会增加,实现娱乐与教育更进一步的结合。教育系统要做的并不是禁止一切游戏,而是引导学生有效地玩适合的游戏。

1. 游戏化学习

游戏化学习(Learn through Play),又称为学习游戏化,是指采用游戏化的方式进行学习。它是目前比较流行的教学理论和教育实践,主要包括数字化游戏和游戏活动两类。教师根据学习者对游戏的爱好心理和对新鲜的互动媒体的好奇心,将游戏作为与学习者沟通的平台,使信息传递的过程更加生动,从而脱离传统的单向说教模式,将互动元素引入沟通环节,让学习者在轻松、愉快、积极的环境下进行学习,真正实现以人为本、尊重人性的教育,重视培养学生的主体性和创造性,有利于培养学生的多元智力素质。

2. 体验式学习

体验式学习(Experiential Learning)是指通过实践来认识周围事物,使学习者完完全全地参与学习过程,使学习者真正成为课堂的主角。教师的作用不再是单方面地传授知识,而是利用那些可视、可听、可感的教学媒体,让学生产生渴望学习的冲动,自愿地全身心地投入学习过程。

3. 增强现实(AR)

增强现实(Augmented Reality,AR)是在虚拟现实的基础上发展起来的新技术,也称为混合现实。它是通过计算机系统提供的信息增加用户对现实世界的感知的技术,将虚拟的信息应用到真实世界,并将计算机生成的虚拟物体、场景或系统提示信息叠加到真实场景中,从而实现对现实的增强。AR通常是以透过式头盔显示系统和注册(AR系统中用户观察点和计算机生成的虚拟物体的定位)系统相结合的形式来实现的。

八、"创客"式自主新形态

在商品生产不发达的时代,人们会根据生活的需求,自己设计并动手制作物品,或者对现成的物品进行改进,以便更好地解决问题,提高生活质量,比如陶艺制作、织毛衣等。但是在以前,个别化的创意项目很少为人知晓。现在,互联网让这一现状被人知晓,让鼓励协作、创造和积极参与的创客运动得以发展。更重要的是,第三次工业革命正在改变整个生产制作的过程。

产品制造的数字化变革绝不仅仅是优化现有的制造业,而是将制造延伸至范围更广的生产人群中——让每一个普通人都可以进行产业创造,甚至形成产业。与此同时,3D打印技术使学生可以个性化地创造实物,开源硬件正在降低制造产品的成本。过去,世界上最大的计算机设备仅服务于政府、大型公司和研究实验室,现在则成为学生"DIY"设计的工具。

1. 创客

"创客"一词来源于英文单词"Maker",是指不以营利为目的、努力把各种创意变为现实的人。创客以创新为核心理念,基于从个人通信到个人计算机再到个人制造的社会技术发展脉络,试图构建以用户为中心的、面向应用的融合创意、设计和制造的用户创新环境。"创客"最重要的标志是掌握了自生产工具,他们是一群新人类,坚守创新、持续实践、乐于分享。简单地说就是"玩创新的一群人"。

2. 3D打印技术

3D打印是一种快速成型技术,它是一种以数字模型文件为基础、运用粉末状金属或塑料等可黏合材料、通过逐层打印的方式来构造物体的技术。3D打印通常是采用数字技术材料打印机来实现的,常在模具制造、工业设计等领域被用于制造模型,后逐渐用于一些产品的直接制造。目前已经有使用这种技术打印而成的零部件。该技术在工业设计、建筑、航空航天、教育等领域都有应用。

3. 开源硬件

"开源硬件"指以自由及开放源代码的方式设计的计算机和电子硬件。

开源硬件开始考虑对软件以外的领域开源,是开源文化的一部分。

通过"开源软件"概念更容易理解开源硬件。开源软件产生在开源硬件之前,安卓就是开源软件之一。开源硬件和开源软件类似,就是在硬件的基础之上进行二次创意。在复制成本上,开源软件的成本也许是零,但是开源硬件不一样,其复制成本较高。开源硬件延伸着开源软件代码的定义,包括软件、电路原理图、材料清单、设计图等都使用开源许可协议,自由使用分享,完全以开源的方式去授权。以往的 DIY 在分享的时候没有清楚的授权,开源硬件把软件惯用的 GPL、CC 等协议规范带到硬件分享领域。

九、人机相互学习形态

现代科技带给我们的最大的震撼莫过于机器智能的诞生。1946 年,世界上第一台计算机诞生,直到今天,仅用了七十年不到的时间,计算机已经成为普遍使用的个人电子产品。1968 年,世界上最早的网络"阿帕网"诞生,今天我们的生活几乎离不开网络。机器智能的诞生来源于计算机处理能力的不断加强,互联网则让更多的计算机连接到了一起,组成了一个更强大的系统。与此同时,机器正在通过学习人类处理问题的具体方法和思维路径拓展自身的智能水平。在一些特定的领域,机器的功能已经强于人类,例如互联网中的自动数据分析系统、工业流水线上的机器人、纳米机器人在医疗领域的应用等。机器不仅代替了人类在不同领域的脑力劳动,而且与人的结合更加紧密,越来越多的领域无法离开机器而独立运行。

在智能水平上,机器借助于更快的信息处理能力、更强的信息存储能力,逐步学习人类的思考模式。多年前,深蓝机器人在棋艺竞技中战胜了人类棋艺大师,人类的水平也在和机器竞技中得到了显著提高。世界上所有计算机通过网络连接起来的节点图,与人类大脑的神经链接图景非常像。随着科技的发展,每一个人都将能够以低廉的价格购买到类似于人类智慧的机器处理能力。因此,与其说机器正在超越人类,倒不如说人与机器正在共同进化。而当机器的整体智慧超越人类的时候,我们将迎来"奇点"后的时代。人类需要重新确立自己的物种价值。

智能机器是能够在各类环境中自主地或交互地执行各种拟人任务（anthropomorphic tasks）的机器，通常称为智能机器人。智能机器人的主要器官并没有像真正的人那样微妙而复杂。智能机器人具备形形色色的内部信息传感器和外部信息传感器，如视觉、听觉、触觉、嗅觉等。除具有感受器外，它还有效应器，作为作用于周围环境的手段。智能机器人至少要具备三个要素：感觉要素、运动要素和思考要素。智能机器人是多种高新技术的集成体，它融合了机械、电子、传感器、计算机硬件、软件、人工智能等学科的知识，涉及当今许多前沿领域的技术。机器人已进入智能时代，不少发达国家都将智能机器人作为未来技术发展的制高点。

十、方兴未艾的STEM教育

2006年，美国总统布什在其国情咨文中公布《美国竞争力计划》（American Competitiveness Initiative，ACI），提出知识经济时代的教育目标之一是培养具有STEM素养的人才，并称其为全球竞争力的关键。

STEM代表科学（Science）、技术（Technology）、工程（Engineering）、数学（Mathematics）。在国家实力的比较中，获得STEM学位的人数成为一个重要的指标。美国政府STEM计划是一项鼓励学生主修科学、技术、工程和数学（STEM）领域的计划，并不断加大科学、技术、工程和数学教育的投入，培养学生的科技理工素养。

科学问题本就源于自然，源于某一现象的问题，如"为什么杯子里的热水会变凉"。工程学则源于需要解决的某个难题，例如"怎样让房子更保暖"。这两个貌似不同的问题，其本质都是热学中能量的传递问题。当教学围绕这个本质展开时，就有了一条隐形的线索，将科学和工程问题有效地结合在一起。可见，STEM的教学并不是简单地将科学与工程组合起来，而是要把学生学习到的零碎知识与机械过程转变成一个探究世界相互联系的不同侧面的过程。

在科学、技术、工程、数学之间存在着一种相互支撑、相互补充、共同发展的关系。如果要了解它们，尤其是了解它们之间的关系，就不能独立学习其中任何一个部分。只有在交互中,在相互的碰撞中,才能实现深层次的学习和理解性学习,也才能真正培养儿童各个方面的技能和认识。

"积极地参与科学实践比起死记硬背科学定理更加重要",这已经成为美国 STEM 教育工作者的一个共识。在 2013 年出炉的美国《下一代科学课程标准(最终版)》中,最显著的一个特点是减少了 K-12 科学教育理论知识的覆盖面,增加孩子动手操作的机会,有意识地将孩子置于问题解决的真实情境之中,引导他们通过持续的动手操作,增进对科学概念的深层理解,提高他们解决现实问题的能力。

STEM 教育计划后来演变为 STEAM,STEAM 代表科学(Science)、技术(Technology)、工程(Engineering)、艺术(Art)、数学(Mathematics)。STEAM 教育就是集科学、技术、工程、艺术、数学于一体的综合教育。STEAM 与 STEM 相比,只是比 STEM 计划多增加了一项艺术,相对来说,STEAM 比 STEM 注重的元素更加多元化,要求的学科能力更丰富多样。

STEAM 教育的独特价值在于通过整合为学生提供逼近真实、富有现实意义的学习情境,以利于学生高阶思维与积极情感的投入,能够解决复杂问题,从而全面提升学生知识、能力与情意方面的核心素养。

第四章　教育技术学学科重大事件和代表人物

本章介绍教育技术学学科发展历史上的重大事件和代表人物。

第一节　教育技术学学科重大事件

教育技术学作为一门教育科学领域的新兴交叉学科,具有明显的综合性和应用性,从其诞生至今不到一百年的历史,随着技术的快速发展历经变迁。本节介绍教育技术学学科发展史上具有深远影响的重大事件,为学科建设和未来发展提供历史借鉴。

一、国外教育技术学发展重大事件

纵观世界教育技术学的发展历程,教育技术的发展水平和社会需求、经济发展水平、科学技术水平等密切相关。发达国家和地区经济水平较高,对教育技术的应用和推广相对起步更早,对教育技术学的研究更具深度和广度。国外教育技术学研究以美国为代表,其他发达国家如英国、日本、加拿大等均在美国的理论模式上发展本国的教育技术学。作为教育技术学的发源地,美国是目前教育技术理论与实践研究中最具学术权威性的国家,其研究成果一直引领着世界教育技术学的发展潮流。

1968年,美国著名的教育技术历史分析家塞特勒出版了第一部教育技术学科发展史《教学技术史》(*A History of Instructional Technology*),开创性地检视了教育技术学的发展历程,同时首次引入教育技术学范式理论的研究。1990年,塞特勒出版《美国教育技术的演变》(*The Evolution of A-*

merican Educational Technology），进一步探讨美国教育技术学发展的历史进程。1994 年,美国学者西尔斯(Barbala B. Seels)和里齐(Rita C. Richy)出版了《教学技术：领域的定义和范畴》(Instructional Technology：The Definition and Domains of the Field)一书,提出了目前广为人知的教育技术 1994 年定义,同时对教育技术学的发展历程做了专门的分析和阐述,在教育技术学界产生了极大的反响。

国外教育技术学者一直致力于教育技术学的历史研究,对教育技术学学科建设和基础理论研究的推进具有重要的启发意义。美国知名教育技术专家伊利(Donald P. Ely)曾提出,教育技术学作为一个独立的研究领域或学科,其形成过程有三条核心线索："一条是从早期的视觉教学发展到视听教学,之后是从关注物(媒体)转到关注过程的视听传播研究;一条是以行为科学为理论基础的教学机器—程序教学—计算机辅助教学的发展,到现今广泛研究的个别化教学系统;还有一条是 20 世纪 50—60 年代发展起来的系统论、信息论、控制论对教育科学的影响。"[①]本节将围绕视听教育、个别化教学、系统科学方法三个方面展开,重点梳理国外教育技术学的起源、媒体技术、学习理论、个别化教学和系统方法的发展线索,以及近现代教育技术在企业培训和管理领域的应用,阐述其中的重要史实,宏观呈现国外教育技术学的发展历程。

（一）媒体教学的发展

1. 直观教学

长期以来,"形式主义"教学方法在传统学校中盛行,而克服教育领域中的"形式主义"尤其是"言语主义"的弊病是几个世纪以来教育者希望改革的一个重要方面。16 世纪末 17 世纪初,教科书、黑板、粉笔、图片、实物等工具作为直观媒体已逐步运用于国外的教学课堂中,成为原始、传统的教育技术雏形。这一阶段被称为直观教学阶段,直观教学的出现便是变革的萌芽和

---

① 尹俊华,赵为华,乌美娜. 教育技术学导论[M]. 北京：北京师范大学出版社,1992：13.

开端。直观教学是指通过运用真实事物的标本、模型、图片等载体传递教学信息,进行具体的教学活动,使学生在感知的基础上认识事物的本质,形成正确的概念。① 从本质上来说,这是一种传授观察经验的直观技术。

(1)《世界图解》的出版

捷克教育学家夸美纽斯是直观教学阶段的代表人物之一,他从适应自然秩序的原理和感觉论出发,提出"直观性原则"。他认为,人总是通过观察实物本身,从事物的本源去获得知识,因此应运用实物和图形来补充口语和书面教学。1658年,夸美纽斯根据他所提出的适应自然和直观教学的原则编写了《世界图解》,打造了世界上第一本带有150幅插图的教科书,内容囊括自然、人类活动、社会生活和语言文字等方面,试图授予儿童以百科全书式的知识。《世界图解》在欧洲国家广泛流行,被誉为教育技术发展史上最为重要的成就之一。

(2) 恩物及游戏设计

德国教育家福禄贝尔(又译福禄培尔)主张教育应该是令人愉快的,为了使儿童能够将外部的一切表现出来,并能借由最简单的形式去了解抽象的事物,必须给儿童提供适当的游戏玩具。19世纪30年代,为了更好地引导幼儿认识自然、扩大知识和发展能力,福禄贝尔在幼儿园教育实践中创制了一套活动玩具作为幼儿园的教育材料,并称之为"恩物",意味着"上帝的恩赐"。这是一套以球体、圆柱体和立方体为核心而组成的玩具。福禄贝尔以"恩物"为主体设计了游戏体系,分为运动性游戏和精神性游戏。② 他在《幼儿园教与学》(1895)一书中明确提出了五种"恩物",并详细论述了每种"恩物"的应用。"恩物"和以其为主体的游戏设计清晰地体现了直观教学设计原则,对传统教育中的"言语主义"发出挑战。

2. 视觉教学

19世纪末,直观教学理论和实践不断传播与扩大,科学技术也取得了长足进步,出现了许多机械、光学和电气的传播信息媒体,如最早问世的摄影、

---

① 邵明德. 试论直观教学[J]. 课程·教材·教法,1983(3):26-30.
② 单中惠. 福禄培尔游戏理论新析[J]. 合肥师范学院学报,2009(1):49-53.

幻灯和无声电影等。许多教育学家感到利用这些视觉媒体可以使学习经验更具体。同时,人们越来越重视实用课程和新型有效的教学方法,反对"书本学习",提倡结合生活实际,注重学生个体的"新教育"。在这样的形势下,美国教育界掀起了一场教学改革运动。

(1) "视觉教育"名称的出现

1906年,美国宾夕法尼亚州的金斯通出版公司出版了一本介绍如何拍摄照片、如何制作和利用幻灯片的书,书名叫作《视觉教育》,这是"视觉教育"术语第一次出现。[①]

(2) 视觉教学运动的正式开始

第一次世界大战以后,视觉教学作为一场正式的教学改革运动开始了。美国有二十多所高校为教师开设了视觉教学课程,培养教师使用幻灯、电影、挂图等手段呈示教材、制作教材和操作各类设备的技能。由于学科建设的需要,视觉教学材料教科书陆续出版。1922年格拉迪斯等编著的《满足社区需求的电影》出版,它是第一本完整的视觉教学专著;1923年,美国教育协会(NEA)成立了"视觉教学部"(Division of Visual Instruction,简称DVI);1928年美国出版了第一本关于视觉教育的教科书《公立学校中的视觉教育》,并相继成立了五个全国性的视觉教学专业团体。另外,约有十几个大城市的学校系统建立了视觉教育局。州教育局、高等学校和公立学校中出现了首批管理视觉教学活动的行政机构。这类机构的建立为教育研究开辟了新的领域,许多教学人员进行了相关研究和实验,对视觉教育这一新生事物的有效性和适应性的研究取得了一系列的成果。

(3) 视觉教材标准的提出

随着视觉教学运动的进行,视觉教学理论有了很大的发展,其中主要以赫本(C. F. Hoban)的观点为代表。1937年,赫本等人在《课程的视觉化》一书中系统地论述了视觉教育的理论基础,提出了视觉教材的分类模式和选

---

① SAETTLER, P. A history of instructional technology [M]. New York: McGraw-Hill, 1968.

用原则。^①其中视觉教材分类模式按照词语、图标、地图、平面画、幻灯、立体照片、电影、模型、实物和实地见习等进行构建。选择视觉教材的依据包括视觉教材本身的现实性、学生过去的经验范围和性质、教学目的和教学环境、学生智力的成熟程度,这四个因素决定着视觉教具的价值。^②从此,人们对视觉教育的认识不再仅仅停留在教材具体化的思想,还能够对视觉教具进行分类,并强调要把视觉教材与学校课程结合起来,以创设最佳的教学情境。从1918年开始,这场运动持续了十年的时间,被称为视觉教学运动,这标志着教育技术学的开端。

3. 视听教学

20世纪30年代中后期,无线电广播、录音机先后进入教育领域。人们不再满足于视觉的呈现,视觉教学也难以满足现有的实践领域,因此逐渐进入了视听教学阶段,视觉教学运动也渐渐发展为视听教学运动。

（1）有声电影的出现

1929年,美国俄亥俄广播学校创立,向学生播放有关课程的讲座,接着哥伦比亚和波士顿等地区也相继建立了广播学校,播放系列的教学广播节目,包括文学、音乐、经济、天文等广播课程。1924年,美国韦斯顿公司结束了无声电影的时代,制成了有声电影,电影技术获得了突破性进展。有声电影既具有视觉的图像又具备听觉的声音,这种优势使得有声电影在教育中具有很大的潜力。一些精明的商家更是看好教育市场,生产教育专用的电影放映机和教育电影片。1928年美国柯达公司成立了教育电影部,专门生产16MM课堂教学电影。到20世纪30年代,美国教育电影形成了很大的市场,竞争相当激烈。随着无线电广播和有声电影在教学中的应用,人们感到视觉教育名称概括不了已有的实践,于是开始在文章中使用"视听教育"的术语,"视觉教育"逐渐被"视听教育"所取代。

（2）"经验之塔"理论的提出

美国视听教育家戴尔(E. DALE)是俄亥俄州立大学教育研究所教授,

---

① HEINICH R, MOLENDA M, RUSSELL J D. Instructional media and the new technologies of instruction[M]. New York: Wiley, 1982.

② HOBAN C F, HOBAN F H, ZISMAN S B. Visualizing the curriculum[M]. New York: The Cordon Company, 1937.

曾经担任美国家长和教师联合会视觉教育分会主席、美国教育协会视觉分会主席、美国教育传播和技术协会主席。他于1946年撰写《视听教学法》一书，系统地总结了美国视听教学的经验，阐明了视听教学的过程和方法，并提出了"经验之塔"理论，成为当时视听教学理论的核心。戴尔认为，人们学习知识，一是由直接经验获得，二是通过间接经验获得。当学习是由直接到间接、由具体到抽象时，获得知识和技能就会比较容易。[①]

"经验之塔"将人们获得知识与能力的各种经验，按照抽象程度分为3大类11个层次。"经验之塔"最底层的经验是最直接最具体的，越往上越趋于抽象；各种教学活动可以依其经验的具体和抽象程度，排成一个序列；教育应该从具体的经验入手，逐步过渡到抽象；教育必须要把具体经验普遍化，形成概念，指导进一步的实践；在学校教学中使用各种媒体，可以使教学活动更加具体，也能为抽象概括创造条件；位于"塔"中间部位的那些视听教材和视听经验，比上层的语言和视觉更具体、形象，同时又能突破时间和空间的限制，弥补下层各种直接经验的不足。

（3）视觉教学部更名

1947年，美国教育协会将"视觉教学部"正式更名为"视听教学部"。随着企业、军队和社会服务机构中视听教学的发展，该分会组织成员的范围从学校扩展到社会的其他视听机构，植根于视听技术的社会力量之中。其工作目标渐渐趋于专业化，不仅宣传推广各级、各类教育的视听课程计划，还资助、生产和提供各种视听教材，同时重视对从事视听教学资源的计划、生产和应用的专业人员的培养。1953年，该分会还出版了专业刊物《视听传播评论》，为视听教育理论的发展提供了更加广阔的平台。

（4）《国防教育法》的通过

1958年，美国国会针对苏联发射人造地球卫星作出反应，通过了《国防教育法》。在该法案的指导下，联邦政府为媒体研究及其成果的推广提供了巨额资金，十年间，在600个项目上花费了四千多万美元。该法案的通过与实施将更多的研究人员带入了教育媒体和技术领域，增加了许多教育技

---

① DALE E. Audio-visual methods in teaching[M]. New York: Dryden Press, 1946.

系和相关机构,使大批教师接受了教育媒体的培训。它在提高教育电视质量中发挥了作用,促进建立了信息传播组织,为视听教学运动提供了巨大的推动力。

视听教学运动的本质是在教学中提倡运用能够提供直接经验或替代经验的视听媒体,以提高教学的效果。视听教学运动的一个基本的朴素理论背景和依据就是"感觉论"或"学习中的具体—抽象关系"。因此,视听教育的概念与视觉教育并没有很大的差异,没有质的飞跃,只是原先的视觉教具扩充成了视听教具来辅助教师的教学工作。

4. 视听传播

20世纪40年代末50年代初,视听教学迅速发展,语言实验室、教学机器、计算机、电视和有声电影运用于教学过程当中,同时还有两种并行的理论开始渗入视听教育领域,即传播理论和早期的系统观念。人们开始意识到,教学效果的好坏不只取决于教学媒体这一个要素,教学是一个涉及信源、内容、信道和信息的过程,而教学效果是这些因素相互作用的结果。由此形成了教育技术一次质的飞跃,视听教学开始被视听传播所取代,关注重点开始从只关注教学情境中的"物"转变到关注信息传递的完整过程,教育技术的发展进入了视听传播阶段。

(1) 教育电视台的建立

从视听教学到视听传播的转变在很大程度上得益于科技的进步以及先进技术在教育教学中的应用,尤其是电视机、电视台的普及。1950年,美国衣阿华专科学校创办了学校的教育电视台,这成为全世界第一个教育电视台。1952年,联邦通信委员会拨出"242频道"供教育专用。1953年,美国开始正式播放教育电视节目。同年,美国在休斯敦建立了全世界第一个公共教育电视台。此后专门的教育电视台如雨后春笋般在全美涌现。1960年前后,美国已经建立了49个教育电视台。

(2) "视听传播"术语的出现

1953年,《视听传播评论》杂志创刊,首次使用了"视听传播"的术语,视听教学与传播学首次建立了稳定的联系。创刊之初,人们对传播的概念和传播对视听教学的重大意义进行了讨论。该杂志的创立,代表了视听教学开始从传播学的高度认识自身的领域,预示了视听教育开始从实践应用层次走向理论研究水平。

(3)"定义和术语委员会"的建立

1961年,美国教育协会视听教学部组成"定义和术语委员会",其工作核心是对视听教学领域的范畴、名称和定义进行官方界定,研究的重点由视听信息的显示转向视听信息的传播设计。为了更有效地指导视听教育以积极主动的态度吸收传播学理论和方法,促进相关理论与实践的发展,视听教学部在1963年出版了《视听过程在教育中作业的改变:定义和相关术语汇编》专刊,并对视听传播概念的定义做出详细的阐述。

(二) 对教学方法与过程的关注

视听教学的发展线索主要是从物化技术的角度出发,另外一条线索就是更多关注人的技术为教学带来的效果,即教学方法与教学过程。20世纪上半叶开始,人们渐渐看到了经验式教学、班级授课模式带来的消极影响,兵营式的教学遭到了强烈的批判,人们将关注点放在了个别化的教学和发展上。

个别化教学具有明确的教学目的,尊重个体差异,主张通过合理地选择和组织课程内容,为学生调整合适的学习程序,让学生自定学习进度,但要求学生必须达到一定教学要求才能转入下一步学习。个别化教学有助于促进教学过程符合学习者的个体需求和特点,打破传统教学固定的步骤模式,弥补班级授课制度的不足。如今,基于以学习者为中心的指导思想,教育技术已不断完善个别化教学的模式、方法,早期程序教学和计算机辅助教学的研究大大促进了个别化教学的发展,成为教育技术的重要研究和实践领域。个别化教学中,教育技术除了关注教学资源的设计与开发、教学媒体的选择和运用,更重视对学习者特征的分析。

1. 早期个别化教学

(1) 导生制教学

在希腊和罗马时代,学生都是由家庭教师单独授课的。这个制度持续了数百年。在美国,它发展成了这样一种制度,即在教室中,不同年龄的儿童面对着一个教师,每名儿童被单独叫到教师跟前背诵他们正在单独学习的材料。19世纪初期,美国许多学校采用了由兰卡斯特和贝尔(Andrew Bell)发展起来的导生制教学,即由一名教师向大批学生"导生"提供教学,每名"导生"再依次向10名左右更年轻的学生提供教学。该制度流行至20世纪中叶才渐渐走向了衰落。

(2) 伯克的个别化系统

1912—1913年,弗雷德里克·伯克在美国旧金山州立师范学校建立了一个教师培训机构试验个别化系统,这是第一个真正的个别化教学系统。伯克是该学校的校长,他对一名教员让她的学生编写自学材料很感兴趣,因此他与学校内的全体教员一起编写了从幼儿园到八年级的大部分课程的自学材料。个别化教学系统的主要特点就是允许学生按照他们自己的速度来学习由老师们编写的自学材料。

(3) 道尔顿实验室计划

1920年,帕克赫斯特在马萨诸塞州道尔顿中学制订了"道尔顿实验室计划",旨在废除年级和班级教学:学生在教师的指导下,主动地在实验室内使用不同教材,自定学习时间和进度,以适应其能力、兴趣和需要,达到发展个性的目的。

2. 程序教学的发展

(1) 桑代克的程序教学设想

桑代克是心理学史上第一位用动物作为实验对象研究学习的实验心理学家。他根据联结心理学的研究成果,提出了"学生只有学完一页,才会进入下一页学习的一种教材或装置"的设想。

(2) 教学机器的设计

20世纪20年代初期,俄亥俄州立大学的心理学家普莱西(Sidney Pressey)设计了一种支持个别化学习的装置。通过该装置,学生能够进行自我测试,自行发现学习中的问题和弱点并加以改正,从而使教师从批阅试卷的负担中解脱出来。1925年,普莱西在美国心理学会上演示了由他设计的教学机器,开创了教学机器研制的先河。

在这之后,教学机器便吸引了众多关注的目光,更多的新产品涌现出来。其中具有代表性的包括普莱西在1926年设计的自动测验计分器、1930年彼得逊设计的及时反馈装置"化学板"以及1950年普莱西设计的可以呈现多重选择问题的"打洞板"。据统计,1962年约65家工厂生产的教学机器达83种之多。

(3)斯金纳发表《学习的科学和教学的艺术》

1954年,哈佛大学教授斯金纳在《哈佛教育评论》上发表了《学习的科学和教学的艺术》。这篇文章向教育者提出挑战,要求改变传统的做法,实施当时实验心理学研究中正在形成的新的学习原理。斯金纳还为教学机器设计具有实操性意义的程序,使一台机器每次向学习者提供一个内容不完整的项目,让学习者补充填写。另一台机器装置便会呈现题目的正确答案,由学习者自主操作获取正确答案,把自己填写的答案与参考答案对照,从而加深学习记忆,获得对正确答案的自我强化。

在斯金纳等知名学者的大力推动下,程序教学运动在20世纪50年代中期开始蓬勃发展起来,斯金纳被誉为"程序教学之父"。

程序教学之所以如此迅猛地发展,是因为它具有传统课堂教学无法比拟的优点,例如能够"因材施教",让学生自定步调,以适应个别化的学习;及时反馈,增强学生学习的动力等。但是利用机器的操作来取代复杂的学习过程,机械性的缺陷在所难免。到20世纪60年代后期,程序教学理论受到了心理学家和教育学家的指责,教学机器的数量虽然还在不断增加,但是已经无法实现功能上的突破,程序教学的发展也因此陷入了僵局。

3. 其他个别化教学形式的发展

20世纪60年代后期,虽然程序教学运动衰落了,但是学校教育应该尊重学生的个别差异、为学生提供最适合其能力和特点的教学这一思想却仍然深入人心。因此,人们开始探索其他形式的个别化教学,具有代表性的包括凯勒制、掌握学习法和听导教学法。

(1) 凯勒制(The Keller Plan)

1963年,美国哥伦比亚大学心理学教授凯勒(Fred S. Keller)及其同事开发了一个强调学生自我控制学习速度以适应个人差异的个别化教学方案。凯勒制建立在行为主义的强化理论和程序教学理论的基础之上,在整个教学过程中贯穿了强化理论的作用,虽然教师也会根据需要进行讲授或组织学生展开讨论,但主要由学生个别化地自主学习。

(2) 掌握学习法(Learning for Mastery)

1968年,美国心理学家布鲁姆针对美国教育制度中只注意培养少数尖子学生而忽视、牺牲大多数学生发展的弊端,提出了一种适应学习者个别差异的教学方法——掌握学习法。该方法将教学内容划分成一系列分开的、包含较少量内容的单元,并把它们按照一定的逻辑序列排列起来。针对每一单元,在集体教学后,掌握不好的学生反复进行"形成性测验"和个别指导,直到完全达到该单元的教学目标再进入下一个单元的学习。布鲁姆认为,只要为学生提供足够的时间,他们都能够掌握知识。"掌握学习"这种乐观主义的教育观坚信"人人都能学习,人人都能学好",真正确立了学生在教学活动中的主体地位,比较理想地解决了群体教学与个别化学习之间的矛盾,极大调动了学生学习的主动性与积极性。但是这种说法事实上是个伪命题,是无法实现的。学生的学习动机、情绪等都不是简单划一的,时间这一单一变量并不足以弥补学生在各个方面的差异。同时,掌握学习法过分关注了学习能力较差的学生,使能力较强的学生难以学到足够的知识。

(3) 听导教学法(Audio-Tutorial Approach)

1961年,普渡大学植物学教授波斯尔斯威特(Samuel N. Postiethwait)设计了一种个别化教学系统,称为听导教学法,也称录音指导法。该方法的教学过程主要包括三个阶段:首先是全班集中上课,教师授新课、客座专家讲座或是观看教学电影;其次是学生进行个别的、自定步调的学习,学生利用教师事先录制好的录音带来指导自己进行各项学习活动;最后是小组讨论、学生提问、汇报学习进展及相互交流等活动。

虽然这些个别化教学系统未能很好地得到推广应用,但是它们仍然促进了教学的一系列改革。①

4. 计算机辅助教学

20世纪40年代,电子计算机问世,它是能够高速、准确、自动地进行计算和信息处理的电子设备。电子计算机作为新一代的教学机器应用于个别化教学,使得程序教学重新获得了生机。在计算机技术支持下,个别化教学活动不断发展和普及,形成计算机辅助教学(Computer Assisted/Aided Instruction,CAI)的理论和模式。

(1)第一个计算机教学系统的设计

1958年,美国IBM公司设计了第一个计算机教学系统,利用一台IBM650计算机连接一台电传打印机,向小学生传授二进制算术,并能够根据学生的要求生成练习题,同时还研制出了一种编写课件的著作语言Coursewriter-1。这成为计算机辅助教学的开端。

(2)PLATO系统的设计与开发

1960年,美国伊利诺伊大学设计开发出了著名的自动化程序逻辑教学操作(Programmed Logic for Automatic-Teaching Operations,PLATO)系统,这是世界上第一台多终端的计算机辅助教学系统。其教学方式基本是对计算机提出的问题进行回答。学生回答时触摸屏幕的适当部位或按下键盘上所需按钮便可。

(3)3T框架的提出

20世纪90年代,计算机辅助教学已不仅仅是计算机在教育中作为辅助工具的应用。1980年,泰勒(Robert P. Taylor)提出计算机辅助教学的3T框架(3T Framework:Tutor,Tool,Tutee),反映计算机在教学过程中除了作为认知工具、情感激励工具,还担当着导师、学习伙伴等角色。20世纪90年代后,计算机教育应用开始呈现开放化、网络化、智能化、综合化的趋势,

---

① 王为杰.教育技术学[M].北京:中国人民大学出版社,2011:38.

远程教育、智能教学、开放课程、网络教育等成为研究和应用的热点。

(4) 学媒关系争论

20世纪70年代末80年代初,随着计算机辅助教育的兴起,计算机在教学领域中的应用引发了一场重大的教育革命。有关计算机对教学效果的影响,以及媒体对教学的作用等问题,逐步受到教育界的关注。媒体对学习影响的研究成为教育技术领域的研究焦点,并引起了一场关于媒体和学习成效之间是否存在促进关系的争论,被称为"学媒关系争论"。

① 克拉克的"学媒无关论"。1983年,美国洛杉矶南加州大学教授克拉克(Richard E. Clark)通过对媒体的对比研究后在《教育研究述评》上发表了《利用媒体学习的再思考》一文,文中对库里克(Kulik)的计算机媒体教学与传统教学比较研究的结论提出质疑,认为计算机媒体对教学效果并无促进作用。他认为,"不管是哪一种媒体,在学习上都没有引起比较显著的差别",即学习与媒体是无关的。其著名论断是"媒体仅仅是传播教学的载体,媒体本身对学习没有任何影响,与教学结果无关",并呼吁停止有关媒体促进学习的研究。克拉克的研究结论在教育领域曾一度引起反响,导致部分教育机构和计算机公司为此暂缓了教育领域媒体技术的投资建设。

② 考兹玛的"学媒相关论"。1991年,美国加利福尼亚国际SRI学习技术中心主任考兹玛(Robert. B. Kozma)在《教育研究述评》上发表了《利用媒体学习》一文,向克拉克的"学媒无关论"发起挑战。他通过实证研究和建构主义学习理论来解释媒体对教学成效的影响,反驳克拉克的观点,指出媒体和教学方法是相关的,是教学设计的重要组成部分。考兹玛的"学媒相关论"引发了一场关于媒体与学习成效之间关系的更大规模的讨论。

1994年,美国《教育技术研究和发展》杂志第2期和第3期的专刊将这场媒体功效比较的论战推了高潮。学媒关系争论一直延续至今,但已不再是纯粹的媒体对比研究辩论。学媒之争反映了不同的学习观和媒体认知。随着建构主义的发展,越来越多的人认识到,媒体与学习的关系应该完成从"用媒体来学"到"从媒体中学"的转变。学媒关系争论启示教育工作者根据媒体的属性,合理地利用教学媒体开展教学。媒体的本质决定了并不存在各项教学功能均优于其他媒体的超级媒体,所有的媒体都各有其长短处。因此,人们需要正确看待媒体及媒体技术在教育中的作用,针对不同的教学目标选择最适合的媒体,采用恰当的媒体组合,不能在教学过程中盲目追逐媒体的功能。同时,对教学媒体的实践不能停留在浅层次的应用上,需要把媒体的选择和运用落实在教学设计和教学反思中。学媒关系争论促进广大一线教学研究者重视媒体应用研究,建立科学的媒体技术观,推动有效的教学实践,对教育技术学发展具有十分深远的意义。

(三)教学系统方法的形成

教育技术学在发展和实践过程中一直受到各种科学方法、方法论基础的影响,其中,系统科学思想、系统整体观念、系统方法的应用和教学系统的设计,对教育技术学研究与实践具有显著的影响。

在教育实践中,人们逐渐发现教学过程中影响或决定学习效果的变量是非常复杂的,通过运用系统方法才有可能对教学过程进行系统分析,系统方法才是提高教学效果的有效手段,因此教学系统方法逐渐发展起来。教学系统方法将系统论的基本观点、原理和方法作为基础,并将行为科学、传播理论等原理加以融合,创造出一种定型化的可操作的教学方法,进而发展为教学理论与教学实践相结合的科学,建立起一套设计教学活动的知识体系,即教学设计理论。

1. 系统方法的起源

系统方法从本质上来说是设计和改进教学的一种经验主义方法,我们可以从这样的理解出发追溯其来源。

(1)查特斯与博比特对经验主义方法的倡导

20世纪20年代,越来越多的人开始关注利用经验主义的方法来帮助解决教育问题。其中最早倡导这种方法的就是查特斯和博比特。博比特是第一个探讨课程开发过程的研究者,是目标模式的首创者。他们二人都是"课程开发的科学化运动"的早期代表,力求通过科学的方法来开发课程,解决教育问题。1924年,博比特在《课程建设》一书中提出了系统设计课程的理论及具体步骤。1945年,查特斯也发表了对"教育工程"领域方法问题的探讨文章,由此可见教学系统方法的前身是一种设计和改进教学实验的方法。

(2) 系统理论的提出

1932年,美籍奥地利生物学家贝塔朗菲在其发表的《抗体系统论》中提出了一般系统论的基本思想。1937年,他提出了一般系统论原理,奠定了系统论这门科学的理论基础。1945年,他发表《关于一般系统论》一文,正式阐述一般系统理论的思想,逐步使系统理论在学术界获得重视。1963年,贝塔朗菲发表的《一般系统理论——基础、发展与应用》成为系统理论的经典代表作。

2. 早期教学系统设计模型及其发展

(1) 加涅等学者的"系统教学设计模型"

20世纪60年代初,加涅等学者结合系统理论思想和程序教学的要素分析,提出了"系统化教学"模型的雏形。

第二次世界大战期间,加涅、布里格斯、梅瑞尔等富有经验的教育心理学家被征集去指导士兵与工人培训教材的研究与开发。他们根据有关学习和行为研究中产生的教学原理开发培训教材,并运用心理测试知识去指导以选拔志愿者为目的的测试与评估。另外,他们还运用行为主义的技术开发教学资源。20世纪40年代末和整个50年代,心理学家开始将训练视作系统,试图开发包括一系列创新的分析、设计和评估程序在内的比较正式的教学系统。这些学者的工作成果在加涅1962年主编的《系统开发中的心理学原理》中得到总结,是"系统化教学设计模型"的雏形。

(2) 巴纳锡模型

巴纳锡(B. H. Bánáthy)在1968年出版了《教学系统》一书,他在书中提出的教学系统设计模型,同现在的教学设计系统模型十分接近。它包括目标的表述、标准测试的开发、学习任务的分析、系统的设计、执行与输出的测试、以改进为目的的变化。巴纳锡意识到教学系统的意图在于学习而不是教学,因此应该重点关注的是学习环境而不是硬性规定的日程安排。

（3）布朗等人的系统化教学模型

20世纪60年代中后期，布朗(J. W. Brown)等人出版了《视听教学：媒体和方法》一书。在书中他们提出了一个以学习者为中心的系统化教学模型。在这个模型中，完整的教学包括从解释目标、鉴别内容到各种手段的选用、结果的评价以及教学过程的修正等环节或成分，其中每一个成分都对教学的成效起着非常重要的作用；同时还充分考虑到了学生的需要和能力，并以学生的需要和能力为依据，教学设计人员或教师的主要作用就是要对教学进行整体考虑和系统化的设计。

20世纪60年代末70年代初，教学系统方法日益受到重视，教育技术研究领域的焦点逐渐从媒体应用转向系统设计，从媒体技术转向系统技术。教育技术研究人员在实践中建立了大量系统设计教学的理论模型，如格拉奇—伊利模型、肯普模型、迪克—凯瑞模型、史密斯—雷根模型、ARCS动机设计模型等，使系统方法成为利用教育技术解决教育教学问题的根本方法。

（四）教育技术学的形成

20世纪六七十年代，教育技术理论和实践的发展使得媒体教学技术、教学方法与教学系统设计领域相互交叉，整个教育技术领域走向融合，现代教育技术学逐渐成形。

1. 整体教育技术思想

1960年，芬恩(James Finn)发表了《技术与教学过程》，考察了技术与教育的关系，认为技术的变化必将导致相应的变革。有两个方向可以表明这种影响，一个方向已经发展为物质技术领域，而另一个方向则发展成为无形的智能领域。1961年，芬恩在南加利福尼亚大学组建了"教育技术学系"，将教学系统设计、教学理论方法、媒体技术等都融入教育技术课程当中。教育技术发展的三条线索初步融合，初现整体教育技术的思想端倪。

2. 视听教育协会更名

随着媒体技术和教学方法的不断发展，系统理论、传播理论的引入，该领域内的理论和实践内容愈加丰富，无论是"视听教育"还是"视听传播"的含义都显得狭窄了许多,不能完全覆盖该领域内的所有理论与实践。1970年6月25日,美国教育协会视听教学部更名为教育传播与技术协会。

3. 教育技术内涵的讨论

20世纪60年代末,美国出现了"教育技术是什么"的讨论。专家们纷纷从不同的角度发表观点。总结起来,无外乎两种基本观点:教育技术的媒体观和教育技术的系统方法观。

(五)教育技术学的多元化发展

20世纪80年代,随着网络技术、多媒体技术、人工智能技术的快速发展,信息化、数字化社会悄然而至,世界范围内人才竞争、科技知识竞争日益激烈。美国政府为了提高国家科技竞争实力,愈加重视教育,开始将教育作为国家的主要职能。教育技术学作为教育学的重要组成部分,获得了快速发展,呈现出多元化发展的趋势。

1. 美国国家技术大学建立

1984年,美国在科罗拉多州建立了美国国家技术大学,它是美国众多著名大学的联盟。从1985年8月开始,美国国家技术大学通过卫星向全美国传送高等工程技术教育。它提供来自美国24所著名大学的工程技术和管理课程,其教育对象是工程师、科技人员和管理人员。该大学开设工程研究专题讲座,向全美工程界传播工程技术的最新研究成果和发展信息,把全美各地的工程师带到世界工程研究的最前沿。进入20世纪90年代以后,美国国家技术大学继续活跃在美国和国际远程教育舞台上,以不同于英国开放大学的另一种模式对世界各地开放与远程教育的发展起到了先导和示范作用。美国国家技术大学成为美国基于数字通信卫星和计算机网络的第三代远程教育的先驱。[①]

2. 网上学校的建立与发展

1999年3月5日,美国的琼斯国际大学(Jones International Universi-

---

① 丁兴富. 美国国家技术大学:第三代远程教育的先驱[J]. 中国电化教育,2003(3):71-75.

ty)正式成为美国第一所通过因特网授课并通过美国中北部学校协会资格认证的大学。该大学成立于 1993 年 5 月,由美国有线电视公司和琼斯国际公司创办。学校面向全球的成人招生,1995 年开始授予商业沟通专业的学士和硕士学位,1997 年获得了美国中北部学校协会单位的候选资格。琼斯国际大学从其他高校聘请了高水平教师和课程专家负责网上授课、答疑辅导以及课程设计和开发。

宾州州立大学是美国最早创办网上虚拟学校的大学之一。它大胆探索新科技在远程教育中的应用,积极推行网络教育,并于 1998 年创建了著名的"世界校园",取得了丰硕的成果,获得了学员很高的满意度,被美国教育界视为网络大学的楷模。①

美国其他著名的网上虚拟大学包括:1996 年由美国西部州长协会发起建立的西部州长大学,中西部由芝加哥、印第安纳、明尼苏达、威斯康星等著名大学参加的"共同课程和学院市场"等。

美国虽然不是最早创办网络教育学院、开放大学的国家,但却是现代远程教育发展最为迅速的国家,其中网络大学的发展是最快的。网上学校的建立一方面为商业巨头们提供了空前绝后的无限商机,同时也满足了社会各方面对知识资源的渴求,人们可以根据自己的实际需要来充实自己,实现人生价值。另一方面,网上学校在教学实践中的积累,也补充了远程教育的相关理论,在推动学科发展上发挥了重要的作用。

3. 建构主义的提出和引入

建构主义(Constructivism)最早的提出者是瑞士心理学家皮亚杰。建构主义学习理论主要依托皮亚杰所创立的关于儿童认知发展的学派——日内瓦学派以及苏联心理学家维果茨基的思想发展起来,它是认知学习理论的进一步延伸。从 20 世纪 80 年代开始该理论便受到了心理学界的重视。20 世纪 90 年代以来,建构主义理论以其"自主性学习""意义的主动建构""学习情境的整体性"等主张渐渐引起了教育技术领域的重视,对教学设计产生了

---

① 易红郡.虚拟大学:美国现代远程教育的重要途径[J].中国成人教育,2003(1):95-96.

深刻的影响，促进了教学设计的发展。

4. 数字化学习

数字化社会悄然而至，基于建构主义学习理论的多媒体教学环境成为现实，为数字化社会的教育改革提供了有效的技术支持，数字化学习（E-Learning）的理念在美国逐渐萌生发展，成为倍受崇尚的一种个别化学习方式。20 世纪 90 年代以来，美国教育技术发展进入快速时期，美国政府在教育信息化政策、资金和人才建设上大力支持数字化学习项目的落实，使美国的数字学习条件、设施和环境得到较大的改善，师生数字化教学能力日益提高。2000 年，美国教育部在《教育技术白皮书》中对"E-learning"进行了官方阐述。目前 E-learning 已广泛应用于教育领域，正逐步从学校教育发展至企业培训、家庭教育等领域。

E-learning 通过应用信息技术和互联网技术实现快速的学习和教学内容传播，同时利用网络构建综合、丰富、集成的资源库，为学习者提供了一种全新的学习方式，使学习可以随时随地发生，有助于促进个别化教学和终生学习的发展。此外，E-learning 的人机互动学习方式改变了传统教学中教学者的作用和教与学的关系，从根本上突破了以往的课堂教学模式。随着 E-Learning 的发展，还逐步衍生出博客学习（Blog Learning）、混合式学习（Blending Learning）、泛在学习（Ubiquitous Learning）等新型的数字化学习方式。

5. 混合式学习

"混合式学习"是从英语中的"Blended Learning"或"Blending Learning"翻译过来的，是国际教育界对以美国为代表的 E-learning 的实践进行深入反思之后所提出的概念。事实上，"混合式学习"并不是一个新概念，多年以前就已经有此说法。它原意是指在传统的课堂教学中，除了应用各种基于教室的学习形式，还结合其他多种学习方式。[1] 不过，随着因特网的普及和 E-learning 的发展，国际教育技术界在总结网络教育实践经验的基础上，以原

---

① 田世生，傅钢善. Blended Learning 初步研究[J]. 电化教育研究，2004(7)：7-11.

有内涵为基础,赋予其一种全新的含义,即将传统学习方式的优势和E-learning的优势结合起来。① 混合式学习的新含义反映了国际教育技术界对学习方式看法的转变,也反映了国际教育技术界教育思想与观念的转变。这种转变看似怀旧,实则是螺旋上升,人们的认识在不断深化和提高,教育技术理论也在不断向前发展。

6. 绩效技术

1989年,索夫曼(R. Sofman)等人提出,应该把教学设计扩展到生产领域。在生产领域中,人们努力地想提高工人的工作效率,降低行为的错误率,以便降低生产费用。因此,教学设计通过任务分析,可以找出影响任务完成的因素,进而通过控制和改善这些因素,并对工人进行必要的技能训练,从而提高和改善工人的生产效率和质量。这样,全面质量管理理论和相关的知识就成为教学设计者必须掌握的内容。因此,20世纪90年代以后,教学设计开始向质量管理领域扩展,教学设计的重点开始从"如何训练"转移到"改变什么",开始向绩效技术发展。

7. 美国国家教育技术计划的颁布

20世纪90年代,信息技术的迅猛发展给教育带来了新的机会和挑战,为了应对挑战,克林顿政府教育部在1996年制定了美国第一个教育技术计划《使美国学生做好进入21世纪的准备:迎接技术素养的挑战》。2000年,根据美国教育信息化的进展,布什政府教育部提出了第二个国家教育技术计划《E-leaning:将世界一流的教育放在所有孩子的指尖》。美国开始了教育信息化的第一次重心转移。2004年,布什政府教育部制定了第三个国家教育技术计划,这是布什政府《不让一个儿童落伍》法案的延伸。该计划从一开始就在美国全国范围内广泛征集意见,是1996年以来的一次大规模更新。2010年美国制订并颁布了新一轮的国家教育技术计划《改革美国教育:技术支持的学习》。美国教育技术办公室和教育部于2015年12月10日联

---

① 何克抗. 从 Blending Learning 看教育技术理论的新发展[J]. 中小学信息技术教育,2004(4):21-31.

合发布了国家教育技术计划《未来准备学习:重新思考技术在教育中的作用,展望公平、积极使用、合作领导、可以随时随地学习的愿景》。

近年来历届美国总统都在"运用信息技术促进教育改革与发展"的战略方针的指导下颁布了国家教育技术计划。这些教育技术计划为美国教育工作的开展提供宏观的指导,对教育信息化的发展具有深远影响。

视听教学、教学方法与过程、教学系统方法三大领域的发展整合形成了教育技术学这一独特的整体学科。20世纪50年代以前,三个领域基本上是各自发展的。20世纪50年代后期,传播理论影响到视听教学领域时,传播模型明确提示了教学过程中影响传播效果的众多因素及其相互之间的联系,而在以后的程序教学运动中人们才真正认识到对教学过程进行系统分析的重要性,教学过程中影响和决定学习效果的变量是如此复杂,只有系统方法才可能对教学过程进行整体论的分析,并成为提高教学效果的有效手段。20世纪60年代后期,视听传播领域由于受到行为科学和系统理论的影响,视听传播理论逐渐与程序教学思想和开发方法、系统设计教学方法相互融合,成为有机的整体。

第一条线索主要是依托实体技术的出现和发展,以媒体的更新为主要推动力,在它们的帮助下渐渐将关注点从媒体转移到人与教学过程上面。第二条线索则可以看作是无媒体线,虽然是从个别化教学方法发展起来,并利用了教学机器以及后来的计算机等技术,但其主要关注点在于教学方法的运用,包含了利用经验或科学知识改造教学和学习过程的本质思想。第三条线索则是利用技术解决实际问题的核心和灵魂,是理论基础和指导方针。这三个领域在发展的过程中,并没有互相孤立、互相排斥或互相取代,而是通过逐渐交叉和融合,促使教育技术学发展成为一个具有完整理论研究和实践领域的学科。

二、我国教育技术学发展重大事件

我国教育技术学的发展是一个迂回曲折的过程,它发源于民间社会教育中媒体的应用实践,经历了从电化教育到教育技术的演化发展。一般认为,中国电化教育(教育技术)的发展可以大致分为三个阶段:早期发展(1915—1949年)、初步发展(1949—1978年)和重新起步后的迅速发展(1978—21世纪)。① 早期发展阶段和迅速发展阶段又分别以1936年"电化教育"名称的提出与AECT 1994年定义的提出为界,分成两个阶段。

(一) 电化教育的萌芽

我国教育技术的前身是电化教育,始于1915年的幻灯和无声电影教学活动。20世纪20年代初,受当时美国视听教育运动的影响,无声电影、幻灯等先进媒体技术逐渐传入我国,国内开始出现运用幻灯、广播、电影等媒体开展的教育活动,大量开创性的媒体教育实践为中国电化教育的兴起埋下了萌芽的种子,成为我国电化教育起步的标志。

1. 函授教育的开始

1902年,蔡元培创办中国教育会,刊行丛报,实行通信教授法。这成为我国函授教育的开始。1914年,商务印书馆创设函授学社,成为我国最早的函授学校。

2. 金陵大学设置电影放映场地

1915年,金陵大学的东大楼刚刚落成,在还是工地的校园里,学校修了一块平整的草坪,并树立两根用于悬挂银幕的立杆,作为校园电影专用放映场地,每周放映校园电影进行宣传教育。在放映电影的同时,用广播配合进行民众教育。这是中国大学校园里第一个专用的电影放映场。这一事件也被认为是我国电化教育诞生的标志性事件,电化设备和视听媒体开始运用于教育教学活动中。

3. 中国教育电影的初步发展

电影诞生于1895年,半年之后经由上海进入中国。1918年,商务印书

---

① 南国农."中国电化教育(教育技术)发展史研究"课题研究情况汇报[J].电化教育研究,2012(10):14-16.

馆正式涉足电影业,这标志着教育电影在中国正式出现。截至1926年年底,中国已有156家影院,全国先后开办了18所各类电影培训机构。在电影作为一种娱乐方式为大众接受的同时,其教育功能也逐渐为有识之士接受并利用。1918年到1923年间,商务印书馆共摄制了8部教育主题的影片:《子女体育观》《养蚕》《盲童教育》《养真幼稚园》《技击大观》《慈善教育》《陆军教练》《驱灭蚊蝇》。这8部电影涵盖的主题非常广泛,影片的受众是普通民众,影片大多配合该馆出版的书籍以及演讲、宣传和报告。这对当时教育并未普及的中国来说是传播科学知识的有效方式。尽管商务印书馆的教育影片摄制活动并未持续下去,但是随着陶行知、晏阳初以及蔡元培等教育家的引导和推动,高等教育机构逐渐加入了电影教育活动的浪潮中,如南京金陵大学、上海大夏大学、江苏省立教育学院均参与摄制了教育影片,而镇江民众教育馆、江苏省立南京民众教育馆等机构也开始利用教育电影来推广民众教育。

4. 民国教育电影运动

(1) 中国教育电影协会的成立

1932年7月,郭有守和陈翰笙以北京大学校友为骨干,联络了90位有影响的政府官员、教育专家、社会活动家、知名教授、社会慈善家等,在教育部礼堂成立了"中国教育电影协会",蔡元培先生担任第一任主席,后又委任年轻有为的孙明经为教育影片摄制推广委员会副主任兼摄制部主任。中国教育电影协会以"研究利用电影,辅助教育,宣扬文化,并协助教育电影事业之发展"为宗旨,以"关于教育影片的研究及改进、编制、调查、统计、宣传"等事项为主要任务,是我国首个电化教育学术组织。作为教育电影运动的核心组织,中国教育电影协会在教育影片摄制、教育电影推广、电影检查、国际通联、教育电影研究多个层面上开展工作。1934年,中国教育电影协会委托陈立夫、王平凌、戴策、潘公展、厉家祥、李景泌、卢蒔白等七人组成编委会,主持编辑出版厚达1000余页的《中国电影年鉴》,其中刊载了潘公展、孙瑜、郭有守、戴策等人的文章,反映了当时各界人士对电影教育的基本观点,介绍了苏联、美国、意大利等国教育电影运动的情况,对编剧、导演、摄影、教育电影推广、电影检查等问题做了较为全面的探讨。《中国电影年鉴》体现了大电影教育和泛电影教育的观念。1934 年,中国教育电影协会正式参加国际教育电影协会,与美、德、意三国的教育电影机构交换教育影片,并协助国际教育电影协会开展电影教育的调查活动。

(2) 教育电影的推广与教育目标的制订

为了进一步将教育电影推广至全国,继 1932 年在上海成立"全国教育电影推广处"之后,1936 年 7 月,民国政府教育部又成立了电影教育委员会,1937 年 7 月成立了播音委员会。其中电影教育委员会是管理全国电影教育事业的最高机关。根据相关规定,各省应划分"教育电影巡回放映区"和"播音指导区",电影放映区设电影施教队。① 从中央到地方设置教育电影推广机构,解决了电影发行、放映的大问题。当时,民国政府教育部组建了教育电影库,放映设备和影片由教育部免费配给,为教育电影推广提供了不同于商业电影的铺展模式。在教育电影运动开展的过程中,教育电影的教育目标逐渐清晰,教育部电影教育委员会将其明文规定为:① 发扬民族意识;② 增进生活常识;③ 灌输科学知识;④ 授予生活技能;⑤ 协助学校教学。

(二) 中国电化教育的早期发展

1936 年,"电化教育"这一名称正式确立下来并开始使用与推广。电化教育领域初步形成,并奠定了"大电教"的基础和视野。②

1. 中国电化教育的诞生

1936 年,民国政府教育部第一次以国家行政部门的名义制定、发布并在"电化教育"的名目下实施了"电影教育计划"和"播音教育计划",计划中对电影教育委员会成立、省市放映区的划定、放映人员的训练及放映机的购置、教育影片供给、经费支配等问题进行了说明。之后教育部部长与次长对《二十

---

① 虞吉.民国教育电影运动教育思想研究[D].西南大学博士论文,2008.
② 梁林梅,杨九民.教育技术学[M].北京:北京大学出版社,2012.

五年七月至十二月本部实施电化教育工作概况》呈文签字批准,这标志着"电化教育"的名称与事业在我国正式得到最高教育行政部门的认可。官方对于早有其事的"电化教育"的正式认可,标志着中国电化教育的诞生,电化教育领域正式形成。

"电化教育"名称的来源,大致有三种说法。①

第一种说法是陈友松和戴公亮的说法。1936年,他们看到杂志上的一篇文章,文章中把西方国家的视听教育统称为"Electrifying Education",他们认为可将它译作电化教育。但视听教育所包含的媒体或资源并非都与电有关,于是他们建议从视听教育手段中选取效果较好、需要用电的四种媒体,即幻灯、电影、播音、电视并将其归为一类,这类媒体进行的教育活动被称为电化教育。

第二种是刘之常的说法。他认为,1934年电化教育由镇江民众教育馆提出来。当时认为,教育电影、教育播音以及幻灯等,都是利用电能来传播教学信息的,因此,1935年该馆将电影放映厅称作电化教育放映场。

第三种是舒新城的说法。他认为,1933年电化教育由时任教育部社会教育司司长的陈礼江提出,其内容是指电影和教育广播。回顾我国电化教育的萌芽发展,电化教育始于民间教育活动和电影教育事业,早期发源地主要在上海、南京等地,所依据的理论主要是美国教育技术发展初期的视觉教育和媒体理论。我国电化教育的发展首先源于媒体的介入,主要是幻灯、电影在教育中的应用,这为我国教学活动提供了新的辅助工具和教学方式。其次,随着社会的进步、技术的发展、媒体的应用,人们对教育的认识逐渐深入,并开始了对电化教育理论和实践的研究。

孙健三先生比较支持舒新城的说法。他搜集史料,以说明电化教育名称的由来及学术内涵。他认为电化教育这一学术名称是1936年以后才出现的地地道道的中国货。1936年,郭有守发起开办"教育部电影教育与播音教育人员训练班",陈礼江以教育部名义向全国省市教育厅(局)发文时,把训练班名称简化为"电化教育人员训练班",这详细记载在《二十五年七月至十

---

① 吴在扬.中国电化教育简史[M].北京:高等教育出版社,1994:10-11.

二月本部实施电化教育工作概况》中。① 因此"电化教育"即电影教育与播音教育的总称。

2. 电化教育学科初建

我国电化教育学科初建于 20 世纪 30 年代中期。从 20 世纪 30 年代起，我国开始在高等院校开办电化教育专业，其研究成果开始应用于课堂教学。

1936 年，江苏省立教育学院创办电影与播音教育专修科，学制两年，成为我国第一个电化教育专业，1938 年将其改为"电化教育专修科"；1938 年，金陵大学理学院设立电化教育专修科，并于 1948 年改为系，学制四年；1941 年，国立社会教育学院设立两年制的"电化教育专修科"。1944 年，国民政府教育部命令国立社会教育学院的"电化教育专修科"改为"电化教育专科学校"，并任命张北海任校长。1946 年，国立社会教育学院迁址苏州，"电化教育专修科"改为"电化教育系"。电化教育系含本科和专科两个层次，中国第一个电化教育本科专业建立起来。

除专业的设立外，也有一些学校开设了相关的电化教育课程。1947 年，北平师范大学建立电化教育馆，创办教育电视台，拍摄无声教学影片和幻灯片，并在教育系开设了电化教育选修课；1948 年，燕京大学教育系开设了"视听教育课"。

我国早期的电化教育是先有其事，后有其名，先民间，后政府，从社会领域进入学校教育领域。② 而其发展轨迹则是从电影教育到电化教育，电影教育和播音教育是该阶段的主要组成部分，在电化教育的孕育和形成过程中起着十分关键的作用。

（三）中国电化教育的初步发展

1949 年中华人民共和国成立，中国进入了一个全新的时代，高校开设电教课程，电化教育工具制造所建立，电教机构成立，教育电视节目大量播出。

这个阶段的主要特色就是幻灯逐渐成为电化教育的重心，其应用和推

---

① 孙健三. 关于电化教育名称的由来及学术内涵[J]. 电化教育研究,2007(1):73-75.
② 南国农,李运林. 电化教育学[M]. 2 版. 北京:高等教育出版社,1998:20-21.

广成为电化教育的主要工作。但是这个阶段仍然秉持着大电教观和大教育观,以为民众服务、提高国民的基本素质为宗旨。不过十年动乱使初步发展起来的电化教育与其他教育事业一样受到严重摧残,发展停滞,陷入了瘫痪。

(四)中国电化教育的重新起步与迅速发展

改革开放以后,逐渐健全了各级电化教育机构。两本重要杂志创刊:《中国电化教育》由教育部主管,中央电化教育委员会主办;另外一个则是由西北师范大学南国农教授创办的《电化教育研究》。

1986年,卫星电视开始正式安装播出,向全国传送卫星电视教学节目,有卫星转播台的地区均可以收看,为我国现代教育技术的迅速发展奠定了物质基础。

教育技术学专业快速发展,形成了从专科、本科、硕士研究生、博士研究生、博士后等不同层次的完整的教育技术学科专业体系和人才培养体系。

(五)中国电化教育深入发展阶段

1. AECT1994年教育技术定义的引入与讨论

1995年1月,《电化教育研究》杂志发表高利明《教育技术学的AECT1994定义及启示》一文,该文首次在国内介绍了AECT1994年定义。随后在10月,中国电化教育协会召开第二次会员代表大会暨1995年年会,会上以"世纪之交中国电化教育面临的新形势与新任务"为题进行了研讨,再次介绍了AECT1994年定义,对AECT1994年定义起到了肯定与宣传的作用。随后掀起了讨论教育技术领域定义的两次高潮:一次是在1997年,《中国电化教育》第7期发刊首语,专门组织专家重点针对该定义的内容进行探讨;另一次则是在1999年,乌美娜和刘雍潜教授翻译了美国学者巴巴拉·西尔斯和丽塔·里齐所著《教学技术:领域的定义和范畴》一书。该书提出了目前广为人知的教育技术1994年定义,并对教育技术的发展历程做了专门的分析和阐述,在教育技术学界产生了极大的反响。随后学界开始了持久的有关AECT 1994年定义的研究和争论。

2. 建构主义的引入

1997年,何克抗教授在《电化教育研究》中发表了《建构主义:革新传统教学的理论基础》一文,将建构主义理论思想引入国内教育技术学研究。他认为,多媒体计算机和网络通信技术可以作为建构主义学习环境下的理想认知工具,能够有效地促进学生的认知发展。①

3. 中国电化教育协会更名

2002年11月,中国电化教育协会2002年年会在昆明召开。会议宣布了教育部、民政部同意"中国电化教育协会"更名为"中国教育技术协会"的批复。更名批复受到与会者的一致拥护,他们认为这是协会跟上时代发展、与时俱进的重要体现。中国电化教育协会的更名也标志着"电化教育"向"教育技术"的过渡基本完成。

第二节 教育技术学学科代表人物

一、南国农

(一)学术经历简介

南国农先生是新中国电化教育的奠基人,是中国电化教育理论与实践的教育家。南国农先生1943年毕业于中山大学教育系教育哲学专业,随后赴美国哥伦比亚大学教育学院学习比较教育与视听教育,获硕士学位。1950年他响应周恩来总理的号召,回国参加新中国建设,并于1953年被聘为西北师范学院教授。南国农先生曾任西北师范学院(大学)教育科学研究所所长、电化教育中心主任、电化教育系主任、电化教育系名誉主任、教育技术学研究生导师、教育科学研究院名誉院长。他是全国电教专业教材和丛书编委会主编、《电化教育研究》主编、教育部教育技术学教学指导委员会顾

---

① 何克抗.建构主义:革新传统教学的理论基础(上)[J].电化教育研究,1997(3):3-9.

问、中国电化教育协会顾问、甘肃省教育协会副会长、甘肃省政协常委。南国农先生自1978年以来致力于电化教育的理论研究和实践,取得了丰硕成果,奠定了他在我国电化教育学科发展中的历史地位。

1978年以来,电化教育重新起步,并得到了前所未有的大发展。1979年南国农先生受教育部委托举办的第一期"全国电化教育研讨班",被誉为中国电化教育的"黄埔军校"。他积极倡导在全国开设电化教育(教育技术学)专业。1980年南先生创办了《电化教育研究》杂志,并一直担任该杂志主编。《电化教育研究》作为电化教育的理论阵地,现在已经成为全国教育类核心期刊、CSSCI来源期刊。1983年,南先生在华南师范大学创办了新中国第一个电化教育本科专业。1984—1990年,南先生担任全国电化教育课程教材编审组组长(该组现为中国教育技术协会),组织编写了《电化教育学》《电化教育基础》《电化教育导论》等十余部教材。

南先生2010年获"中国教育技术事业杰出贡献奖"和"情系陇原、献身教育"特别荣誉奖,2011年获得全国教育科学研究终身成就奖。

(二)主要学术思想

1. 中国电化教育的名称

20世纪八九十年代受国外理论特别是美国AECT教育技术定义影响,中国"电化教育"名称出现过一轮改名的争议。南国农先生曾经总结了当时主张改名的理由,主要有以下几点。一是不科学,即电化教育的名称没有反映电化教育的本质。二是不方便,因西方国家没有与之对应的学术术语,存在交流上的困难。三是已过时,随着时代和技术的发展,原有的名称已经过时。在这个过程中,南国农先生的态度是明确的,他主张暂时不改名。这种坚持缘于他对电化教育改名对电教事业产生的负面影响怀有隐忧。

南国农先生认为,电化教育这个名称的内涵是随着时代的发展而调整的,还没有到马上要换掉的地步。南先生最关注的问题在于马上改名是否对电化教育事业的发展有利,电化教育要发展,迫切需要一个相对稳定的环境,如果在这个时期改名,有可能会影响外部环境,这对电化教育事业的发展来说弊大于利。因此对于电化教育的名称问题,南先生所坚持的根本标准就是:怎样改,何时改,要看结果对中国的电化教育事业的发展是否有利。

2. 电化教育的本质和内涵

关于电化教育的本质,南先生曾经用彼此关联的四句话来表述:(1)电化教育主要是用电子技术媒体传递教育信息。(2)电化教育是属于现代教育范畴的一种新的教育方式。(3)它服从(决定)于并反作用于一定的教育目的。(4)它的目标是实现教育最优化。随着理论和实践的不断发展,南先生在2003年用两句话表述了他的新认识:(1)强调以现代教育媒体的研究和应用为重心;(2)强调现代教育思想、理论的指导。2007年,南国农先生在此基础上进一步阐述了信息化教育阶段电化教育的内涵,他在《解读信息化教育及其五大支柱》一文中指出,有现代技术媒体参与,是信息化教育的最本质特征,是信息化教育不同于非信息化教育的最明显标志。信息化教育的完整公式应该是现代教育思想理论×现代教育技术＝信息化教育,该公式诠释了信息化教育的本质是由现代教育思想理论和现代信息技术两个方面构成。

南先生在我国的电化教育领域中,强调了辩证唯物主义的世界观,他是在电化教育领域中运用辩证法的典范。① 南先生多次指出,在学科理论体系的发展过程中,要正确摆正模仿与创新、借鉴与超越、依附与自主的关系,深入探索、思考和强调学科发展的本土化之路。以南先生为代表的一批学者,创立了具有中国特色的电化教育体系,是中西合璧的典范。他们既不依附西方,也不自我封闭,而是从中国的国情出发,走出一条与国际接轨的自主创新之路。

3. 教育技术的定位

教育技术应该定位于"教育"还是"技术"的问题是研究者一直争论不休的问题,这个问题目前仍然悬而不决。南先生对于该问题也提出了自己的观点。

---

① 李芒. 中国电化教育科学的理论体系的开创者[J]. 电化教育研究,2000(10):97.

南先生认为对于教育技术学科来说,"教育—技术"双重定位比较好。[①] 首先,双重定位能够较好地体现学科的本质,认清自我。教育技术是现代教育科学和现代信息技术相融合的产物,这两个要素缺一不可,单一定位于某一个要素难以体现学科的本质。其次,双重定位有助于形成自己的特色和优势。现代教育科学与现代信息技术的融合是教育技术学的特色和优势,也是它区别于其他教育学科或技术学科的地方。南先生认为,教育技术专业的学生最大的优势就是综合实力,而双重定位恰恰能够突出这一优势。最后,双重定位有助于培养复合型人才。当前我国教育技术领域正在做四件大事——理论方面进行学科理论体系的重构,实践方面进行"三通两平台"建设、大规模开放网络课程建设、微课程教学设计培训,而这四件大事都围绕着深化教学改革的四大主题——素质教育、教育公平、教育质量、协同创新进行。

4. 推进电化教育实验

南先生认为电化教育实验就是在现代教育思想、理论的指导下,用三种技术,做两件事情,实现一个目标。[②]

电化教育实验的目标,就是建立适应素质教育要求的、以教学模式为核心的现代教学体系。电化教育实验应当结合教学改革来进行,从而使电化教育实验成为深化教学改革的一项重要举措,而我国的教学改革,必须面向素质教育,建立现代教学体系(包括现代教材体系、现代教学方法体系、现代教学模式体系和现代教学理论体系)。开展实验,一定要适应素质教育的要求,要有助于学生的"三个发展"(全面发展、全体发展、个性发展),通过促进"三个发展",实现由应试教育向素质教育的转变。

现代教育思想、理论主要有两方面。一方面,是指与现代教育技术实验关系较直接、较密切的现代教育思想——主要是六种现代教育观:素质教育观、终生教育观、双主体教育观、创新教育观、情商为主教育观、四大支柱教育观。另一方面,是指与现代教育技术实验关系较直接、较密切的现代教育理论,主要包括:三种学习理论:行为主义、认知主义、人本主义学习理论;

---

① 南国农. 教育技术学研究竟应该怎样定位[J]. 北京大学教育评论,2013(3):2-7,189.
② 南国农. 90年代以来我国的五大现代教育技术实验[J]. 电化教育研究,1999(6):42-45.

三种教学理论：赞可夫的发展教学理论、布鲁纳的结构—发现教学理论、巴班斯基的教学最优化理论；三种传播理论：拉斯威尔的 5W 理论、施拉姆的双向传播理论、贝罗的 SMCR 理论。

用三种技术：一是现代媒体技术，即教育教学中应用的现代技术手段，也就是现代教育媒体，是一种物化形态的技术；二是现代媒体技术，即运用现代教育媒体进行教育教学活动的方法，也就是媒体教学法，这是一种智能形态的技术；三是教学设计技术，即优化教学过程的系统方法，也就是教学设计，这是一种应用广泛的智能形态的技术。

做两件事情：一是开发、利用教学资源，包括教学信息、教学媒体、教学人员、教学环境等；二是优化教学过程，使教学过程各组成要素（教学任务、内容、手段、方法、效果等）及其相互关系处于良好的状态，做到整体优化。

5."七论"的提出

南国农先生认为，电化教育学的性质，从其来源来说，是属于教育科学的一个分支，是教育科学这个大系统中的一个子系统。它的理论体系由七论构成，即本质论、功能论、发展论、媒体论、过程论、方法论、管理论。[①]

本质论的基本观点认为，电化教育就是运用现代教育媒体，并与传统媒体恰当结合，传递教育信息，以实现教育最优化。在最新版的定义中，南国农先生将此定义发展为：电化教育，就是在现代教育思想、理论的指导下，主要运用现代教育技术进行教育活动，以实现教育过程的最优化。电化教育的本质是一种新的教育方式，是一个人机协作、高速优质培养人才的过程。

功能论的基本观点认为，电化教育有两个基本功能、四个基本作用。两个基本功能是：(1) 它能不受时间、空间、微观、宏观的限制，将教学内容中涉及的事物、现象、过程，全部再现于课堂，极大地丰富学生的学习资源，扩大知识领域；(2) 它能提供代替的经验，使抽象概念半具体化，具体事物半抽象化，从而使教学、学习变得比较容易，既容易转向具体实际化，也容易转向抽象概念化。四个基本作用是：(1) 提高教育质量；(2) 增强教育效率；(3) 扩

---

① 南国农.我国电化教育学科建设的回顾与展望[J].华东师范大学学报,1990(1):21-30.

大教育规模;(4)促进教育改革。在新版的功能论中,南国农先生将基本功能发展为再现、集成、交互、扩充和虚拟等五大功能。

发展论的基本观点是:20世纪我国电化教育的发展,大致经历了萌芽(20年代)、起步(30—40年代)、初期发展(50—60年代前期)、停滞(60年代后期—70年代前期)、迅速发展(70年代后期—现在)等几个发展阶段。在新版的发展论中,南国农先生根据时代发展的现状,将其修正为:70年代后期—80年代为迅速发展阶段,90年代以后为深入发展阶段。

媒体论的基本观点是,电教媒体是利用现代技术储存和传递教育信息的工具。它由两个相互联系的要素构成:一是硬件,或叫设备,即用以传递教育信息的各种教学机器;二是软件,即各种教学片带。两个要素缺一不可,否则不能形成电教媒体。而软件(教材)是媒体的灵魂,是电教的主攻方向。

过程论的基本观点认为,电化教学过程是一种特殊的过程,它是教师主要借助现代教学媒体传递教学信息、引导学生学习的过程。电化教学过程的基本要素有三个,即教师、学生、现代教学媒体,必须充分发挥三者的作用,才能实现教学过程的最优化。

方法论包括电化教学方法和电化教育科学研究方法。其基本观点认为,电化教学方法是利用现代教学媒体,并与传统教学媒体恰当结合,传递教学信息、进行教学活动所采取的工作方法。它与传统教学方法是互相配合、互相补充的关系,不是相互对立、相互排斥的关系。在目前的条件下,教学只有使电化教学方法与传统教学方法实现最优结合,才能取得最佳的教学效果。电化教育科学研究方法是逻辑方法与数学方法的结合。这两类方法各有所长,前者的长处在于说理,后者的长处在于准确,交叉使用,可以互相补充,互相完善。

管理论的基本观点是:电化教育的管理,包括人的管理、时间的管理、信息的管理、设备的管理、教材的管理等五个方面;对人的管理,是一切管理的重点,也是电教管理的重点。

任何一门学科都有其特殊研究领域和特殊的逻辑起点。在这"七论"

中,现代教育媒体的研究和应用是核心,也是建立整体电化教育理论体系的逻辑起点。南国农先生七论思想的提出使中国电化教育从此有了自己的理论体系,实现了从事业到学科的飞跃。

二、孙明经

(一)学术经历简介

孙明经先生是中国电化教育的开拓者,中国高校电化教育专业的学科奠基人,中国著名电影创作者。其父孙熹圣是最早和电影结缘的中国知识分子之一。孙熹圣经常到各地讲学和考察,为使儿子增长见识,每次出行都带孙明经同行,并告诉儿子"多看照片和电影对广见识大有好处"。因此,儿时的孙明经不仅比同龄孩子有更多看电影的机会,而且小小年纪便有了在南京、北平、济南、上海、汉口各地图书馆翻看各种画册的经历。1915年,孙熹圣第一次带儿子在金陵大学校园中看了由学生放映的"校园电影"。

1927年孙明经进入金陵大学物理系,此后七年间,先后在金陵大学和中央大学(南京大学)化工系、物理系、电机系学习,并修国文、喜剧、音乐、外语等学科,集技术与艺术于一身。20世纪30年代初,孙明经在中央大学物理实验室制成中国第一套具备摄取、传输、还原显示图像功能的电视摄、输、显系统,这是中国电视史的开始。1934年,孙明经完成论文《光电管及其应用》,阐述了光电管在电视、电影等领域中的用途与发展,该论文获得中山文化馆物理论文甲等。1935年,布隆来出版了世界上第一本介绍电视的专著《电视》,同年,孙明经完成该书的翻译,这是我国电视史上从国外引进的第一种译著。1936年,孙明经参与创建并主持了金陵大学教育电影部,他是金陵大学教育电影部的实际负责人,既是理论家,也是制作人、摄影师、导演和剪辑师。1930年金陵大学开始引进并翻译美国柯达公司出品的教育电影用于教学。

蔡元培在看了孙明经拍的一批影片和照片后,高兴地称孙明经是"拿摄影机写游记的今日徐霞客"。1934年,国际教育电影协会主办了"农村题材国际电影大赛",中国教育电影协会委托金陵大学摄制一部农村内容的影片参赛。陈裕光校长和魏学仁院长派孙明经负责组织这次拍摄。金陵大学教育电影部在 1931—1938 年间共摄制影片 112 部,其中孙明经个人摄影、编辑完成的在半数以上。早期中国各地教育机构流通的科教影片有一半以上出自其手,当时拍摄的纪录片至今多为珍贵的传世之作。

1936 年孙明经参与创办了首批全国电化教育人员训练班。1938 年,他创建了电教专修科,系统、科学地培养了中国第一批经过专业训练的电教和影音人才,成为我国高校电化教育专业的开拓者和学科奠基人。1940 年 6 月,孙明经赴美国深入、系统地考察视听(电影)教育,1941 年 9 月回国后正式担任金陵大学教育电影部主任、电化教育专修科主任,将美国影音教育的经验与中国教育的实际相结合,探索和开创电化教育的中国之路。1942 年,他创办了《电影与播音》杂志并担任主编。1947 年,他被聘为联合国教科文组织首届中国委员会委员,兼任大众传播委员会中国委员。1952 年,全国高校院系调整,电化教育专业从综合性大学中撤销,孙明经教授携金陵大学影专部分师生和全部器材、教具并入创建中的中央电影学校(北京电影学院前身),为新中国电影专业教育的创建做出了贡献。孙明经先生一直致力于电影教育的研究与人才培养,张艺谋等著名导演都从其课程中受到教益。

1991 年,孙明经教授获国务院颁发的政府特殊津贴;1992 年,中国电影摄影家学会授予孙明经教授中国优秀电影摄影特别奖。

(二)主要学术思想

1. 电化教育的基本原则

在电化教育的发展过程中,所使用的设备和手段、方法、时间、场合等随时都在变化和发展,因此需要有一个基本的教育原则将电化教育工作概括起来。孙明经先生认为主要有两条基本原则。[①] 其一是尽量应用直接感觉,代替或补充语言文字或符号的间接传授,促进直接经验的取得。在学习时,

---

① 孙明经. 试论电化教育的基本概念[J]. 外语电教,1983(2):21-23.

应该尽量让学生看到实物、亲临实地、现场观察,见到真人真事,甚至参与实际操作、试验、变革、尝试,从实际事物的多种现象和变化中去理解事物的实质。其二则是要发挥和扩展直接感觉的效果。亲临实地、看到实物为学习者获得直接感觉提供了良好的条件,但是并不能保证学生能够对所见所闻学深学透,还需要良师益友的启发辅导,循循善诱,由浅入深。电化教育可以利用有效的形声教材、教具来做到这一点,并扩大其效果。

2. 电影教学方法

孙明经先生倡导"活"的电教观、信息资源媒体观、集体教学观、注重实践的人才培养观。他认为,用电影教学的最大秘诀就是集体教学,一位先生在教书,后面同时有无数的学者专家是他的后盾。[1] 教学电影是教师们的一种工具,是协助教师的,而不是代替教师的。在教学过程中,孙明经先生强调应用型人才必须在实践中培养,电化教育是应用领域,不管是为期三个月的训练班还是两年的电教专修科,都不可能系统地学完所有相关的课程,采取师徒制加强了师生的联系和感情,训练与应用合一,使学生很快掌握相关知识并更快地应用于实践。

这些灵活多样、充满创造活力的人才培养模式,提高了电化教育专修科高校的办学水平,积累了丰富的影音教育经验,使金陵大学成为培养和孕育中国早期电教人才的摇篮。

三、罗伯特·加涅

(一)学术经历简介

罗伯特·加涅是美国著名教育心理学家,1933 年进入耶鲁大学主修心理学;1937 年进入布朗大学攻读研究生,专业领域是实验心理学;1940 年,获得布朗大学哲学博士学位。

加涅原本是经过严格的行为主义训练的心理学家,但他在学术生涯的

---

[1] 桑新民. 开创影音教育中国之路的先行者[J]. 电化教育研究,2011(10):107-120.

后期,吸收了信息加工心理学和建构主义认知心理学的思想,形成了既有理论支持也有技术操作支持的学习理论。加涅曾当选为美国心理学会教育心理学分会主席、美国教育研究会主席,1972年获美国教育研究会的卡潘杰出教育研究奖,1974年获得美国心理学会颁发的桑代克教育心理学奖,1982年获美国心理学会颁发的应用心理学史密斯纪念奖。加涅一生著作很多,主要的著作包括《学习的条件》(1962)、《教学设计的原理》(1969)、《知识的获得》(1962)、《学习对个体发展的贡献》(1970)、《教学方法的学习基础》(1976)、《记忆结构与学习结果》(1978)、《学习结果及其作用》(1984)、《教学的学习基础》(1988)等。此外,加涅还发表了一百多篇学术论文,涉及心理学、教育心理学、学习理论、教学理论、教育技术学等多个研究领域,其中《学习层级》《学习结果分类》《掌握学习与教学设计》《整合多种学习目标的教学设计》等论文是相关领域的经典论文。

(二) 主要学术思想

1. 加涅的学习观

加涅认为,学习是个体与环境相互作用的结果,是促进人类智慧发展的主要贡献力量。在加涅看来,学习之所以发生是因为学习条件作用于学习者的学习过程。他在行为主义理论的基础上,将学习条件进一步划分为学习的内部条件和外部条件。内部条件是学习者在学习时应该具备的内部环境,而外部条件是教学提供的外部环境,当所需要的学习内部条件和外部条件在学习者的学习过程中出现并作用于学习者的内部信息加工过程时,学习者的行为发生预期的变化,这时学习就发生了。

关于学习结果分类的研究,加涅提出了一个非常重要的假设:学习者获得学习结果是"习得的倾向"、"性能"、"长时记忆状态"或"学习者的素质"。加涅对智慧技能的关注最早,研究也最为深刻,进行了亚类的划分,即,在联想等基本学习形式的基础上,依次为辨别、概念、规则、高级规则。[1] 它们之

---

[1] 加涅.学习的条件和教学论[M].皮连生,等译.上海:华东师范大学出版社,1999.

间存在着相互依存的关系,下位技能是上位技能学习的先备条件,并且其复杂性不断增加,其中由许多步骤组成的规则称为操作步骤。加涅还进一步对每种学习结果类型所需要的内部条件、外部条件进行了描述。加涅的学习结果分类几乎可以涵盖人类学习的所有内容,任何一门学科所涉及的学习内容都可以归为其中的一种或几种的综合,这为制订教育目标及其组织目标的顺序提供了便利。

学习层级是加涅学习观的又一重要思想。他认为学习层级具有以下特征:(1)学习层级是连续可以达到的一些智慧技能,每一步都可以作为业绩水平予以描述;(2)它们不包括言语信息、认知策略、动作技能、态度;(3)层级中的每一步骤可描述为在学习的那一刻能回忆起的支持学习内部过程的先前必备技能。学习者通常学习的知识是有组织的智慧技能系列,而构成这一系列智慧技能的个别规则之间可能存在着关系,有些学习是另外一些学习的先决条件。智慧技能依其复杂程度,从辨别、具体概念、定义性概念、规则到高级规则,它们之间是相互依存的,简单技能是复杂技能的先决条件。

加涅的学习观是他关于人类学习现象的基本观点,核心思想体现在他的学习理论之中。他的学习观为他转向教学理论、教学设计理论、教育技术学理论的研究和实践奠定了坚实的理论基石。

2. 加涅的教学观

加涅的教学论思想是由他的学习理论推演而来的。加涅对教学理论的贡献中,九段教学法最为著名。九段教学法包括九个连续的教学事件:引起注意、告知学习者目标、刺激回忆先前的学习、呈现刺激、提供学习指导、诱发学习行为、提供反馈、评价作业、促进保持和迁移。加涅认为,学习者只有将获得的知识推广运用于各种各样的相关情境中,才能表明他们已经获得了新的能力,仅仅靠正确地辨认出一套例子或规则,应用在一套情境中,不足以说明问题。因此,教师应该为学习者提供一些要求他们表现出特定技能的额外例子或情境,以便评价学习者的学习。同时,加涅指出,为了促进学习的保持和迁移,可以采用间隔时间较短的复习方式。关于九段教学法的应用,加涅认为,在实际的教学过程中并非九个教学事件每一个都要出现,比如如果学生自行满足了某些阶段的要求,则教的这个阶段就可以不出现。

3. 加涅的教学设计观

加涅根据迪克(Dick)和凯瑞(Carey)提出的教学设计模型,对教学设计的九个阶段进行了详细的理论分析和描述,主要包括教学目标的制定、教学分析、学习者起点行为和学习者特征分析、作业目标的制定、标准参照的测试项目、教学策略的选择、教学材料、形成性评价、总结性评价等。加涅还提出了相应的技术,如五成分陈述教学目标技术、学习任务分析技术、媒体选择与应用技术以及教学结果测量与评价技术。

在教学设计理论中,加涅引入了一门重要的理论——系统理论。在他看来,教学设计应该以系统方法进行,教学设计过程包括许多步骤,每一个步骤的决定都要以经验证据为依据,每一步导致新的决定,这些决定又称为下一步骤的输入,而且每一步骤要针对来自下一步骤的反馈证据予以检验,以提供系统效度的指标。如评价策略(形成性评价和总结性评价)的使用,形成性评价是对正在开发的教程或方案予以效果检验,其目的在于提供可行性和有效性的依据,以便及时做出修改和改进,而总结性评价是对已经开发出来的教程或方案的效果进行评价。评价手段的应用成为教学设计过程反复修改、渐进完善的重要环节,使设计与开发教学成为一个可以调控的反馈系统。

加涅的教学设计观是他将自己的学习理论、教学理论在教学设计与开发应用中的体现,其核心思想是"为学习设计教学"。具体来说,就是应用系统方法,根据不同的学习结果类型创设不同的学习内部条件并安排相应的学习外部条件,从而促进学习有效发生,使个体学习者得到最大限度的发展。

四、坂元昂

(一)学术经历简介

坂元昂(Takashi Sakamoto)1933年出生于日本兵库县,毕业于东京大学,在美国获得心理学博士学位,其心理学的学术背景对日本教育工学核心价值观的构造起到了非常大的促进作用。他在早期斯金纳新行为主义心理学的影响下提出的日本教育工学哲学思想——"行为科学的人类观",一直影响至今。1973年坂元昂获得东京工业大学教授职位,并于1992年担任东京工业大学入学中心副所长,1996年担任东京工业大学开放教育中心所长,1997年担任媒体教育中心所长,2008年担任日本未来(开放)大学校长。坂元昂曾任日本教育工学会会长,是日本教育工学的奠基人。

(二)主要学术思想

1962年,坂元昂在日本的《学习心理学》杂志9月号上发表论文,首次提出"教授工学"与"教育工学"这些日本特有的概念。坂元昂尝试将工学的思想融入教育教学领域,以此有效组合教学过程中的诸多要素,提高教育效果、效率与效益,追求教育研究过程中的客观性、可再现性、可测量性和可操作性等。与工学相对应的英语为"Engineering",但日本学者把"教育工学"翻译成"Educational Technology"。"Educational Technology"这一术语,日本教育工学研究者是1964年从国外吸收并引入的,并没有直接按照字面的英文意思将其翻译为"技术",而是采用了具有日本特色的"工学"一词与英文相对应。正如圣心女子大学永野和男教授所言,当时没有把"Technology"翻译成"技术学"而翻译成"工学",因此产生了很多误解。因为工学会让人不自觉地联想到工业制品,那么顺理成章地就会把教育工学理解为生产教育机器的技术或为了研究应用机器(工具)的学问。在备受争议的进程中,坂元昂带头突破了各种各样的困难。1968年开始,日本文部科学省开始设置有关教育工学的科研教育研究辅助经费,第一批进行了三年的持续资助,后来又进行了两期六年时间的资助,合计一共九年。

坂元昂先生在提出教育工学的定义、确定教育工学的研究对象、论述教育工学的基本原理、阐述教育工学与其他学术领域的关系等多方面都做出了巨大的贡献,其研究成果不仅在日本教育工学界得到了广泛的认可,在其他国家的影响力也非常大,尤其是在我国电化教育初创时期。坂元昂《教育工艺学简述》一著在我国八年间 5 次印刷，发行 36400 册。中国电化教育（教育技术）专家有很多人是阅读这本著作成长的。《教育工艺学简述》系统阐述了日本教育工学的体系构架，逻辑性强、思想性深、洞察敏锐，一直是指引构建中国教育技术学学科体系的经典之作。

五、沃特·迪克

（一）学术经历简介

沃特·迪克(Walter Dick)，美国佛罗里达州立大学教育学院教学系统专业教授。他长期致力于教学设计的理论和应用研究，是教学系统设计领域的杰出专家之一。

迪克专注于教育技术学领域的研究，在教学设计领域内的贡献更为卓越。他与凯瑞提出了著名的系统化教学设计模型——迪克—凯瑞(Dick & Carey)教学设计模型，受到加涅等教学设计研究者的认同。该模型对教学设计领域乃至整个教育技术领域的影响都很重大。

迪克教授著作颇丰，其中与凯瑞合著的《教学系统化设计》、与瑞泽合著的《规划有效教学》等都是教学系统设计领域的经典著作。

（二）主要学术思想

1. 系统化教学设计理论观

迪克主张将教学看成一个系统，这种教学系统观对其系统化教学设计观的形成有着至关重要的作用。其系统化教学设计思想结合实际教学，在教学实践中形成有效教学设计模式。迪克对教学设计理论的卓越贡献和成就使他成为现代教学设计领域的核心人物。

迪克认为，教学本身是一个由学习者、教师、教学材料、学习情境及管理者等成分构成的系统，良好的教学在于这些成分之间的有效互动；教学过程本身也是一个为了引发和促进学生学习的系统。运用系统观来看待教学的好处是能够把握这一过程中各个成分的重要角色,各个成分之间必须有效发生相互作用。教学是一个系统,而教学设计作为一种对教学的规划和设计,也应该是一个系统,由一系列成分和步骤按一定的逻辑构成。

20世纪60年代,教育技术学领域盛行程序教学的思想。在系统化思想的引导下,迪克与凯瑞一起提出了在教育技术界享有盛誉的教学系统化设计模型,即迪克—凯瑞教学设计模型,用模型的方式来阐释教学设计观。该模型是运用系统方法设计而成的,是一种用于教学的设计、开发、实施和评价的系统化方法模型。系统化的方法强调任务中各环节之间的关系,任务过程中的每一步作为下一步的条件,对于是否达到目标要求,通过反馈进行检测,如果没有达到要求,就要对该过程进行反复修改直至达到既定教学目标。系统化强调系统各个组成部分之间的互动性,在其思想和模型中都得到体现。

迪克将教学设计模型分为10个模块,分别是:评价需求确定目的、进行教学分析、分析学习者和环境、编写绩效目标、开发考核量表、开发教学策略、开发和选择教学材料、形成性评价、总结性评价以及修改教学环节。其中每个模块都应该给予充分的重视,清楚它们之间的输入和输出关系。

1989年,迪克与合作伙伴瑞泽一起提出有效教学设计模式。该模式类似于此前的系统化教学设计模型。它不注重教学媒体和教学材料的设计,而强调任何一个教师无须依赖任何特殊设备或辅助工具和媒体,就可以在课堂教学中对其进行应用;可以帮助教师设计一学期、一单元甚至一节课的课程。此模式的关键在于要明确教学目标,教学活动和教学评价的设计均建立在明确教学目标的基础之上。此模式重视教学活动的评价,迪克认为有效教学的重点不是检验教师教了什么,而是检验在教师教学结束后,学生学习和收获了什么。教师要根据评价结果来修正教学活动和教学内容。教学过程可以随时进行调整,调整之后教学目标及其后的活动也会跟着调整。

2. 系统化教学设计的应用和实践

迪克不但创建了迪克—凯瑞教学设计模型,还重视此模型在实践中的应用,并在教育、企业等领域内对此模型多次应用、检测和考察。根据实际应用和检测结果,迪克对教师如何进行教学设计提出了一些有针对性的建议,比如如何运用有效方法来确定至关重要的教学目标、如何选用教学策略等。迪克认为,虽然教师的优秀程度与使用系统化教学规划并无直接联系,但系统化教学设计可以为新手教师提供关于教学的经验性参考资料。

此外,迪克还对如何教授系统化教学设计提出了自己的观点——"用产品的方法教授教学设计"。他认为,教师在教授系统化教学设计时,不能简单地将理论呈现给学生,即用"知识的方法"教授,而应该用"产品的方法"。教学设计的教学不仅要让学生学习如何设计教学,还要能开发教学材料,因为学生只有通过实际开发教学材料才能够学到更多东西。

为了验证教学软件的评估模型的正确性,迪克还让佛罗里达州立大学研究开发部人员参与了此项研究,并让他们对模型进行了具体的操作,在应用的基础上对学生和教师进行访谈,从中发现了该模型的许多问题,以此作为完善模型的依据。此模型经常被教学软件研发人员作为软件开发的一个测评标准,它最为核心的并不是测评方法,而是软件测评的前期阶段及体现在模型里面的系统设计思想。

六、唐纳德·P. 伊利

(一) 学术经历简介

唐纳德·P. 伊利(Donald P. Ely)是雪城大学(Syracuse University)教学设计、开发与评价系荣誉退休教授,教育技术学专业创始人之一,美国教育信息资源中心信息技术数据交换中心(ERIC/IT)创建者,国际知名的教育技术学者,曾任美国教育技术传播与技术协会主席,在国际学术界享有极高声誉。作为一位国际知名的教育技术学者,伊利一生致力于技术促进教学的研究与实践,形成了独特的教育技术学思想,对教育技术领域的发展产生了重要影响。

1963年,美国教育协会(NEA)的视听教学部(AECT的前身)成立了定义与术语委员会,伊利作为委员会联合主席之一,与芬恩共同组织了首次对视听传播的界定工作。1997年,伊利与瑞泽合作撰写了《由其定义所反映的教育技术领域》一文,系统梳理和分析了历史上对教育技术一系列的定义,解释了教育技术定义历史演化的内在逻辑,提出了可能影响未来定义的若干重要因素。伊利与芬恩和海涅克(Robert Heinich)一起,成为对教育技术的界定影响最大的人。

(二)主要学术思想

1. 对技术的理解

伊利认为,技术进步深刻改变了人类生活的面貌,教育不可能不受技术浪潮的冲击。长期以来,教育者对教育领域中的技术应用满怀热情与期望,然而他们总是从物质角度把技术片面地理解为机器与设备。随着技术的不断进步,教育者见证了太多的技术在教育领域中潮起潮落,从幻灯到投影、从录音到电影再到电视,都如过眼烟云般离我们远去。在你方唱罢我方登场的喧嚣与热闹背后是冷峻的教育现实——教育并未因为技术的进步而有所改观,教师们仍然一如既往地沿袭着古老的教育传统。他指出,"技术"并不仅仅意味着机器与设备等外化的物质实体,也不仅仅意味着基于硬件基础之上的软件系统,硬件设备与软件系统的简单集合并不能构成"技术"概念的全部内涵。对教育技术来说,"技术"还应该包括对硬件设备和软件系统设计和使用的知识在内。由此,伊利对技术的价值问题也做出了判断。如果仅仅从机器与设备的角度讲,技术本身是价值中立的,没有好与坏的问题。然而,一旦作为人之能力的设计与使用参与到技术过程中,人的价值判断就会被植入技术过程,技术的价值中立也就不复存在了。

2. 对教育的理解

伊利对教育的理解与其对教育技术的界定密切联系在一起。在伊利看来,教育的最高使命与内在本质莫过于"促进和改善人类学习的质量",而教育技术之所以属于教育科学领域的一个研究分支,也正在于教育技术一直以促进与改善人类学习的质量为目的。"学习"实质上构成了教育以及教育技术的逻辑归宿。

伊利认为,从几个对教育技术的重要定义所关注的焦点问题来看,教育技术作为教育的一个分支,已经从最初的"媒体"到其后的"信息",再到"系统"和"过程",最后归于"学习过程与资源",正一步步地朝着"促进和改善人类学习的质量"这一根本目标迈进。而教育技术学作为一个专门领域也正在与教育越走越近,对教育本质的理解也在不断加深。

3. 对教育技术的理解

伊利把教育技术的哲学看作是一种"变革的哲学",即随着外部世界之变化,教育技术也不断变化,以达到持续促进与改善人类学习之目的。

但是,历史是具有连续性的。在迅速变化的外部表象背后,教育技术仍然保持着其核心本质。教育技术学的质的规定性,即教育技术学之所以成为教育技术学从而区别于教育学科群中其他分支学科的规定性,是它代表着研究主体对教育技术学最基本问题的理解与认识。因而,对教育技术本质的认识构成了教育技术观的核心内容。

伊利坚持对教育技术本质的理解必须从"技术"自身入手。正是技术导致了教育技术学与教育学其他分支学科的差异。在教育技术学的本质属性上,伊利认为,教育技术学作为教育学的一个分支学科,其主要目标是"促进和改善人类学习的质量"。但是,这一目标是由教育学的各个分支所共同承担的,并不能作为教育技术学的质的规定性。"教育技术学的特点,也可谓它赖以存在的理由是在于它达到这个目标的哲学方法和实践方法。""作为教育技术的特征,其方法已被三个先后发展起来的模式所揭示。在以往五十年间,它使这一领域得到发展。这三个模式是:应用各种各样的学习资源;强调个别化学习;运用系统方法。这三个模式被综合成一个促进学习的智慧方法和操作方法时,就形成了教育技术的特点,从而也确立了这个领域的理论依据。"在伊利看来,这种哲学方法和实践方法的特征集中地表现为教育技术解决教育和教学问题的技术特征,"技术为教育技术这一领域的发展及其向一个学科的演进提供了一个最好的组织性概念"。

当前,对教育技术的理解存在着各种不同的意见,偏差的认识渐渐导致研究领域的严重局限或者泛化。对教育技术中的"技术"持一种恰到好处的理解对教育技术领域的发展至关重要。伊利认为教育技术在本质上是对各种教学和学习问题的解决策略与方法,但这些策略与方法要基于学习与教学的有关理论,在实际方法论上以系统方法为指导,在实践操作层面上以对各种教学硬件设备与软件系统的设计与使用为手段,以促进和改善人类学习质量为目的。

七、迈克尔·汉纳芬

(一)学术经历简介

迈克尔·汉纳芬(Machael Hannafin)是美国佐治亚大学学习与绩效支持实验室主任、教育心理与教育技术系终身教授。1981年,汉纳芬在亚利桑那州立大学获教育技术学博士学位。① 毕业后,他先后执教于科罗拉多大学教育心理学研究部、宾夕法尼亚州立大学课程与教学部和佛罗里达州立大学教育系。其间,他创立了宾夕法尼亚州立大学教育计算研发中心,担任教学开发与服务中心主任。在数十年的教育技术学术生涯中,他的研究兴趣与关注点涵盖学校心理学、教育评价、基于计算机的教学(CBI)、交互媒体等领域。20世纪90年代初,汉纳芬开始聚焦技术支持的学习环境和基于网络的教/学研究,先后发展形成了以学生为中心的学习环境(Student-Centered Learning Environment,SCLE)、贯一设计(Grounded Design)、基于资源的学习(Resource-Based Learning)和开放式学习环境(Open-Ended Learning Environment,OELE)等重要的学习环境设计理论与实践模型,并将其应用于教师教育和学校变革等教育实践当中。

(二)主要学术思想

1. 以学生为中心的学习环境设计

20世纪90年代,新兴的建构主义学习环境设计与传统的教学主义的教

---

① 秦炜炜. 兼容并包有容乃大:迈克尔·汉纳芬教育技术学思想研究[J]. 现代教育技术,2009(10):15-20.

学设计分庭抗礼,汉纳芬及其同事却另辟蹊径,开创了统摄不同学习环境研究与理论的第三条道路,为学习环境的设计与实践创造了更加广阔的空间。1997年,汉纳芬提出了技术支持的以学生为中心的学习环境(TESCLE)的五大基础与若干假设。与指导式教学环境(Directed Instruction Environment)基于客观主义认识论和以设计者为中心的视角不同,汉纳芬认为TESCLE体现的是一种以用户为中心的视角,有着深厚的心理学、教学论、技术、文化与实用基础。不同基础之间是相互融合的,基础之间的一致性愈高,则基础的融合度愈高;基础的融合度愈好,则特定情境中的学习环境设计成功的可能性愈高。此外,汉纳芬在评论学习环境的理论研究与实践时指出,任何学习环境最终是由有关学习、教育学与学习者的基础与假设塑造的,并强调基础或假设之间并不存在孰优孰劣的问题,关键在于基础、假设和方法要适合具体的学习目标与学习文化。

2. 贯一设计

贯一设计就是"建立在已有的人类学习理论和研究基础上的过程和程序的系统执行",强调核心基础和假设的精致协调,强调方法与手段与其认识论一致的方式相联系。它提供了一个框架,将不同的设计实践和相关思想系统的基本信条整合在一起。贯一设计的思想要求同时考虑每一个基础,以使各基础之间的协调性能达到最优,其基础和假设主要有以下几点:

(1)心理学基础:强调个体如何思考和学习相关的理论和研究。

(2)教学论基础:提出了环境的给养和活动,这一基础应与相应的心理学基础相联系。

(3)技术基础:影响到媒体如何支持、限制或加强学习。不同的媒体可以被用来以不同的方式支持学习,但技术的贯一性应与特定情况下的特定认识论框架有关。

(4)文化基础:反映了学习共同体的主导性价值观。

(5)实用基础:强调了在实际设计任何学习环境时,要对可以利用的资源和限制条件加以协调。

3. 基于资源的学习环境

根据贯一设计的原则与方法,汉纳芬又提出了基于资源的学习环境(Resource-Based Learning Environments,RBLE)的设计实践模型。RBLE就是利用资源、支持性工具和策略/方法建立意义建构的环境,以支持学习者查找、分析、解释和处理加工信息,满足学习者的特殊需要。汉纳芬还总结了 RBLE 的主要特点:资源丰富;强调学习者主动参与学习过程;要求学习者积极参与资源的编辑、处理、评价和意义生成等认知过程的管理。

更重要的是,汉纳芬分析了 RBLE 的四大构成要素——资源、情境、工具和支架,并对每一要素进行了详细分类。这四个要素为讲授教学和学习者中心的方法所共有,但是由于目标不同,其表现也就不同。汉纳芬指出,在基于资源的学习环境中研究者设计了两种情境:一种是给学习者布置任务,直接将他们导向特定资源,聚焦于两个或多个资源之间的关系;另一种是明确指出需要综合来自多个信息源的信息。

4. 基于设计的研究

基于设计的研究是一种系统而又灵活的方法论,其目的是在真实情景中,以研究者与实践者的协作为基础,通过分析、设计、开发和实践的反复循环,来改进教育实践,并提炼、生成对情境敏感的设计原则和理论。

基于设计的研究有五个特点。第一,设计实验的目的不仅在于开发一组关于学习过程的理论,还在于开发用于支持学习的手段和工具。第二,设计实验的方法论本质上是高度干预主义的。设计研究是典型的创新试验。其目的在于,通过创造新的学习形式来考察教育革新的可能性。第三,建立在前两大特点的基础上,设计实验为发展理论创造条件。第四,迭代设计。当猜想产生或被推翻,新的猜想又被开发出来并接受检验。第五,设计实验的这一特征反映了其实用本源。

基于设计的研究不仅是要干预和改善教育实践,同时也要推动教育理论的发展。作为一种全新的研究方法论,它具有强劲的发展潜力,但也面临诸多有待解决的形式化问题。

八、戴维·乔纳森

(一)学术经历简介

戴维·乔纳森(David Jonassen),国际教学系统设计领域著名学者、认知心理学家,美国哥伦比亚大学教育学院教授,信息科学与学习技术系问题解决研究中心主任。乔纳森曾在美国宾夕法尼亚州立大学、科罗拉多大学、北卡罗纳大学等大学任教,还曾在美国教育传播与技术协会(AECT)、美国教育研究协会学习与教学部、美国培训与开发协会、基于计算机的教学系统开发委员会等多家专业协会和研究机构任职。

乔纳森的研究领域非常广泛,涉及视觉文化、认知风格、教学设计、基于计算机的学习、超媒体、建构主义、建构主义学习环境以及认知工具等。其研究主要关注问题解决、建构主义学习环境设计、学习中认知工具的开发、认知建模与认知任务分析等领域,并取得了丰硕的研究成果。他有影响的专著包括《教育传播与技术研究手册》(1996,2004)、《学习环境的理论基础》(2000)、《学会用技术解决问题:一个建构主义者的观点》(2003)、《学会解决问题:教学设计指南》(2004)、《用技术建模》(2006)、《学习解决复杂的科学问题》(2007)、《通过技术进行有意义的学习》(2008)等。

(二)主要学术思想

20世纪90年代,学习领域的理论发展经历了一次科学革命,引发了教学系统设计领域的重大转型。乔纳森是这场变革的代表者和引领者之一。乔纳森主要的学术研究领域是教学系统设计,但是我们很难只称他为教育技术专家。他的研究领域范围非常广泛,既包括理论探究,也包括技术开发实践;既涉及微观的基础认知活动研究,也涉及宏观的教育变革研究。他自己也认为教育技术、认知科学、学习科学等均属于他的研究领域。

1. 有意义的学习和问题解决——乔纳森学术研究和实践的学习观

在诸多学术研究和实践中,乔纳森的工作大都是以"有意义的学习"和

"问题解决"为核心而展开。他提出了自己对学习的理解：学习是需要意志的、有意图的、积极的、自觉的、建构的实践，是意图—行动—反思的活动。其中，意图是区分人和动物学习的根本，是一个真正的标准，是所有行为主义者都不能解释的问题。通过对日常学习活动和学校学习进行观察分析，乔纳森认为，只有当学习者制定意义时，有意义的学习才能发生。有意义的学习具有五种属性：有意图的（反思的/自律的）、主动的（操作的/关注的）、建构的（明晰的/反思的）、合作的（会话的/协作的）、真实的（复杂的/境脉的）。这五种属性彼此关联、相互作用、相互依赖。

乔纳森认为，教育的未来应该将焦点放在有意义的学习上，教育的重要内容是让学生学会怎样推理、决策和解决生活中随处可见的复杂问题。"当人们在场景中解决问题时，他们就在进行有意义的学习"。因为参与问题解决的学习者往往会以主动的、建构的、合作的、真实的、有意图的方式开展学习活动。为了更有效地促进有意义的学习，培养学生问题解决的能力，乔纳森后期将研究核心放在了问题解决上。

在日常生活和专业领域中，人们每天都要解决很多问题。乔纳森认为，如果教学技术专家能阐释清楚每种问题的性质、问题表征以及在解决问题的过程中所需要的各种认知和情感过程，就可以明确哪些个体差异因素可能与这些过程相互关联，也就可以为支持各种问题解决的学习构建教学设计方法。因而，在对问题进行分类的基础上，乔纳森还对每种问题的特点和认知活动进行分析、创建心智模型。此外，他还对问题解决的关键认知技能进行了研究，认为在学习解决问题的过程中主要有三种关键的认知技能：类比推理、因果推理以及讨论。

2. 用技术学习——乔纳森的技术观

以"媒体人"起家的乔纳森对媒体技术有着浓厚的兴趣，也一直从事着与技术相关的实践和研究工作。从电视、音视频技术、计算机、多媒体到互联网技术，在多年的媒体技术应用和教学工作实践中，乔纳森逐渐形成了自己的技术观。

在乔纳森看来，技术不仅仅是硬件，还包括促进学习的任何一种方法，以及促使学习者参与所做的设计与环境。这源于其拥有认知科学的知识背景,他特别强调支持认知活动的思维技术的研究,尤其是认知工具的研究。他认为认知工具是指触发学习者思考并辅助特定认知过程的计算机工具。常用的认知工具有语义组织工具(数据库、语义网络)、动态建模工具(专家系统、概念图、系统建模工具、微世界)、信息解释工具(视觉化工具)、超媒体以及交流对话工具等。

在问题解决活动中,技术的作用主要表现在:技术作为认知工具,帮助学习者表征、建构自己的世界观和理论;技术作为社会中介支持在对话和交流中学习;技术作为学习的伙伴,与学习者一起分担共同的认知任务,支持在反思中学习。此外,技术可以帮助学习者搜索信息,进行信息查询;可以作为知识表征的工具对学习任务和问题空间进行建模;可以作为建模工具和交流工具支持决策。这些对技术的理解为其建构主义学习环境中的技术设计提供了观念和方向上的指引。

3. 建构主义学习环境设计——乔纳森的教学设计思想

建构主义学习观认为学习是"知识的建构",学习是"意义的社会协商",强调学习的真实性、情境性、复杂性。基于此种学习隐喻,乔纳森认为,要促进学习者有意义的学习,特别是有目的的知识建构,应该给学习者创建适当的学习环境,走向建构主义指导下的教学设计。教学设计的主要工作就是设计学习环境,让学习者在真实境况中进行有意义的学习,实现个体和群体知识的建构。在乔纳森的教学设计观中,学习活动分析是整个教学设计活动的基点,活动理论作为学习活动分析和学习环境设计的基本框架。建构主义学习环境设计模型包括六个要素:(1) 问题/项目空间:选择一个问题作为学习焦点。(2) 相关案例:提供相关的案例或工作范例以启动基于案例的推理,提高弹性认知。(3) 信息资源:提供学习者能够及时获得的可供选择的信息。(4) 认知工具:促使学习者参与并辅助特定认知过程的计算机工具,包括问题/任务表征工具、知识建模工具、操作支持工具和信息收集工具。(5) 对话和协作工具:提供对话交流工具,支持对话共同体、学习者共同体和知识建构共同体。(6) 社会/境脉支持:为学习环境提供物理的、组织的、社会文化的或境脉的支持。六个要素相互关联,是一个有机的整体。其中,问题是整个学习环境设计的焦点和核心,其他五个要素的设计都要围绕着问题进行。

九、理查德·E.梅耶

(一) 学术经历简介

理查德·E.梅耶(Richard E. Mayer,也有译作理查德·E.迈耶)是美国当代著名教育心理学家、实验心理学家,国际多媒体学习的认知心理学研究的开拓者和学术领袖。梅耶曾担任美国心理协会教育心理学分会主席、《教育心理学杂志》主编、《教学科学杂志》编辑、圣巴巴拉加州大学心理系主任等职务。2000年,他因突出的职业成就获得桑代克教育心理学终身成就奖;2008年获美国心理协会心理学应用教育与培训杰出贡献奖。

梅耶的研究兴趣主要在认知、教学与技术的交汇处,关注多媒体学习和计算机支持的学习。梅耶发表了390多篇论文及著作章节,很多著作在教育技术领域和多媒体设计与学习领域影响深远。2003年《当代教育心理学杂志》的一篇研究报告中,梅耶被认为是1997—2001年最富有创造力的教育心理学家,是1997—2001年在该领域发表文章最多的研究人员。

(二) 主要学术思想

1. 媒体学习的认知理论

梅耶提出作为知识建构的 SOI 模型,他认为有意义的学习包含三个基本认知过程。(1) 选择(Selection)。它涉及对已经呈现信息的相关部分予以注意选择并将它们增添到短时记忆。当学习者通过眼睛和耳朵对进入的信息予以注意时,实际上就在选择将要进一步加工的信息。(2) 组织(Organization)。它涉及对短时记忆中的信息片断建立起内在联系。在建构内在联系时,学习者要做的是将已经选择的信息组织成一个有内在联系的整体。(3) 整合(Intergration)。它涉及将在短时记忆中组织的信息与从长时记忆中提取出来的已有相关知识之间建立起外部的联系。这一过程是经过组织的信息与学习者记忆中已有的熟悉的知识结构联系起来。

梅耶总结了多媒体概念的三种观点：一种是作为传播媒介的观点，即从技术的角度指各种传播设备；一种是信息呈现模式的观点，指用两种或两种以上的模式呈现材料，关注材料被表征和编码的方式（通过图像和语词来表征）；一种是感觉通道的观点，主要是考虑到学习者的信息加工的活动，强调学习者接受外界材料时所用到的听觉和视觉等感觉接收器。

以此为基础，梅耶提出了多媒体学习的三个假设：(1)双通道假设(Dual channels)：人类对听觉/语词材料和视觉/图像材料有不同的信息处理通道；(2)有限容量假设(Limited capacity)：人们在同一时间，每一个通道中所能够加工处理的信息是非常有限的；(3)主动加工假设(Active processing)：人们进行主动学习，即人们主动选择相关语词和图像信息，并且按照内在的心智结构组织这些材料，将其和他们已有的先前知识整合在一起。

在学习和总结信息加工认知理论和相关研究的基础上，依据SOI认知模型和多媒体学习假设，梅耶提出了多媒体学习的认知理论。该理论揭示了多媒体学习的认知过程，即多媒体学习是从所呈现的文本或叙述中选择相关语词，或从所呈现的画面中选择相关图像，并将所选择的文字组织成连贯清晰的语言心理表征（或者将图像组织成图像表征），进而将言语模型、图像模型与先前知识进行整合。

2. 多媒体信息设计原则

如何呈现和表征多媒体信息以便能够更好地帮助人们理解与认知是梅耶的另一个研究兴趣。梅耶认为多媒体信息设计应该以学习者为中心，因为考虑了人类大脑运行机制的多媒体教学信息设计更能够引发有意义的学习。多媒体教学信息的设计不仅要考虑如何呈现信息，更应考虑如何引导认知。为此，他和同事做了100多项实验。通过对实验研究结果的分析比较，结合多媒体学习的认知理论，梅耶提出了多媒体教学信息设计原则，为设计有效的多媒体在线学习环境提供了科学基础。

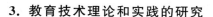

3. 教育技术理论和实践的研究

梅耶认为教育技术领域一直关注媒体技术,包括各种前沿的教学技术,但教学应该以学习者为中心而不是以技术为中心。教学时应该先考虑人是如何学习的,然后再考虑如何用技术的手段促进学习,即应"为意义建构学习设计教学"。因为媒体不能引发学习,相反,是教学方法引发了学习。有关教学设计的研究发现呈现(表征)媒体不能产生学习,但是呈现的方式会影响学习。教学设计工作者的任务就是创设学习环境,减少学习者额外的处理(与学习目标无关的认知处理过程),管理内部处理(表达关键因素和关系所需的认知过程),促进产生式处理(材料与已有的知识进行整合和再组织的深度认知过程)。梅耶不仅在多媒体学习的认知理论与设计原则方面为教育技术领域的多媒体学习环境设计提供了理论基础和研究证据,而且还做了大量的实践工作。他经常与商业、工业、政府等部门的人士接触,用他自己的话说就是"我时刻听从那些开发教育游戏的人的召唤,听从那些刚刚步入软件公司的人的召唤"。他认为这样做一方面能够推广其研究成果、让自己所学的东西有应用价值;另一方面,也能够及时发现教育技术实践中的问题。

十、托马斯·C.李维斯

(一)学术经历简介

托马斯·C.李维斯(Thomas C. Reeves)是美国佐治亚大学学习、设计和技术专业教授,曾任计算机教学系统开发协会(ADCIS)主席,是美国《交互学习研究》期刊的创始人之一。1995 年,他被美国《多媒体创造者》杂志选为相关领域"100 强"之一。2003 年,他由于在教育计算领域的成就成为第一个从 AACE 协会获得协会奖的获奖者。

(二)主要学术思想

李维斯的主要学术思想和实践可以总结为如下五个方面:教学评估与

评测;有益社会的教学技术研究;真实任务;基于设计的研究;电子效绩支持系统(EPSS)。

1. 教学评估和评测

李维斯认为,评估(evaluation)和评测(assessment)是两个不完全相同的概念。评估是对某一项目、产品、人物、政策或者计划的质量和重要性进行判断的一系列的复杂过程;而评测只是为评估收集数据的众多方法中的一种,更多用于对学习者的学习效果的判断。用于评估某一项目、产品和过程的方法还有许多,比如文献分析、观察、专家评审、小组采访、解释性的问卷调查以及投入产出比分析。20世纪90年代早期,设计了一系列精细的评估工具、模版、准则等。在这些评估工具和准则中,著名的有交互式学习系统评估、交互式健康交流在线评估资源、在线医药培训系统评估(Pfizer)、数字图书馆评估准则等。

李维斯对评测在线学习者的学习效果也颇有研究。他认为,在线学习不能仅仅硬搬传统课堂的评测模式,而是要充分利用互联网和其他媒体技术的特点,开发利用多种评测方法,比如电子学习档案、在线讨论、网络日志等。李维斯认为,以学生为中心的在线学习环境和传统意义上教师占主导地位的课堂教学截然不同,因此传统的评测手段不太可能揭示这种新环境的复杂性。李维斯对教学项目、产品、学习效果的评估或者评测的理论广泛影响了后来人们对评估和评测的看法和应用,因而也影响了教育技术界对交互式教学系统设计的定义和模式。

2. 教学技术研究应该对社会负责

作为一个教育技术学者,李维斯一直致力于推动教育技术学研究的社会实用性。他呼吁教育技术领域致力于解决实际问题。1993年,李维斯在计算机教学期刊上发表了《计算机教学中的伪科学:学习者控制研究个案》一文,点名分析了五篇关于学习者控制的文章,并且将这些文章定义为"伪科学"。

为更好地理解教育技术研究的类型,李维斯提出将研究方法和研究目的分开归类。他提出将教育技术研究的目的分为六种:理论研究、实证研究、解释现象、后现代、开发和评估。同时,可以根据教育技术研究所用的研究方法将其分为五类:定量研究、定性研究、批判理论、文献研究、综合方法。这两个分类方法是李维斯对教育技术学研究的另一重大贡献,它们使得教育技术研究者得以清晰地审视研究的目的和潜在的价值。之后不少教育技术学研究报告都引用了李维斯这一分类法来说明自己研究的价值和可能的贡献。

3. 真实任务(Authentic tasks)

真实任务在在线教学中的应用近年来受到了广泛的关注。从2003年起,李维斯和澳大利亚卧龙岗大学的简·赫灵顿(Jan Herrington)以及艾迪斯科万大学的罗恩·奥利弗(Ron Oliver)在澳大利亚研究委员会(ARC)的赞助下,开始进行真实任务设计项目。2003年,三人对当时在线教学中真实情景任务的应用案例、研究文献以及理论进行了严格的分析,总结出鉴别在线教学中真实活动的十个特点。

4. 基于设计的研究

基于设计的研究(DBR),有时候也称为设计研究,或者是开发研究,指的是致力于发现理论和创新性的学习环境如何结合在一起支持人类学习和绩效的研究。教育研究中基于设计的研究由来已久,但是从2004年起,《教育研究者》和《学习科学期刊》的专题讨论重新激发了教育研究者对基于设计的研究的热情。早在2000年,李维斯在《有社会责任感的教育学研究》一文中,就用流程图清晰地描述了传统的实证主义研究和基于"开发目的"的研究过程之间的区别。

与传统实证研究相比,DBR有着数量更多和层次更深的教育实践者比如老师和教学设计者的参与。基于设计的研究往往包含多个研究设计循环:研究者和实践者根据前次研究的结果,总结经验,对研究对象问题、解决方案和方法进行修改和完善,然后投入下一轮的研究当中。基于设计的研究的特点完全符合李维斯一贯的教育技术研究应该契合社会需求、对社会有贡献的观点。因此,他对这个研究方法进行了大力推广。

2005年,李维斯正式提出DBR研究方法是使高等教育中教育技术研究能够对社会做贡献的方法。他认为,在高等教育的教育技术研究中采用DBR将有助于产生有益的研究。李维斯2006年和他的博士生一起建立了

DBR EPSS（基于设计的研究方法电子效绩支持系统）。该系统包括在线 DBR 相关概念解释、专家访谈和互助教程三部分，网罗了大量 DBR 相关出版资源，以及在线自我测验和专家访谈录像。同时李维斯也指导他的部分博士生用 DBR 方法做博士论文，身体力行实践该方法。

5. 电子效绩支持系统（EPSS）

李维斯对教育技术的另一主要贡献是主持创建了几个著名的电子效绩支持系统（EPSS）。20 世纪 80 年代，李维斯与古斯塔夫森（Kent Gustafson）等人合作，建立了一个服务于使用苹果计算机的教学设计者的 EPSS。随后，他们被 NCR 公司聘用为教学设计人员，建立一个专门的 EPSS 系统。这个 EPSS 系统不仅面向教学设计者，同时也面向技术文档编写者。该系统后来获得美国国家专利，称为可调试的 EPSS。随着 NCR 被 AT&T 收购，该系统又被 AT&T 采用，不仅服务于教学设计领域，同时也服务于其他领域。李维斯主持创建的另外两个 EPSS 分别是前面提过的 DBR EPSS 和多媒体开发 EPSS。

十一、美国其他著名学者

除上述国内外对教育技术学的发展产生过重要影响的学者之外，还有几位美国著名教育技术学者从不同的出发点对教育技术理论与实践进行了研究，为教育技术学的发展做出了重要的贡献。

（一）理查德·E.克拉克

1. 学术经历简介

理查德·E.克拉克（Richard E. Clark）是南加利福尼亚大学罗歇尔教育学院教育心理学和教育技术学教授、认知技术中心主任，美国心理协会（APA）、美国心理学会（APS）和应用心理学会会员。克拉克研究兴趣广泛，其研究领域涉及教学心理学、认知动机理论与干预、教育与培训中的媒体应用、认知任务分析、高级专长的发展以及能力倾向处理交互（ATI）等。目前，克拉克尤为关注高度复杂知识的培训设计，以及如何支持和促进个

第四章 教育技术学学科重大事件和代表人物

人与组织变革。克拉克著述颇丰,主持编著了 18 种著作,发表论文过百篇。

2. 学术思想

在教育技术学学术共同体中,克拉克最为大家所熟悉的也许是他对"媒体可以直接影响学习"的批判,及其与考兹玛之间的"学媒论争"。他并不只是一个批判者,更是一个积极的探索者和实践者。

在研究生学习阶段,克拉克就开始关注媒体与学习的关系。他认为,媒体在任何条件下都不会影响学习;媒体仅仅是传递教学的工具,它对学习结果的影响并不比运送食品的汽车对我们营养的影响大;媒体只会影响学习的成本和速度(效率),而方法和内容才会影响学习。因此,媒体的选择应该考虑其成本/效益、可获性、费用等。"媒体对学习没有影响"这一观点是一种反面批判,是对于"什么在教学中起作用"这一问题的正面探索,这成为克拉克后续研究的重心,主要包括教学方法、动机与教学设计三个方面。

克拉克所崇尚的教学方法是要给予学生"充分的指导",并在教学中让学生进行各种实践、练习,以便能将知识迁移到新情境。克拉克认为,对经验较少的学生最有效的处理方法应该是在教学中提供任务明确的学习策略,因为这种策略需要明确而有意识的努力。对于新信息,应该直接向学习者展示做什么以及如何做。克拉克还从人类认知结构、专家-新手的差异及认知负荷的角度解释了指导教学的优势。

克拉克认为最优化的教学设计方法应该将认知任务分析和梅瑞尔的五条原则(首要教学原理)整合起来。在接受美国军方建构复杂知识培训的教学设计系统的委托后,基于梅瑞尔和其他教学设计专家的成果,克拉克开发了"指导下的体验式学习"(Guided Experimental Learning,GEL)系统。其中的"指导"包括:清晰的程序;对真实问题解决方案的准确示范;对解决难度逐渐增加的问题,专家给予校正反馈。指导会逐渐淡化,直至学习者能够达到预期效果。

(二)查尔斯·M. 瑞格鲁斯

1. 学术经历简介

查尔斯·M. 瑞格鲁斯(Charles M. Reigeluth)是美国印第安纳大学教学系统技术系教授,著名教学设计专家。瑞格鲁斯的学术兴趣主要集中在两个方面,一是教学设计,二是教育系统变革。瑞格鲁斯著述颇丰,主编的《教学设计的理论与模式》是教学设计领域的经典著作。

2. 主要学术思想

精细化理论(又译作精细加工理论)是瑞格鲁斯最主要的理论成果之一,也是广为中国教育技术界熟知的一种教学设计理论。该理论强调,学习首先要有整体的、全局的概念蓝图,要对学习内容有框架上的了解,随后再逐步深入、细化地学习各个部分。为了帮助教师依据精细化理论设计教学,瑞格鲁斯提出了应用精细化理论设计教学的 9 个步骤,并对精细化理论的效果进行了验证研究。瑞格鲁斯进一步提出了"启发式任务分析"方法,并探讨了该方法的教学应用,为精细化理论指导教学设计提供了具体的方法。

瑞格鲁斯的另一个主要研究领域是教育系统的变革。20 世纪 80 年代末,瑞格鲁斯意识到信息技术给教育带来的冲击,开始关注教育的新变革并努力推动这种变革的发生。近年来,瑞格鲁斯初步构建了教育系统变革的体系。

瑞格鲁斯并不是一个纯粹学院派的学者,还深入实践一线,参与了教育系统的变革过程。他主持的"通向成功之路"项目就是一个从学区层面来推动教育系统变革的范例。

瑞格鲁斯把教学设计定位为提升教学效果的"桥梁"学科,主要关注理解、改进和应用教学方法。为了促进教学设计领域的发展,瑞格鲁斯认为必须建立一个共通的知识基础。他认为教学设计理论是一种处方性理论,所有的教学设计理论都可以被归类为"教学方法"或"教学情境",并且尝试用形成性研究的方法来开展教学设计的研究。在对教学设计的研究中,瑞格鲁斯试图通过分解教学内容的知识和能力结构,合理安排一系列外部教学活动,引导学习者完成内部知识能力结构的发展。他继承和发展了加涅等人开创的任务分析的方法,在精细化理论中提出了一套较完整的认知领域和技能领域的序列分解方法以及策略排序方法。

(三)戴维·梅瑞尔

1. 学术经历简介

戴维·梅瑞尔(David Merrill)是美国犹他州立大学教育技术系荣誉退休教授,当代著名教学设计专家和教育心理学家。1964年,梅瑞尔获得了教育心理学博士学位,开始了其长达四十五年的学术生涯,成为教学设计领域一位声名卓著的学者和公认的学术领袖。四十五年中,学习理论发生了从行为主义到认知主义到建构主义的转变,教育技术领域经历了从视听教学到多媒体教学到网络教学的转变。梅瑞尔一方面推进了加涅所开创的教学设计研究,丰富并发展了第一代教学设计的理论体系;另一方面对其所开创的第二代教学设计以实现教学设计的自动化为己任,因此被称为"第二代教学设计之父"。作为第二代教学设计的领军人物,面对今天困扰着教育技术学领域的众多理论和实践问题,梅瑞尔仍然在努力寻求着诸多问题的答案,比如学习科学的挑战,专业发展的极不稳定,研究人员的浮躁,教学设计扑朔迷离的未来等。

2. 主要学术思想

梅瑞尔尝试完善加涅关于学习条件的理论中不完善的地方,依照加涅指出的学术研究道路提出了"业绩—内容矩阵"(CDT)。CDT理论的进一步发展和应用得益于TICCIT项目的研究。在TICCIT系统的设计和开发中,面临着如何对众多的教学策略进行分类和表征的问题。梅瑞尔通过对教学策略已有研究文献的分析和总结,得出两种最基本的内容——普遍层次和具体层次,两种最基本的内容教学策略——向学生展示教学内容和要求学生记忆或应用,将内容和策略相交形成了一个"基本呈现形式"的矩阵。内容维度的普遍层次可以用"通则"一词来表示,内容维度的具体层次可以用"事例"来表示;在教学策略或方法维度可以用"讲解"来代表向学生展示内容,用"探究"来代表要求学生应用。由此可以推导出以下四种"基本呈现形式":讲解通则、讲解事例、探究通则和探究事例。

使用该矩阵可以准确无误地描述教学过程中所用到的所有基本呈现形式,另外再加上一系列的辅助呈现形式和它们之间的相互关系。由于每一个基本呈现形式都包含着一类向学生呈现的方式,所有呈现合起来构成了教学的策略,因此这一系列工作被称为"成分显示理论"。

成分显示理论由三部分组成:(1)描述内容+任务(业绩)的二维矩阵;(2)描述教学策略的基本呈现形式、辅助呈现形式及其相互关系类型;(3)描述二者之间相互关系的一系列规则。CDT 可以为二维矩阵中的每一个内容和业绩单元寻找最合适的 PPF、SPF 和 IDR 相组合的教学策略。

教学处理理论是第二代教学设计(ID2)理论的核心。梅瑞尔认为要使交互教学技术在教育和训练中广泛运用,一个关键的问题就是需要有支持高水平交互的教学系统设计与开发的有效工具和方法,这就需要通过建构第二代教学系统设计理论才能解决。第二代教学设计理论更加精确,更加倾向于处方性,并且因为要借助于算法来实现,所以更加高效。

"教学处理"是通过"处理壳"这种结构来实现的,所谓"处理壳"就是指符合某一给定课程或处理需求的交互、参数及知识表征的处理结构,一个教学处理壳就是一段计算机代码。当选择了合适的传输系统将这些代码传递给学生时,教学处理便发生了。

创作环境由知识获取系统和处理配置系统组成,知识获取系统负责向学科专家询问所需要的知识与技能,并将获取的信息和知识存储到知识库中供教学处理使用。教师(或教学设计师)负责根据学生特征、学习环境、任务特点从处理配置系统中选择适合的教学参数,与学生进行互动。传输环境在处理管理器、教学参数和知识库的共同作用下负责与学生的具体互动。这种基于"算法—数据"的方法比传统的框架性开发方法要高效许多。

(四)罗伯特·A.瑞泽

1. 学术经历简介

罗伯特·A.瑞泽(Robert A. Reiser)是美国佛罗里达州立大学教授,著

第四章 教育技术学学科重大事件和代表人物

名的教育技术学者。

瑞泽先后撰写了四本教学设计和技术领域的书籍,其中包括与加涅合作撰写的《选择教学媒体》(1983),与沃特·迪克合作撰写的《规划有效教学》(1989)和《教学规划:教师指南》(1996)。他与约翰·登普西合作主编的《教学设计与技术的趋势和问题》在教育技术界产生了广泛影响,先后获得美国教育传播与技术协会(AECT)颁发的杰出图书奖和国际绩效改进协会颁发的杰出人类绩效传播奖。目前,该著已经成为教育技术学专业课程教学最常采用的教科书之一。

2. 主要学术思想

在教育技术学领域研究其定义和历史的专家不计其数,瑞泽也有自己的独特观点。瑞泽通过深入地分析和比较20世纪开始直到AECT1994年定义的演变发展过程中一些最有影响的教育技术定义,揭示了教育技术定义演变背后所呈现出来的教育技术领域的主要变化,提出了可能影响未来教育技术定义的教育思潮和技术要素,比如远程学习、建构主义、合作学习、协作学习、绩效技术运动、电子绩效支持系统等因素。

瑞泽尝试重新界定教育技术的定义,把教学技术更名为教学设计和技术。瑞泽的定义认为,教学设计和技术领域包括对学习和绩效问题的分析,以及为改进各种环境(尤其是教育机构和工作场所)的学习和绩效而设计、开发、实施、评价和管理各种教学和非教学的过程与资源。与此同时,瑞泽还主张应该把教学技术的内涵扩展为系统化的教学设计,即作为"过程"的教学技术。

瑞泽的研究更多的是关注系统化教学设计。他与合作伙伴迪克一起提出了有效教学设计模式。该模型强调任何一个教师无须依赖任何特殊设备或辅助工具和媒体,就可以在课堂教学中对其进行应用。他们将有效教学设计模式应用到教学当中,帮助教师设计一学期、一单元甚至一节课的课程;该模型有一定的步骤与顺序协助教师做出有效的教学设计。

随后,瑞泽和迪克再次合作设计出教学软件评估模型。该模型充分印证了瑞泽和迪克的系统化教学设计思想:从软件的确定到结论的最终生成,

体现了各个模块之间的紧密相关性;教学软件只是解决教学问题的工具,评估流程是按照系统化教学设计思路来安排的。为了验证这个模型的正确性,他们让佛罗里达州立大学研究开发部的成员对这个模型进行具体操作,对学生和教师进行访谈,从中发现该模型存在的问题,以此作为完善模型的依据。

瑞泽在绩效技术方面所做的工作不多,但他能够把握最新趋势。瑞泽认为,人类绩效改进运动已经对教学设计与技术领域产生了实质性的影响,而且已经有两个关键理念已经影响到教学设计师的设计工作。第一个关键理念是,仅仅关注改善学习不足以解决组织中存在的绩效问题。在真实世界中为了改进人的绩效,我们需要将更多的真实活动整合到所设计的教学计划当中。第二个关键理念是,并不是组织中存在的每一个绩效问题都可以通过教学型方案来解决。在现实中我们经常会根据绩效分析的结果选择非教学型方案来改进绩效,比如激励系统或工作重组等。

第五章 教育技术学研究方法

教育技术学属于科学研究的范畴,是通过科学的研究方法,按照一定的系统程序,对教育技术领域的现象和问题进行研究分析,从而探究教育技术的本质和规律,解决教育技术中的问题。教育技术学的研究过程和一般的研究过程相似,但又有不同之处。教育技术学研究一般包括以下四个环节。

① 研究设计阶段。这个阶段主要是对开展的研究进行规划与设计,要拟定研究课题、调查研究背景、提出研究问题、规划研究过程、设计研究方案等。

② 研究实践阶段。这个阶段主要是根据研究方案,利用教育技术学研究方法开展相关的实践研究,获得研究数据。

③ 研究分析阶段。这个阶段主要是利用研究分析方法将研究实践获得的数据进行整理分析,从中找出规律与特点。

④ 研究总结阶段。根据分析的结果,进行研究总结,撰写研究论文等。

本章将教育技术学研究分为理论研究、实践研究和评价研究三大类。关于理论研究,在一般的教育研究方法的著作中都有涉及,由于篇幅限制,在本章中不予详述。

第一节 实践研究

教育技术学的研究工作不是纸上谈兵,而是要扎扎实实地开展实践工作。在设立了研究课题之后,需要根据研究方案开展相关的研究行动。要根据不同的课题开展不同的、有针对性的、有效的研究行动,这不仅需要我们掌握好行动研究的方法,而且还要积累经验,增强研究实践的能力。

一、行动研究

（一）行动研究的含义与特点

《国际教育百科全书》中把"行动研究"定义为"由社会情境（教育情境）的参与者，为提高对所从事的社会或教育实践的理性认识，为加深对实践活动及其所依赖背景的理解而进行的反思研究"。

从中，我们可以归纳出行动研究的下述特征。

1. 由行动者研究

"由社会情境（教育情境）的参与者"指出了行动研究的主体是实际工作者，而不是外来的专家学者。外来专家学者参与研究的作用是提供意见与咨询，是协作者而非研究的主体。

2. 为行动而研究

"为提高对所从事的社会或教育实践的理性认识，为加深对实践活动及其所依赖背景的理解"指出了行动研究的目的。其目的不是构建系统的学术理论，而是解决实践工作者遇到的问题。研究目的具有实用性。

3. 在行动中研究

在行动中研究是指研究的情境和方式。行动研究的环境是实际工作者所在的工作情景，并非经过特别安排或控制的场景。行动研究的研究过程，即实际工作者解决问题的过程，是一种行动的表现，也是实际工作者学会反思、问题探究与问题解决的过程。

（二）行动研究的基本环节

1. 计划

"计划"是行动研究的第一个环节，它包含三个方面的内容和要求：

（1）计划始于解决问题的需要和设想，设想则是行动研究者（行动者和研究者）对问题的认识及他们掌握的有助于解决问题的知识、理论、方法、技术和各种条件的综合。

（2）计划包括总体计划和每一个具体行动步骤的计划方案，尤其是第一、第二步行动计划。

（3）计划必须有充分的灵活性、开放性。

2. 行动

"行动"即实施计划，或者说按照目的和计划行动。

（1）行动者在获得了关于背景和行动本身的信息，经过思考并有一定程度的理解后，有目的、负责任、按计划地采取实际步骤。这样的行动具有贯彻计划和逼近解决问题之目标的性质。

（2）实施计划的行动重视实际情况变化，重视实施者对行动及背景逐步加深认识，重视其他研究者、参与者的监督观察和评价建议。行动是不断调整的。

3. 观察

观察包含观察者和观察的内容。

（1）观察既可以是行动者本人借助于各种有效手段对本人行动的记录观察，也可以是其他人的观察，而且多视角的观察更有利于全面而深刻地认识行动。

（2）观察主要指对行动过程、结果、背景以及行动者特点的观察。由于社会活动，尤其是教育活动，受到实际环境中多种因素的影响和制约，而且许多因素又不可能事先确定和预测，更不可能全部控制，因此，观察在行动研究中的地位就十分重要。在行动研究中，观察是反思、修正计划、确定下一步行动的前提条件。

4. 反思

反思是一个螺旋的终结，又是过渡到另一个螺旋的中介。反思这一环节至少包括：

（1）整理和描述，即对观察到、感受到的与制订计划、实施计划有关的各种现象加以归纳整理，描述出本循环过程和结果，勾画出多侧面的生动的行动过程。

(2) 评价解释，即对行动的过程和结果作出判断评价，对有关现象和原因做出分析解释，找出计划与结果的不一致性，从而形成基本设想、总体计划，以及下一步行动计划是否需要修正、需作哪些修正的判断和构想。

二、教育实验研究

（一）教育实验的含义与类型

1. 教育实验的含义

教育实验是根据一定的理论和假设，通过人为地控制教育现象中某些因素，从而探索变量之间因果关系的研究方法。

教育实验研究主要涉及以下几个基本问题：① 一定的理论和假设；② 人为控制某些因素；③ 论证某种因果关系。

教育实验研究的过程是：① 通常是在科学的教育理论指导下，提出一个具有因果关系的假设；② 以这个假设为出发点，选取被试；③ 按照某种方式对被试实施实验处理和测量；④ 通过统计分析确定所提出的假设是否成立；⑤ 论证某一因果关系。

教育实验的优点是：① 可以控制实验对象；② 可以强化研究条件；③ 可以揭示因果关系；④ 可以重复研究过程。

教育实验的局限性是：① 实验环境不易控制；② 实验对象受到限制；③ 实验变量难以控制；④ 实验范围有一定限制。

2. 教育实验的类型

按照不同的标准，教育实验可以分为不同的类型。

（1）按实验场地的不同可分为实验室实验和自然实验。

（2）按对问题的已知程度可分为试探性实验和验证性实验。

（3）按系统操纵自变量的程度和内、外效度的高低可分为真实验、准实验和前实验。

（4）按照实验性质可分为：

① 判断实验。判断某一种现象是否存在，某一种关系是否成立。着重

研究对象具有怎样的性质和结构。

② 对比实验。对两个或不同群体、不同时间、不同条件进行差异性比较。

③ 析因实验。分析在某一事件发生和变化过程中起主要作用或决定性作用的因素。

（二）教育实验的变量

（1）自变量。是由研究者选择并操纵的用以变革教育有关方面的变量，是施于被试的某种变化的因素。它是假定的原因变量，又称为实验处理或输入变量。自变量可以是不同的教材、不同的教学方法、不同的教学组织形式等。

（2）因变量。是由于自变量的变化希望引起被试有关方面相应变化的变量，也叫结果变量，如学生的学习成绩、行为习惯、智力发展等。因变量是研究中需要观测的指标。

（3）无关变量。也称控制变量，是可能对实验结果产生影响的、自变量以外的因素。由于它对研究结果可能产生影响，又被称为干扰变量，需要在研究过程中加以控制。

（三）教育实验的效度

实验效度，就是指实验设计能够回答研究问题的程度。实验效度有两种：内部效度和外部效度。

1. 内部效度

内部效度就是指实验者所操纵的实验变量对因变量所造成的影响的真实程度。实验内部效度高低取决于对无关变量控制的程度。无关变量控制得越好，实验结果越能解释为由实验处理所造成。反之，控制越差，实验结果越无法解释为由实验处理所造成。可见，内部效度是实验研究的基本条件。

2. 外部效度

外部效度是指实验结果的概括性和代表性。换言之，就是指实验结果是否可推论到实验对象以外的其他受试者,或实验情境以外的其他情境。一个实验越能实现这个目的,就越有良好的外部效度。

(四)教育实验的设计模式

根据实验变量的控制程度,可以将教育实验分为三类:前实验、准实验、真实验。

前实验没有对无关变量进行有效的控制,内部效度低,可以进行观察和比较,但由于对无关因素的干扰和混淆因素缺乏应有的控制,因而无法验证自变量与因变量之间的规律性关系,也很难将实验结果推论到实验以外的其他情形。前实验设计包括单组后测设计、单组前后测设计、不等组后测设计(固定组或静态组比较设计)。

准实验不能随机分派实验对象,不能完全控制无关变量,只能尽量予以条件控制。准实验是在教育的实际情境中进行的,因而具有推广到其他教育实际情境的可行性。之所以说教育实验大多属于准实验,是因为教育实验的情境和实验对象的特殊性。教育实验难以满足一般科学实验的规范要求,在许多教育实验中,实验对象通常是处于正常的自然状态接受实验的。准实验设计包括不等组前后测设计、相等时间样本设计、时间序列设计、平衡设计(轮组设计或循环设计)。

真实验是能严格地随机分派实验对象,完全控制无关变量,能系统地操作自变量的实验。真实验相对于前实验和准实验是最规范的。真实验设计包括等组后测设计、等组前后测设计、多重处理技术、所罗门四组设计。

为简明地表示各种实验设计的特征,用符号表示被试、实验处理和因变量的测量:S 为被试;R 为经过随机选择和分配的被试;X 为实验处理(自变量);O 为因变量的测量。对这几种因素进行不同方式的安排,就构成了不同的实验设计。

(五)教育实验的基本程序

教育实验的全过程一般包括准备、实施和总结三个基本阶段。准备阶段包括:确定实验课题;提出实验假设;选择实验设计;制定实验方案。实施阶段包括:实施实验设计。总结评价阶段包括:验证实验假设、形成研究结论;总结研究成果、形成研究报告。

三、课堂观察法

(一)观察法的含义与特点

观察法是指观察者根据一定的研究目的和研究提纲,运用自己的感觉器官或借助科学的测量仪器,直截了当地了解当前正在发生的处于自然状态的研究对象的方法,它与日常的观察不同。

观察法的优点是:

① 可以直接地、及时地获得资料。

② 可以获得非语言的、生动的资料。

③ 方便易行,适用范围广。

④ 观察方法多样、灵活。

⑤ 不妨碍观察对象的学习、生活和正常发展。

观察法的局限性是:

① 受观察者的限制和观察深度的限制。

② 受观察对象的限制,研究取样较小,研究结论难以推广。

③ 受时空的限制,在研究对象较多且分散的情况下难以应用。

④ 多次观察的情境难以一致,研究信度较低。

⑤ 不能确定事物的因果关系。

观察研究法包含三个要素:

① 观察的手段。观察研究的手段要求敏锐、仔细、准确。

② 观察的对象。主要包括教育活动中的人和教育活动。

③ 观察对象的状态。该状态应该是一种"真实状态",不受外界的影响、干预或控制,保证真实状态下的观察结果。

（二）科学观察与一般观察的差异

科学观察与一般观察在许多方面有共同之处，但也存在着不同（如表 5-1 所示）。

表 5-1　科学观察与一般观察的差异

科学观察	一般观察
有计划、有目的	自发、无目的
有对象、有重点	偶然、无重点
详细记录	不要求

我们在开展观察研究时要注意有别于一般的观察，要开展有计划、有安排、有记录的科学观察。

（三）观察法的类型

观察法的类型是多种多样的。根据研究的目的、内容、对象的不同，可分为多种观察方式。表 5-2 依据不同的分类标准，把观察研究分为 10 种类型。

表 5-2　观察研究的类型

分类标准	类型	特点
是否有中介	直接观察	不借助仪器，靠自身感觉器官进行观察
	间接观察	借助于各种仪器来进行观察
是否参与活动	参与观察	参与被观察对象的活动，在活动中观察。对观察对象的活动有比较深入的体验和理解，有助于理解观察对象背后的心理活动和动机
	非参与观察	不介入被观察者的活动，处于旁观者状态。非参与性观察比较冷静客观，但不易深入
有无记录	有结构观察	对于观察的内容、程序、记录方法都进行了比较细致的设计和考虑，观察时基本上按照设计的步骤进行，对观察的记录结果也进行定量化的处理
	无结构观察	事先没有严格的设计，比较灵活、机动，能够抓住观察过程中发现的现象而不受设计的限制，但是难以进行定量化处理

(续表)

分类标准	类型	特点
观察对象数量	全面观察	对发生和出现的各种现象进行观察和记录。它涉及的范围广泛,但是由于观察的视野有限,往往对观察者要求很高
	抽样观察	对观察现象的场景、时间、人、活动等因素进行取样,再对样本进行观察。它涉及的范围比较小,容易使观察深入细致,操作比较容易
观察的时间	定期观察	非连续性的、按一定时间间隔做观察
	追踪观察	对某个对象或者某种现象进行比较长时期的观察

四、课堂教学行为分析

(一)课堂教学分析与评价的含义及常用方法

课堂教学分析评价是指按照一定的教学目标,运用科学可行的评价方法,对课堂教学过程和教学成果给予价值上的分析和判断,从而为改进教学、提高学习绩效提供可靠的信息和科学依据。有效的课堂教学评价能够帮助教师对自己的教学过程进行分析和反思。

常用的课堂评价方法包括现象观察法、等级量表法和分析评价法。其中现象观察法和等级量表法属于质性评价范畴,分析评价法属于量化评价范畴。

其中,分析评价法是用结构化的方法记录观察到的行为,然后对之进行数学处理,形成一定的结论。这样做使得主观性因素得到了有效控制,准确性较高,观察者之间、观察者与被观察者之间的分歧较小,有利于指导被观察者改进教学,但操作起来比较复杂、费时,需要对观察者进行必要的培训。在课堂教学分析评价中,常用的分析评价法主要包括弗兰德斯互动分析系统(FIAS)、S-T 分析法和 TIMSS 录像分析法(见表 5-3)。

表 5-3 常用的课堂评价方法

质性评价	现象观察法
	等级量表法
量化评价	分析评价法(FIAS、S-T、TIMSS)

(二) 弗兰德斯互动分析系统

弗兰德斯互动分析系统（Flanders Interaction Analysis System，FIAS）是美国明尼苏达大学学者弗兰德斯（N. Flanders）在20世纪60年代提出的一种课堂行为分析技术，用于记录和分析课堂中师生的语言互动过程及影响。

1. 弗兰德斯互动分析的理念和特点

弗兰德斯互动分析系统源于弗兰德斯的一种观念：语言行为是课堂中主要的教学行为，占所有教学行为的80%左右，因此评价一堂课的最佳方法是对课堂内的师生语言行为进行互动分析。从某种意义上说，把握了课堂教学中师生的语言行为也就把握了课堂教学的实质。

弗兰德斯的课堂语言行为互动分析框架具有两个特点。其一是强调课堂语言行为。他认为，不可能也没必要把课堂中所发生的一切都记录下来，课堂观察应该有所选择。教学活动主要以言语方式进行，语言行为是课堂中主要的教学行为，占所有教学行为的80%左右。此外，师生语言行为是明确表达出来的，便于观察者做客观记录。因此，弗兰德斯将课堂教学行为分析的重点放在师生语言行为上。其二是强调师生语言行为的互动性。弗兰德斯认为，师生在课堂教学中的言语交流是互动的，教师和学生的语言行为是相互支撑、相互引发的。因此，观察者和教师应该注意观察和分析课堂互动模式，通过这样的分析，可以知道课堂是由教师主宰还是由学生主宰，是开放的还是压抑的，教学风格是直接的（学生反应的自由被最小化）还是间接的（学生反应的自由被最大化）。

在师生语言行为的记录方式上，弗兰德斯用"代码"客观地记录下课堂内发生的事件及其序列，这些"代码"基本上反映了课堂教学的原貌，为随后进行的分析与评价奠定了扎实的基础，克服了传统课堂观察的主观性，大大提高了分析和评价的客观性和科学性。在处理方法和结果使用上，弗兰德斯把复杂的课堂教学现象转化为相对简单的数学问题，采用矩阵和曲线分析，形成一定的数学结论，然后把数学结论还原为教学结论,及时反馈教师和学生在教学中存在的问题并提出改进方案,具有较强的诊断性。如果教师借助于录音机、摄像机,还可以运用弗兰德斯课堂互动分析方法记录、分析自己的课堂教学,为教师提供一种反思自己教学的工具。

但弗兰德斯的课堂语言行为互动分析法也存在明显的不足,比如它只注意到课堂内师生的语言行为,对观察者也有较高的要求,不仅需要记住庞杂的行为定义和代码,还要有较强的鉴别能力以及对时间的敏感性。此外,互动分析系统仍然相当粗略,许多语言行为还有待细分。

2. 弗兰德斯互动分析编码系统

表 5-4 弗兰德斯互动分析编码系统

分类		编码	内容	说明
教师语言	间接教学	1	表达情感	以一种不具威胁性的方式,接纳及澄清学生的态度或情感语气。学生的情感可能是正向的,也可能是负向的。这一类也包括预测或回想学生的情感
		2	鼓励表扬	称赞或鼓励学生的动作或行为。这一类也包括疏解紧张但不伤人的笑话,点头或说"嗯""继续下去"等
		3	采纳意见	澄清、扩大或发展学生所提出的意见或想法。这一类包括教师延伸学生的意见或想法,但是当教师呈现较多自己的意见或想法时,则属于"讲授"
教师语言	直接教学	4	提问	以教师的意见或想法为基础,询问学生有关教学内容或步骤的问题,并期待学生回答
		5	讲授	教师就教学内容或步骤提供事实或见解;表达教师自己的观念,提出教师自己的解释,或者引述某位权威者(而非学生)的看法
		6	指令	教师对学生指示做法、下达命令,期待学生服从。此类行为具有期望学生服从的功能
		7	批评	教师的话语内容为企图改变学生的行为,从不可接受的方式转变为可接受的方式;责骂学生;说明教师为何采取这种作为;教师极端地自我参照的话语

(续表)

分类		编码	内容	说明
学生语言	间接教学	8	应答	学生为了回应教师所讲的话。教师指定学生答问,或是引发学生说话,或是建构对话情境。学生自由表达自己的想法是受到限制的
	直接教学	9	主动	学生主动开启对话。表达自己的想法;引起新的话题;自由地阐述自己的见解和思路,像是提出思考性的问题;超越既有的架构
沉寂或混乱		10	无有效语言	暂时停顿、短时间的安静或混乱,以至于观察者无法了解师生之间的沟通

(三) S-T 分析法

S-T 分析法即 Student-Teacher 分析法,主要用于对教学过程的定量分析。它将教学结果以图形表示,使得教师可以采用可视化的方法对教学过程加以研讨,是一种有效的定量分析方法。

S-T 分析法规定的课堂教学行为类别仅有 T 行为(教师行为)和 S 行为(学生行为)两类(如表 5-5 所示)。

表 5-5　行为类别定义

类别	定义	描述	
T 行为	教师视觉的、听觉的信息传递行为	视觉的	教师的板书、演示等行为
		听觉的	教师的讲话行为
S 行为	T 行为以外的所有行为	在 T 行为没有产生的情况下,也会有 S 行为	

(1) T 行为的具体表现

① 解说。对于具体事物、概念、法则、实验、现象的解释和说明。

② 示范。包括教师的实验、发言、操作等行为。

③ 板书。这种行为多伴随解说同时发生。

④ 利用各种媒体进行提示。这是一种与板书具有相同效果的教学行为。

⑤ 提示与点名。教学中,教师往往提出问题,指名让某一学生回答。

⑥ 评价、反馈。对学生发言的评价、修正。

(2) S 行为的具体表现

① 学生的发言。

② 学生的思考、计算。

③ 学生记笔记。

④ 学生做实验或完成作业。

⑤ 沉默。

虽然 S-T 分析法较为简单,完全可以手工进行分析,但是当数据量较大时,手工分析仍然费时费力,且不能立刻得到结果。这也使得 S-T 分析法失去了现场分析的意义。近年来,一些研究者使用 VB、VC 等语言编制了 S-T 教学分析软件,只要将采样数据输入到相应的 Excel 模板中,马上就可以绘制出 S-T 曲线和 Rt-Ch 图,并判定出教学模式。

S-T 分析中的行为类别只有 T 行为和 S 行为两类,减少了教学过程中行为分类的模糊性,大大提高了分类的客观性和可靠性。采用这一方法进行观察的教师很容易得到相同的结果,有利于进一步的分析研究。而在一些复杂的分类系统(如弗兰德互动分析系统)中,教学行为有 10 种分类,因此不同的人对同一个教学过程会得出不同的记述结果,从而影响后续的分析研究。再加上 S-T 分析法不需要复杂的计算,有利于推广、实施,并将分析的结果以图形表示,可以更形象、直观地研究教学,所以,S-T 分析法比较适合教师在日常教学中采用,是教师用来进行教学反思和研究的有效工具。

(四) TIMSS 录像分析法

1994—1995 年,41 个国家(地区)约 50 万名学生参加了第三次国际数学和科学教学比较研究项目(Third International Mathematics and Science Study,简称 TIMSS)的测试。在对各国(地区)学生学业成就进行比较分析的过程中,一个十分复杂但又不能回避的课题是如何分析教学过程与学业成就的关系。在 TIMSS 录像研究项目中,美国、德国、日本的研究工作者首次大规模地对这三个国家八年级 231 节数学课进行了实录,并构建了录像信息分析模式,用于比较研究三个国家课堂教学与学生学习成就的关系。

TIMSS录像分析法本质上是一种课堂教学录像分析法。它的出现引起了国际教育界的普遍关注,被誉为是信息技术在教育研究中的革命性突破。

1. 课堂教学录像分析法的含义

课堂教学录像分析法是借助信息技术手段,对课堂教学中丰富而又复杂的师生交互过程的信息进行数字化处理、加工和分析,是提高教师课堂教学能力的有效工具。

课堂教学录像分析法分两个阶段:第一阶段是课堂教学流程信息的处理和加工,最终的呈现方式是课堂记录表;第二阶段是课堂教学中师生交互过程的分析评价,应用课堂交互分析框架和量表对教师行为进行提炼和分析,呈现方式是教师的讨论和反思。

其主要流程是:

(1) 建立课堂录像分析的编码系统。

(2) 将录像准备为数字化文件,便于分析软件的处理。

(3) 根据编码系统对课堂教学的各种特征进行编码。

(4) 对编码结果进行统计分析。

(5) 根据初步的分析结果进行二次分析。

(6) 生成课堂教学分析报告。

TIMSS课堂教学录像分析的核心是对课堂教学录像信息进行编码的过程,即对课堂教学录像提供的丰富而又复杂的信息进行结构化处理,使之产生能用于分析教学过程的新知识。

在TIMSS录像研究项目基础上,从1998年开始,由斯蒂格勒(James W. Stigler)教授领导的课程实验室又开展了TIMSS-R录像研究项目。TIMSS-R录像研究在TIMSS录像研究分析编码体系基础上进一步提出了课堂教学分析的框架,作为编码的理论和方法基础。

2. TIMSS-R录像研究的教学分析框架

TIMSS-R课堂教学分析框架分为以下六个维度。

(1) 教学目的

每堂课都有其教学目的,但我们通过观看录像不一定就能准确得知其教学目的，因此很难直接进行编码。我们一般通过推测来得知其教学目的，提供课的背景，用以解释编码结果。

（2）课堂常规

一个国家教学体系中的教学常规，没有共同的特别一致的标志。例如教学成效测量，捷克用口试的方式，美国用检查回家作业的方式，瑞士用问题解决的方式。

（3）参与者的行动

在教学中教师和学生的位置和他们的行动，通过直接方式转化为编码。

（4）课堂谈话

课堂谈话可以在若干水平上具体化。描述每一水平谈话的情况可从侧面反映口头交流的综合实质。课堂谈话的水平分类是：有关教师与学生讲话的总量、交流的速度、有关问题和回答的谈话的开放程度、谈话中展开评价的程度、谈话涉及的教学观念、讨论的错误、学生表达的准确性。

（5）内容

这里给出一个编码目录以描述教学内容的本质：

① 任务（最小单元）

A. 个别的任务

a. 由任务提示的教学或认知过程；

b. 处理任务的具体细节；

c. 用于处理任务的语言（例如准确性）；

d. 学生解决问题的方式。

B. 任务之间的关系［这类关系用不同任务之间差异的辨别来描述，例如情景、主题、表现方式（表、图、方程等）、问题解决的方式与类型，数/代数表达式等］。

② 讨论主题（大型单元）

A. 课中蕴含的讨论主题数；

B. 相对于国际标准水平，讨论主题的水平；

C. 讨论主题导入的方式；

D. 讨论主题是怎样展现的(材料、工具、直观教具);

E. 讨论主题是怎样联系过去的教学内容、真实生活和数学史的。

③ 重点:不同的课强调的重点可能不一样,例如有的课强调数学概念的理解,而有的课则关注训练的熟练程度。

(6) 气氛

课堂气氛对于教学分析有潜在意义,但操作起来十分困难。这一维度的描述包括:课堂气氛相对来说是严肃的还是活跃的;速度是快还是慢;学生相对安静还是喜欢讲话;错误能被接受的程度。

第二节　评价研究

在研究过程中获得了研究的相关数据与资料之后,研究者需要运用有效的研究分析方法,从这些数据资料中得到研究对象的本质规律。采用不同的方法,可以获得不同的结果。

一、评价研究概述

评价研究是对研究对象、研究内容、研究过程等进行价值性判断的一种方法,可以帮助我们准确地把握研究,尽快得到有价值的研究结果。

(一) 评价研究的含义与特点

评价研究是对事物或活动进行价值判断,先根据研究目标分解出若干要素,由评判者根据一定的标准,对被评对象的各项功能、属性、品质等进行等级判定,然后根据评判结果与权重再进行最后的综合评价。因此,评价的关键是收集资料进行价值判断。

评价的主要功能与作用是反馈与决策。

评价的特点是:(1)有明确的目的和具体的目标。(2)以客观事实资料为依据。(3)以评价指标体系收集处理资料。(4)对资料进行量化处理。

（5）做出价值性的判断。

（二）评价研究的种类

对于评价研究，我们可以从不同的角度进行不同的分类，其进行的方法与过程也不同。

1. 按评价的功能分类

（1）诊断性评价

诊断性评价一般是指在某项活动开始之前进行的评价，是为使其计划更有效地实施而对评价对象的基础和条件进行调查和研究，摸清情况，发现问题，做出预测的评价活动。其主要目的是了解评价对象的基础和基本情况，为解决问题收集资料，根据评价结果，修正研究目标，找到解决问题的办法。如摸底考试、问题评析等。

（2）形成性评价

形成性评价是指在某项活动进行之中进行的评价，是为了调节、修正活动过程，保证目标的实现。其主要目的是及时获取反馈信息，缩小活动过程与目标之间的差距，总结经验，发现问题，及时改进活动。如课堂的小测验、教学检查等。

（3）总结性评价

总结性评价是指在某项活动结束或告一段落时进行的评价，是对活动结果做出价值判断的过程。其主要目的是了解整个活动与预期目标之间的差异，对整个过程进行综合评判，拿出最终的结果。如期中考试、教学评估等。

2. 按评价的价值标准分类

（1）相对评价

相对评价是指在被评对象中选取一个或若干对象作为基准，然后将其余对象与基准对象进行比较，从而做出价值判断。其目的是对两个或多个对象的差异性作出判断。若两个对象用 a 和 b 代表，则相对评价就是要判定是否 $a \geq b$ 或 $a \leq b$。如三好学生评选、教学成果评奖等。

(2) 绝对评价

绝对评价是指将被评对象与某个客观标准进行比较,评价其达到标准的程度,并作出价值判断。若某一客观标准用 a_0 表示,则对被评价对象 a 的绝对评价是指是否达到 $a \geqslant a_0$。如托福考试、体育达标等。

(3) 自身评价

自身评价是指把被评对象的过去与现在进行比较,或者把一个被评对象的若干侧面相互比较。其目的是比较被评对象的自身状况,判定该对象在自身发展或自身各个方面的变化情况。若某对象在时间 t 与 $t+1$ 时的状况是 a_t 和 a_{t+1},则自身评价要判断是否 $a_{t+1} \geqslant a_t$。如学校的教育技术发展、学生能力发展等。

3. 按评价的方法分类

(1) 定量评价

定量评价是指收集数据资料,用一定的数学模型或数学方法对某项活动做出量化结论的评价方法。如考试分数、智力测试分数等。

(2) 定性评价

定性评价是指对不便量化的评价对象采用描述、概括等方法进行价值判断的评价方法。如评语、总结等。

(三) 评价研究的要素

一般说来,评价研究由三个基本要素组成:

(1) 评价对象。主要指被评价的人、事物和活动。

(2) 评价指标。指进行评价研究工作的工具,是进行资料收集、资料分析、价值判断的依据。

(3) 评判者。是进行评价研究的主角,可以由参与评价工作各方面的成员组成,在进行不同的评价时人员可以不同。

在教育技术评价过程中,一般有以下三方面的内容:

(1) 状况评价。是指对现状进行的评价。一般包括条件水平、品质水平、管理水平等方面。

（2）过程评价。是指对某一活动过程进行的评价，是判断实施过程是否需要改进的评价。

（3）效果评价。是指对某事件或某项活动实施结果的评价，主要是解决结果如何的问题。

二、内容分析法

内容分析法是教育技术学研究的一种专门方法，原为社会科学借用自然科学的定量分析方法，对历史文献内容进行分析而发展起来的。后来美国的一些传播学研究者利用这种方法去分析报纸的内容，了解信息发展的倾向，随后这种方法逐渐成为传播学的一种重要研究手段。

内容分析法的起源可以追溯到 19 世纪末，但当时还只有一些零散的经验性的研究。真正大规模、科学性地开展内容研究是第二次世界大战期间。当时，盟军情报机构大量地收集德国电台和欧洲被占领地区电台播放的歌曲，然后进行内容分析，从而成功地测出了欧洲大陆德军兵力集中的变化。第二次世界大战后，研究人员开始把内容分析方法用于教育与传播领域，使得内容分析法逐渐成为教育传播领域的一种重要的研究方法。

（一）内容分析法的含义与特点

内容分析法是对教育技术领域中明显的现象和规律做客观而有系统的量化并加以描述的一种研究方法。它通过对教育技术领域一些明显的现象和规律进行量化分析，得到对象的内在规律，目前已成为对教育信息和传播活动进行深入研究和了解的一种常用手段。其基本做法是把媒介上的文字、非量化的信息转化为定量的数据，建立有意义的类目分解内容，并以此来分析信息的特征。

内容分析法主要有以下一些特点。

1．内容要明显

内容分析的对象是指教育技术领域中一些明显的现象和规律，如文字、图形、声音、图像，以及课堂教育传播过程、教学资源、视听媒体与教材、教师和教育技术人员的活动等,这些对象都可以以文字、图形、图像、声音等直观有效的形式表现其内容,其意义较为明显,并且都可以有明显的载体进行记录。

2. 类目要恰当

内容分析要能得出有效的结果,必须依靠明晰有效的类目表格。类目表格反映了我们进行内容分析的评判标准和方式,以及对对象进行何种分析解剖。不同的类目表格得出的结果也是不同的。

3. 记录要客观

内容分析的一个主要工作是根据事先设计准备好的分析类目表进行评判记录,然后进行统计分析。因此评判记录是得出结论的重要过程和依据,必须一丝不苟地根据实际情况进行记录,而不能有任何主观臆想。

4. 结果要量化

内容分析的结果一般用数字、表达式、百分比、图形等形式来描述,这样比较客观和明显,便于资料的收集和汇总。

(二) 内容分析与文献分析的比较

内容分析与文献分析,都是把文字、图形、符号、音频、视频等记录保存下来的资料内容作为分析的对象,但是它们具体的分析处理方法是有区别的。文献分析是按某一研究课题的需要,对一系列文献进行比较、分析、综合,从中提炼出评述性的说明。内容分析则是直接对单个样本做技术性处理,将其内容分解为若干分析单元,评判单元内所表现的事实,并做出定量的统计描述。两者的联系与区别可见表 5-6 所示。

表 5-6 文献分析与内容分析的比较

	文献分析	内容分析
研究目的	收集资料	分析研究
研究对象	主要是文字	文图声像及教学活动过程等
研究内容	一系列资料	单个样本(个案)

(续表)

	文献分析	内容分析
处理方法	归类、整理、评鉴	内容分解、个别研究
研究程序	查阅、评鉴、整理	制表、评判、分析
研究结果	评述性说明	定量的统计描述

三、解释结构模型法

(一)解释结构模型法的概念

解释结构模型法(ISM 方法)是用于分析教育技术研究中复杂要素之间关联结构的一种专门研究方法。它能用图形和矩阵描述出系统要素之间已知的关系,通过矩阵运算,推导出结论来解释系统的内部结构。

(二)解释结构模型法的步骤

解释结构模型法的一般研究步骤是:

(1) 建立系统要素关系表。
(2) 根据系统要素关系表,做出相应的有向图,并建立邻接矩阵。
(3) 通过矩阵算法求出该系统的可达矩阵 M。
(4) 对可达矩阵 M 进行区域分解和层级分解。
(5) 建立系统结构模型。

四、建模法

(一)建模法的概念

建模法,或者叫模型法,指的是将很多变量间的关系概念化,并把统计模型与概念化的理论拟合。经济学家有时候会用模型来试图确定如货币供应、利率和经济增长等经济因素间的关系。从本质上讲,模型是对很多变量间关系(联系)的假设和概念的描述。在教育技术学研究中,模型通常被用来解释和分析在某个情境中最有可能发挥作用的教育变量。

但是,仅仅将一个模型概念化,作为研究来说是不够的。模型必须根据变量进行设定,并用观测数据来进行检验。建构模型的这些部分需要统计模型与概念化的理论拟合。统计模型通常由表示变量间关系的线性方程组或附加方程组构成。这一过程涉及的统计分析很复杂,超出了本书的范围。这里的讨论聚焦于使用建模法进行研究时的基本概念和步骤。

(二)建模法的步骤

建模法的目的是获得表示一系列观测变量的假设结构的模型。这些变量可能包括潜变量,也就是那些存在的(或潜在的)但尚未观测到的变量,比如,在学业成绩的研究中,潜变量可能是父母对学习活动的态度。将理论和统计学方法结合起来可生成和检验一个模型。建模法包括下述步骤。[①]

1. 生成概念化模型

建构模型的初始步骤是根据现有理论生成一个或多个模型。模型必须是清晰明确的,从理论假设展现出潜在的因果结构或至少一系列变量间的关系。可以画一个路径图来表示变量间的理论关系。路径图里展现的关系必须是经过理论证实的。

2. 模型界定

假设观测数据可以用一个线性方程表示,那么就用一个联立线性方程组系统来表达概念化模型,有时称为"结构方程组"。这时可作两类假设:

(1) 关于观测检验变量和潜变量(非观测)间关系的假设。

(2) 潜变量和观测变量间因果关系的假设。

当然,方程组可以相当复杂,这依赖于被研究的对象,但是线性方程组有其一般的形式:

$$X_1 = A_1 Y_1 + A_2 Y_2 + \cdots + A_k Y_k + e_1$$

k 是与变量 X_1 有关的变量的数量;e_1 是误差成分。

[①] 维尔斯马,于尔斯.教育研究方法导论(第 9 版)[M].袁振国,译.北京:教育科学出版社,2010:312.

正如弗格森所描述的,建构模型过程中重要和复杂的一部分是认定所提出的模型。① 模型认定需要证明,线性方程中代表模型的那些部分能够从观测的变量所得的数据估计出来。进行模型认定可能需要某些特定的条件,比如与观测变量的数量有关的所要估计的成分的数量。

3. 模型拟合

接下来是把数据和所提出的模型进行拟合。这时统计分析变得比较复杂,使用相关方法,并且使用计算机程序来估计方程组中各成分(系数)。当应用算法时,可能需要对观测变量的分布作一个假设。

模型拟合包括的下一个步骤是检验数据与模型拟合的良好程度。这时,可以拒绝不拟合的模型。拟合良好或至少足够好的模型,是与数据一致的。它可能不是对于数据唯一合适的模型,但至少它可以通过与数据一致性的检验。

4. 模型评估

模型本质上是一个统计模式,要完整地评估它,不仅仅需要数据和模型足够拟合。弗格森总结了模型评估的要求,它需要表明,在可获得证据和知识有限的情况下,所提出的模型应该是所能建构出的能对数据做出最好或包含信息最丰富的解释。这一要求把结构方程置于更为广阔的实证和理论背景中,以检验模型的真实可靠性。②

五、德尔菲法

有很多教育学方面的争议和问题不适于使用典型、明确的方法如实验法或内容分析法来研究。课程研究通常具有这一特点。比如,大学预科课程对数学能力有什么要求?这些要求如何衡量?我们不可能设计一个实验,在中学阶段把学生随机分配到不同的数学指导水平上。为了开展这类

---

① FERGUSON D M. Annotations:structural equation models in development research [J]. Journal of child psychology and psychiatry,1997(38):877.
② FERGUSON D M. Annotations:structural equation models in development research [J]. Journal of child psychology and psychiatry,1997(38):877.

研究,我们需要该领域专家的洞察力和明智的判断。

有些教育研究情境缺乏足够的信息或数据,包括缺乏足够的理论,无法使用常用的方法来开展研究。对于这样的情况,我们就可以使用德尔菲法。

(一) 德尔菲法的含义

德尔贝尔、范德维和古斯塔夫森指出:"德尔菲法指的是这样一种方法,它通过一系列精心设计的序列问卷,系统地引发和收集对某一专题的判断,该序列问卷渗透着总结性信息和从先前反应得来的反馈观点。"[1]

德尔菲法常常被看作是一种定性研究。它包括应用专家的观点来生成研究数据,这一过程和获取的数据本身就是主观的。但是,在总结数据的过程中,通过客观的方法也可以获得定量的结果。所以,要界定德尔菲法作为研究方法的类别,它可能更接近定性研究的范畴。

(二) 德尔菲法的过程

德尔菲是 20 世纪 50 年代兰德公司实施的一项空军赞助计划的名称,这一方法也因此而得名。尽管依据不同的研究情境,有很多种德尔菲法,但我们可以描绘一个大概的过程:

① 问题界定

② 组成德尔菲专家组

③ 第一轮问卷:对主题最初的意见

④ 第一轮分析:资料整合

⑤ 第二轮问卷:主题探讨

⑥ 第二轮分析:资料整合

⑦ 第三轮问卷:达成一致意见或结论

⑧ 第三轮分析:得出结论

⑨ 准备最终报告

---

[1] DELBECQ A L, VAN DE VEN A H, GUSTAFSON D H. Group techniques for program planning: a guide to nominal group and Delphi processes[M]. Glenview, IL: Scott Foresman, 1975.

上面一系列步骤包括三轮问卷,尽管如果需要的话还可以额外增加若干轮,但一般很少多于三轮。在某些研究中,研究者会对研究的疑问和重点进行详细的界定,所以就没有必要进行第一轮,整个过程会开始于第二轮的主题探讨问卷。这种情况下,这一过程通常被称为修正的德尔菲法。

六、模糊综合评判

由于教育技术研究的对象很多是不确定的,尤其是对人的研究,因此采用模糊数学方法对教育技术学的评价研究有着重要的帮助作用。

模糊数学是对不确定的事件进行研究的一种方法。在教育技术学研究中常常需要对一些模糊的概念或对象进行研究,比如优秀的网络课程、有效的评价工具、合理的信息呈现方式等,对于这些模糊的概念我们不能用前面所说的一般的研究方法。在此,介绍模糊数学的几个概念。

1. 模糊性与随机性

随机性是指对象在类属和性态方面的定义是完全确定的,但对象出现的条件方面是概率的、不确定的。模糊性是指对象在认识中的分辨界线是不确定的,即对象在类属、性态方面的定义是不精确的、不明晰的。随机性与必然性相对,模糊性与精确性相对。

2. 模糊集合

无确定边界的集合称作模糊集合。模糊集合把原来普通集合对类属、性态的非此即彼的绝对属于或不属于的判定,转化为对类属、性态作从 0 到 1 不同程度的相对判定。

3. 隶属度和隶属函数

隶属度是模糊集合中每一个元素属于模糊集合的程度;用函数表示则称为隶属函数。

4. 模糊关系与模糊矩阵

描述模糊集合元素之间关系的多少称为模糊关系;用矩阵表示模糊关系则称为模糊矩阵。

对于这些模糊概念,我们一般要用模糊数学的方法来进行表征和计算。比如我们可以把老人看作是一个模糊概念,并用一个隶属函数来表示:①

$$u_A(x) = \begin{cases} 0, & \text{当 } 0 \leqslant g(x) \leqslant 50 \\ \left[1 + \left(\dfrac{5}{g(x)-50}\right)^2\right]^{-1}, & \text{当 } g(x) > 50 \end{cases}$$

因此当某人为 60 岁时,$g(x)=60$,它属于"老年人",随着年龄增加,函数会无限接近 1,但不会等于 1。

第三节 数据分析

当我们通过各种调查研究方法收集了大量资料后,需要对研究数据进行定性分析和定量分析。定量分析必须借助适当的统计分析方法对收集来的大量数据进行分析,将它们加以汇总、理解和消化,以求最大化地开发数据的功能,发挥数据的作用。数据分析是为了提取有用信息和形成结论而对数据加以详细研究和概括总结的过程。数据也称观测值,是实验、测量、观察、调查等的结果,常以数量的形式给出。数据分析的目的是把隐没在杂乱无章的数据中的信息集中、萃取和提炼出来,以找出所研究对象的内在规律。在实践中,数据分析可以帮助人们做出判断,以便采取适当行动。

一、一般统计方法在教育数据上的使用

教育数据是指在教育教学过程中产生的数据,通常包括教师教学和学生学习的数据。研究教育数据的统计和应用的学科领域即教育统计学。教育统计学运用数理统计的原理和方法研究教育问题,它的主要任务是研究如何搜集、整理、分析由教育调查和教育实验等途径所获得的数字资料,并以此为依据,进行科学推断,从而揭示蕴含在教育现象中的客观规律。但是从研究内容来说,教育调查和教育实验课题的提出,内容的界定,对象范围

---

① 汪诚义. 模糊数学引论[M]. 北京:工业学院出版社,1988:10.

的确定,假设的建立,结论的得出以及分析,却不是教育统计学的研究任务,因为这些问题还要依靠与研究内容有关的教育专业知识来解决。在教育数据的统计和使用过程中,涉及数据处理、数学模式建构、确定统计方式、实施统计等一系列步骤。

(一) 数据整理

数据整理是对调查、观察、实验等研究活动中所搜集到的资料进行检验、归类编码和数字编码的过程。它是数据统计分析的基础。常用的数据整理技术包括回退模型、可视化、相关性、变化分析、差异分析、预测、群集技术、决策树、神经网络等。

回退模型:这一技术把标准统计技术应用到数据中来证明或推翻事先的假设。一个例子就是线性回退,这种情况下变量是根据一定时间内的标准或变化路径来衡量。另一个例子是逻辑回退,这种情况下是根据以前相似事件发生的已知值来确定事件发生的可能性。

可视化:这一技术是建立多维图形,让数据分析人员确定数据的变化趋势、模式以及相互关系。

相关性:这一技术用来确定数据集合内两个或多个变量间的相互关系。

变化分析:这一统计技术是用来确定目标或已知变量与非独立变量或可变数据集合间平均值的差异。

差异分析:这一分类技术用于确定或"区别"集合中的关系要素。

预测:预测技术是根据过去事件的已知值来确定未知结果。

群集技术:群集技术是把数据分成很多组,并分析这些组的特性。

决策树:决策树采用能用"if-then-else"语言表示的规则来分配数据。

神经网络:神经网络是用来模拟已知函数的数据模型,这一技术通过对数据进行迭代,同时在确定变化模式和趋势上有更大的灵活性。

(二) 数据处理

数据处理是对数据的采集、存储、检索、加工、变换和传输。数据是对事实、概念或指令的一种表达形式,可由人工或自动化装置进行处理。数据的形式可以是数字、文字、图形或声音等。数据经过解释并赋予一定的意义之后,便成为信息。数据处理的基本目的是从大量杂乱无章的、难以理解的数据中抽取并推导出有价值、有意义的数据。数据处理是系统工程和自动控制的基本环节。数据处理贯穿于社会生产和生活的各个领域。数据处理技术的发展及其应用的广度和深度,极大地影响着人类社会发展的进程。

(三)数学模式论

数学模式论是运用逻辑形式方法——即建立一定的有关学习数学的逻辑模式——对数学的学习过程进行研究的理论。数学模式只是用来探讨学习的理论结构的一种特殊方法,并非一种新的关于学习的基本原理,具有不同观点的心理学家均可运用数学的方法来完善他们的理论。在学习的研究中运用数学方法,可以发现实验数据之间的逻辑联系。数学模式既可用来简洁地表示关于学习过程的资料,又可用来解释这些资料。因此,在一定的条件下,运用数学模式可以精确地预测学习的进程。

(四)描述统计

描述统计是依据统计的方法对所搜集的数据资料进行加工整理,通过图示、求典型量数等手段对数据资料进行分析和描述。调查和实验是搜集统计资料的主要途径;统计表、统计图是呈现统计资料的主要形式;统计资料的典型量数主要有反应集中趋势的集中量数、差异量数和相关量数等。如学业考试中的平均成绩、优秀率,教育行政部门掌握的升学率等。

(五)推断统计

推断统计主要是研究通过部分说明整体的理论与方法,即根据局部的信息,利用统计的原理与方法,分析论证在一定可靠度下总体的数量特征或分布特征,以描述统计为基础。

二、贝叶斯统计

贝叶斯统计是英国学者贝叶斯(Thomas Bayes)1763 年在《论有关机遇问题的求解》中提出的一种归纳推理的理论,后被一些统计学者发展为一种系统的统计推断方法,称为"贝叶斯方法"。采用这种方法进行统计推断所得的全部结果,构成贝叶斯统计的内容。认为贝叶斯方法是唯一合理的统计推断方法的统计学者,组成数理统计学中的贝叶斯学派,其形成可追溯到 20 世纪 30 年代,到 20 世纪五六十年代,已发展为一个有影响的学派。[①] 时至今日,其影响日益扩大。贝叶斯统计的技术原理包括先验分布和后验分布。

(一)先验分布

它是总体分布参数 θ 的一个概率分布。贝叶斯学派的根本观点是认为在关于 θ 的任何统计推断问题中,除了使用样本 X 所提供的信息外,还必须对 θ 规定一个先验分布,它是在进行推断时不可或缺的一个要素。贝叶斯学派把先验分布解释为在抽样前就有的关于 θ 的先验信息的概率表述,先验分布不必有客观的依据,它可以部分地或完全地基于主观信念。

(二)后验分布

根据样本 X 的分布 P_θ 及 θ 的先验分布 $\pi(\theta)$,用概率论中求条件概率分布的方法,可算出在已知 $X=x$ 的条件下,θ 的条件分布 $\pi(\theta|x)$。因为这个分布是在抽样以后才得到的,故称为后验分布。贝叶斯学派认为,这个分布综合了样本 X 及先验分布 $\pi(\theta)$ 所提供的有关信息。抽样的全部目的,就在于完成由先验分布到后验分布的转换。如上例,设 $p=P(\theta=1)=0.001$,而 $\pi(\theta=1|x)=0.86$,则贝叶斯学派解释为:在某甲的指标量出之前,他患病的可能性定为 0.001,而在得到 X 后,认识发生了变化,其患病的可能性提高为 0.86,这一点的实现既与 X 有关,也离不开先验分布。计算后验分布的公式

[①] TANG R, CRAMER M, FRITSCH D. Application of Bayesian statistics in photogrammetric bundle adjustment[J]. Procedia environmental sciences,2011(3):75-80.

本质上就是概率论中著名的贝叶斯公式。贝叶斯推断方法的关键在于所作出的任何推断都必须也只需根据后验分布 $\pi(\theta|X)$，而不能再涉及 X 的样本分布 P_θ。

三、相关系数

相关表和相关图可以反映两个变量之间的相互关系及其相关方向，但无法确切地表明两个变量之间相关的程度。统计学家卡尔·皮尔逊设计了统计指标——相关系数（Correlation Coefficient）。相关系数具有较为复杂的计算公式，是用以反映变量之间相关关系密切程度的统计指标。相关系数按积差方法计算，以两变量与各自平均值的离差为基础，通过两个离差相乘来反映两变量之间的相关程度，着重研究线性的单相关系数。依据相关现象之间的不同特征，其统计指标的名称有所不同。如将反映两变量间线性相关关系的统计指标称为相关系数（相关系数的平方称为判定系数）；将反映两变量间曲线相关关系的统计指标称为非线性相关系数、非线性判定系数；将反映多元线性相关关系的统计指标称为复相关系数、复判定系数等。①

（一）简单相关系数

又叫相关系数或线性相关系数，一般用字母 r 表示，用来度量两个变量间的线性关系。

（二）复相关系数

又叫多重相关系数。复相关是指因变量与多个自变量之间的相关关系。例如，某种商品的季节性需求量与其价格水平、职工收入水平等现象之间呈现复相关关系。

---

① CHEN C CH，BARNHART H X. Assessing agreement with intraclass correlation coefficient and concordance correlation coefficient for data with repeated measures[J]. Computational statistics & data analysis，2013(60)：132-145.

（三）典型相关系数

典型相关系数是先对原来各组变量进行主成分分析，得到新的线性关系的综合指标，再通过综合指标之间的线性相关系数来研究原各组变量间的相关关系。

（四）相关表

相关表是一种显示变量之间相关关系的统计表，通常将两个变量的对应值平行排列，且其中某一变量按其取值大小顺序排列，便可得到相关表。

（五）相关图

相关图是用来反映两个变量之间相关关系的图，又称散布图。相关图包括正相关、负相关、无相关、非线性相关等相关图。

四、多变量分析

多变量分析（Multivariable Analysis）统计方法在教育技术学研究中有着广泛的应用，包含许多方法，最基本的是单变量分析，延伸出来的是多变量分析。统计资料中有多个变量（或称因素、指标）同时存在时的统计分析，是统计学的重要分支，是单变量统计的发展。统计学中的多变量统计分析起源于医学和心理学。20世纪30年代它在理论上发展很快，但由于计算复杂，其实际应用很少。20世纪70年代以来由于计算机的发展和普及，多变量统计分析已几乎渗入所有的学科。到20世纪80年代后期，计算机软件包普遍使用，因此多变量分析方法更为普及。多变量统计的理论基础和工具是数学中的概率论和矩阵。但对于实际应用者而言，只要有合适的计算机和软件包，掌握一些初步的多变量统计知识，就可以使用它来解决实际问题。多变量统计的内容很多，但从实际应用角度看，主要包括回归分析、判别分析、因子分析、主成分分析、聚类分析、生存分析六个大的分支。

（一）回归分析

回归分析是确定两种或两种以上变量间相互依赖的定量关系的一种统计分析方法。回归分析按照涉及的自变量的多少，可分为一元回归分析和多元回归分析；按照自变量和因变量之间的关系类型，可分为线性回归分析和非线性回归分析。如果在回归分析中，只包括一个自变量和一个因变量，且二者的关系可用一条直线近似表示，这种回归分析称为一元线性回归分析。如果回归分析中包括两个或两个以上的自变量，且因变量和自变量之间是线性关系，则称为多元线性回归分析。

（二）判别分析

判别分析又称"分辨法"，是在分类确定的条件下，根据某一研究对象的各种特征值判别其类型归属问题的一种多变量统计分析方法。其基本原理是按照一定的判别准则，建立一个或多个判别函数，用研究对象的大量资料确定判别函数中的待定系数，并计算判别指标，据此即可确定某一样本属于何类。当得到一个新的样品数据，要确定该样品属于已知类型中哪一类，这类问题属于判别分析问题。

（三）因子分析

因子分析是从变量群中提取共性因子的统计技术，最早由英国心理学家 C. E. 斯皮尔曼提出。他发现学生的各科成绩之间存在着一定的相关性，一科成绩好的学生，往往其他学科成绩也比较好，从而推想是否存在某些潜在的共性因子，或称一般智力条件，影响着学生的学习成绩。因子分析可在许多变量中找出隐藏的具有代表性的因子。将相同本质的变量归入一个因子，可减少变量的数目，还可检验变量间关系的假设。

（四）主成分分析

主成分分析是将多个变量通过线性变换以选出较少个数重要变量的一种多元统计分析方法，又称主分量分析。在实际课题中，为了全面分析问题,往往提出很多与此有关的变量(或因素),因为每个变量都在不同程度上反映这个课题的某些信息。主成分分析首先是由皮尔森对非随机变量引入的,而后霍特林将此方法推广到随机向量的情形。

(五)聚类分析

聚类分析指将物理或抽象对象的集合分组为由类似的对象组成的多个类的分析过程。聚类分析的目标是在相似的基础上收集数据来分类。聚类源于很多领域,包括数学、计算机科学、统计学、生物学和经济学。在不同的应用领域,很多聚类技术都得到了发展,这些技术方法被用作描述数据,衡量不同数据源间的相似性,以及把数据源分类到不同的簇中。

(六)生存分析

生存分析是指根据试验或调查得到的数据对生物的生存时间进行分析和推断,研究生存时间和结局与众多影响因素的关系及其程度大小的方法,也称生存率分析或存活率分析。

五、信息处理

信息既不是物质也不是能量,是人类在适应外部环境时以及在感知外部环境、做出协调时与外部环境交换内容的总称。因此,可以认为,信息是人与外界交互通信的信号量。信息就是能够用来消除不确定性的东西,是一个事件发生概率的对数的负值。

信息处理(Information Processing)是对信息的接收、存储、转化、传送和发布等。信息与我们的日常工作密不可分。计算机信息处理的过程实际上与人类信息处理的过程一致。人们对信息处理也是先通过感觉器官获得信息,通过大脑和神经系统对信息进行传递与存储,最后通过言、行或其他形式发布信息。其中,对信息多少的衡量引入了"信息量"的概念。

信息量是信息多少的量度。1928年哈特莱首先提出信息定量化的初步设想,将消息数的对数定义为信息量。若信源有 m 种消息,且每个消息是以相等可能产生的,则该信源的信息量可表示为 $I = \log m$。但对信息量进行深入、系统的研究,还是从 1948 年商农的奠基性工作开始的。在信息论中,认为信源输出的消息是随机的,即在未收到消息之前,不能肯定信源到底发送什么样的消息。而通信的目的也就是要使接收者在接收到消息后,尽可能多地解除接收者对信源所存在的疑义(不定度),因此这个被解除的不定度实际上就是在通信中所要传送的信息量。综上所述,信息量是指从 N 个相等可能事件中选出一个事件所需要的信息度量或含量,也就是在辨识 N 个事件中特定的一个事件的过程中所需要提问"是或否"的最少次数.

六、模糊理论

模糊理论(Fuzzy Theory)是指使用模糊集合的基本概念或连续隶属度函数的理论,可分为模糊数学、模糊系统、不确定性和信息、模糊决策、模糊逻辑与人工智能五个分支。它们并不是完全独立的,其间有紧密的联系。例如,模糊控制就会用到模糊数学和模糊逻辑中的概念。从实际应用的观点来看,模糊理论的应用大部分集中在模糊系统上,尤其集中在模糊控制上。也有一些模糊专家系统应用于医疗诊断和决策支持。由于模糊理论从理论和实践的角度看仍然是新生事物,所以随着模糊领域的成熟,将会出现更多可靠的实际应用。

第四节 理 论 分 析

我们通过调查、实验或其他专门方法获得了大量的事实、数据和资料,但是,要从这些数据中找到规律,将感性认识上升为理性认识,使其发生质的飞跃,上升到一定的理论,还需要做大量的工作,还要利用理论的方法对其进行加工、整理、思考、研究。

一、判断推理的分析方法

对研究结果进行判断和推理是一种典型的科学思维方法,是教育技术学研究中重要的思维工具。我们常常对获取的研究资料进行判断推理,从而获得有效的理论和结论。

（一）归纳与演绎

1. 归纳法及其一般步骤

归纳法是从个别或特殊的事物中概括出共同本质或一般原理的逻辑思维方法，逻辑上也叫归纳推理。它是从个别到一般的推理。其目的在于透过现象认识本质，通过特殊揭示一般。其基本步骤是：搜集材料——整理材料——抽象概括。

归纳方法有不同形式和种类，按照归纳的前提是否完全，可分为完全归纳法和不完全归纳法。

（1）完全归纳法

完全归纳法是根据某类事物中每一事物都具有某种属性，推出该类全部事物都具有该属性的归纳推理。因为完全归纳法是考察了某类事物的全部对象，所以得出的一般结论确实、可靠，是一种必然性推理。这种方法要求对象数目是有限的。

（2）不完全归纳法

人们在进行科学研究时，往往根据某类事物的部分对象具有某种属性，而得出该类事物都具有某种属性的结论，这种推理方法叫不完全归纳法。

我们经常使用归纳法来对研究过程中的现象与规律进行总结。比如我们经过大量的实验证明信息技术手段可以提高教学效率与质量，我们对许多高校开展的网络教学进行研究后可以总结出一些网络教学的策略与模式，这些都是在运用归纳法。

2. 演绎法

所谓演绎，就是根据一类事物都有的属性、关系、本质来推断该类事物中个别事物也具有此属性、关系和本质的思维方法和推理形式。其基本形式是三段论，它由大前提、小前提和结论三部分组成：

（1）大前提，是已知的一般原理或一般性假设。

（2）小前提，是关于所研究的特殊场合或个别事实的判断，小前提应与大前提有关。

(3) 结论,是从一般已知的原理(或假设)推出的、对于特殊场合或个别事实做出的新判断。

一般说来,只要前提为真,前提与结论之间具有必然性的联系,则演绎结论就是一种确定性认识。

从科学研究角度,可以将演绎推理分为公理演绎法、假说演绎法、定律演绎法和理论演绎法等。

(1) 公理演绎法是由三个直言判断组成的演绎推理。前两个判断叫前提,第三个叫结论。其公式是:所有的 M 是 P,所有的 S 是 M,所以,所有的 S 是 P。公理演绎法可使我们在用实践对理论进行检验之前,对理论做出某种评价,也可促使理论具有严密的逻辑性。

(2) 假说演绎法是以假言判断作前提的演绎推理。假言判断是一种条件判断,即前一个判断存在是后一个判断存在的条件。条件有充分条件、必要条件和充要条件之分,因此假说演绎法也有充分条件假说演绎、必要条件假说演绎、充要条件假说演绎之别。充分条件假说演绎的条件为"如果 A,那么 B",规则是"有 A 则有 B,无 B 则无 A"。必要条件假说演绎的条件为"只有 A,才有 B",规则是"无 A 则无 B,有 B 则有 A"。充要条件假说演绎的条件为"如果 A,那么有 B,同时,只有 A,才有 B",规则是"有 A 则有 B,无 A 则无 B"。假说演绎法可从理论命题推导出事实命题,或是解释已知的事实,或是预见未知的事实,或是发挥想象力提出假设,并依据科学发现任务的需要去设计实验。

(3) 定律演绎法是以某个定律或某种规律作为大前提的演绎法。作为演绎推理前提的规律有两类,一类是经验规律,另一类是普遍规律。经验规律通常是人们整理观测和实验资料所得到的关于事物外部联系的知识,往往用数学形式表现某些现象间的必然联系,但其数学描述是粗略的、不精确的,缺乏因果性和普遍性的论证。普遍规律则反映了科学认识的更高水平,它以普遍定律的形式表示定律所说明的是普遍的必然性,定律的数学描述更具有精确性、确定性。

(4) 理论演绎法是以某一理论作为大前提,以在该理论范围内的确切事实为小前提的演绎方法。理论演绎法的基本形式如下:大前提——有 M 理论在某一范围内是正确的,在此范围内规律 P 普遍适用;小前提——假定事物 S 的行为受 M 理论的支配。

归纳和演绎这两种科学研究中的基本逻辑方法,彼此间存在着辩证的关系,是相互联系和相互补充的。

归纳是演绎的基础,这是因为作为演绎出发点的一般原理和一般观点,往往是由归纳得到的。没有归纳,人们就不可能从个别事物中概括出一般原理,演绎也就失去了作为出发点的前提。演绎是归纳的前导。归纳必须以演绎来确定其研究目标和方向。完全脱离演绎的归纳是盲目的,也是不可取的。

归纳和演绎之间是相互依存、相互渗透的,它们在科学认识中的主次地位也是可以互相转化的。在研究过程中应自觉将二者有机联系起来,并结合运用其他科学思维方法,才能充分发挥它们的作用。

(二) 分析与综合

分析与综合是思维过程中很重要的因素,也是两种进行科学研究的有效方法,在科学研究中有着特别重要的作用。

分析方法是形成概念、判断和进行推理不可缺少的方法。我们知道,理性认识来自感性认识,但感性认识所提供的往往是某种直观的整体性的模糊认识,要从这种直观、模糊的整体性认识中提炼出清晰而具有本质性的认识,就必须对它进行分析。分析是形成概念、判断和推理的首要前提。

1. 分析与因果分析

分析,是将事物的整体分解为部分和要素,分别抽取其个别属性加以考察,从而把握事物的内部结构,确定事物不同特征的思维方法。

分析有很多种方法,如矛盾分析法、系统分析法、内容分析法、定性分析法、定理分析法、因果分析法、趋势分析法等,其中因果分析法在教育技术学研究中有着广泛的用途。

因果分析法,就是探求事物和现象之间因果联系的方法。它是为了确定引起某一现象变化原因的分析,主要解决"为什么"的问题。因果分析法分为求同法、求异法、求同求异并用法、共变法和剩余法五类。

(1) 求同法

求同法是指在不同场合下考察相同的现象时,如果这些不同场合里只要有一个共同的条件,则这个条件可能就是这种现象的原因。求同法的特点是异中求同,其结论具有或然性。

(2) 求异法

求异法,是指在不同场合下考察现象时,如果某种现象在第一个场合出现,在第二个场合不出现,且这两个场合中只有某一个条件不同,那么这个条件就是这种现象的原因。求异法的特点是同中求异,其结论也只具有或然性,但比求同法可靠。

(3) 求同求异并用法

求同求异并用法,是指在不同场合下考察现象时,如果在所研究现象出现的几个场合中,都存在着一个共同条件,而在所研究的现象不出现的几个场合都没有这个条件,那么这个条件就是这种现象的原因。求同求异并用法兼有求同法和求异法的特点,其结论比较可靠。

(4) 共变法

共变法,是指在不同场合下考察现象时,如果某种条件发生变化,所研究的现象也发生变化,那么这种条件就是这种现象的原因。应用共变法时要注意两个问题:第一,只有在其他因素保持不变时,才能说明两种现象有因果联系;第二,两种现象的共变是有一定限度的,超过这个限度,就不再有共变关系。

(5) 剩余法

剩余法,是指在不同场合下考察现象,如果已知被研究的某一复杂现象是由另一复杂因素引起的,那么把其中确认为因果关系的部分减去,所剩余部分也必属因果关系。剩余法的特点是由余果推余因,它的结论也只具有或然性。

分析法主要着眼于局部研究,可能会造成研究者孤立地、片面地看问题,因此要结合综合法进行研究。

2. 综合

综合就是把分解开来的各个要素结合起来,组成一个整体的思维方法和思维过程。只有对事物各种要素从内在联系上加以综合,才能正确地认识整个客观对象。

综合方法在思维上的特点是力求通过全面掌握事物各部分、各方面的特点及内在联系,并通过概括和升华,以事物各个部分、各个属性和关系的真实联结和本来面貌来复现事物的整体,综合为多样性的统一体。综合不是简单的机械相加,而是紧紧抓住对各部分的研究成果之间的内在联系,从中把握事物整体的本质和规律,得出整体性的全新认识。

分析和综合这两种科学的思维方法也不是相互独立的,它们之间也有着辩证统一的关系。综合法必须以分析法为基础,没有分析,认识就不能深入,对总体的认识就只能是抽象的、空洞的。只有分析而没有综合,认识就不能统观全局。分析法和综合法还可以相互转化。人的认识是一个由现象到本质的过程,这是以分析法为主的;一旦达到了对事物本质的认识,就要以综合法提出假说、建立理论。随着认识的推移,当新的事实与原有的理论发生矛盾时,认识又可能在新的层次上转入分析法。人们的认识就是在这种分析—综合—再分析—再综合的过程中不断前进的。

(三)比较与分类

比较与分类是人类认识事物的两种基本的逻辑方法,也是科学的基本研究方法。人们认识事物开始于比较,为了使认识系统化、深刻化,必须进行分类。分类在比较的基础上进行,比较是分类的基础,分类是比较的结果。

1. 比较法

比较法是指根据一定的标准,对某类或某几类现象在不同时期、不同地点、不同情况下的不同表现进行比较、分析、研究和整理,从而找出客观事物的普遍规律和特殊性质,力求做出符合客观实际的结论的方法。比较研究的本质是在对事物相互联系和差异的比较中观察事物、认识事物,从而揭示事物的规律。

比较必须存在两种或两种以上的事物,这些事物必须有共同的基础和不同的特性。

依据对象具有同一性和差异性,可分为同类比较法和异类比较法;依据对象的历史发展和相互联系,可分为纵向比较法和横向比较法;依据方法本身的性质,可分为定性比较法和定量比较法等。

比较时要注意对象的可比性,要考虑局部和整体的关系,并且在研究中要注意分析数据,透过现象看本质,防止认识表面化。

我们可以对不同时期的教育媒体进行比较研究,可以对不同国家的教师的教学技能进行评估,也可以对不同地区教育技术实施情况进行对比。

运用比较法,可以对所搜集的信息资料按照研究的需要进行定性的鉴别,也可以对观察和实验结果进行定性或定量的分析,还可以对理论研究的结果与观察、实验的事实之间是否一致做出明确的判断,也能追溯事物发展的历史渊源和明确事物发展的历史顺序。因此,比较法是科学研究中不可缺少的一种逻辑方法,而且是分类、类比分析与综合等逻辑方法的基础。

共性是归并事物的根据,特性是区别事物的根据,共性与特性是对立统一的,是一切分类的根据。分类的结果将事物区别为具有一定从属关系的不同层次的大小类别,形成各种概念系统,反映客观世界中事物的区别和联系。

2. 分类

按对象属性异同将事物区别为不同种类的思维方法叫作分类法。分类法是以比较法为基础的。人们通过比较,揭示事物之间的共同点和差异点,然后根据共同点将事物归并为较大的类,再根据差异点将较大的类划分为较小的类。

根据分类的目的和标准,可将分类法分为现象分类和本质分类两种类型。现象分类是根据事物的外部标志或外在联系进行分类,本质分类是根据事物的本质特征或内部联系进行分类。

分类法是科学认识和科学研究的起点和基础。科学的分类是对比较结果的总结、巩固和提高。它可以把复杂的事物条理化、系统化,可以揭示事物内部结构和比例关系,有时还具有科学的预见作用。但分类的方法也有自身的不足,如每次分类只能有一个标准,所以会使具有多种属性的事物无法得到充分的反映。同时,由于客观事物特征的多样性、人们对客观事物特征的认识的局限性,所设立的标准不可能周全,也不可能过多,从而影响了分类的准确性与合理性。

总之,分类离不开对事物的比较,分类总是在比较的基础上进行。比较是分类的前提,分类是比较的结果;事物之间的差异性和共同性则是比较和分类的共同的客观基础。

二、图式理论分析方法

在此,主要介绍图式和图式理论的主要内涵,并对图式理论最重要的一种外在表现形式——概念图进行探讨。

(一)图式和图式理论

1. 图式和图式理论

图式(schema)一词最早出现在德国哲学家康德的著作中。德国心理学家巴特利特应用并发展了图式概念。20 世纪 70 年代后期,美国人工智能专家鲁梅哈特等做了大量研究,把图式的概念发展成一种完整的理论。

图式是表征特定概念、事物或事件的认知结构,是表明某个概念、技能或事件应该具有的标准式样或应该采取的步骤。图式是知识表征的一个具体系统,可以用来表征各种层次的知识、人脑对外界环境与事件的认识以及经验等。图式将杂乱无章的信息组织起来,使之变成一个有意义的结构,并且突出重要的信息,有利于学习与认知。

图式理论就是研究知识的表征以及如何以图式的方式进行表征。图式理论认为,人们的认知结构在大脑中的表征形式是以图式的方式存在的。在图式中,这些知识间有着网状的千丝万缕的联系,在学习新知识之前,必须要有与之相关的旧知识作为支撑,并且只有当新知识与旧知识紧密联系在一起的时候,新知识才能被很好地掌握。图式在人们从事某件事情的时候,表现为一种期望,当做事情的程序符合人们期望的时候,就会加强这个图式;反之,人们就会根据情况而进行判断,从而改变原有的图式。

2. 图式的分类

图示的分类有很多种,有事件图式、场景图式、角色图式等,不同的图式在研究中起着不同的作用。

(1) 事件图式

我们平常所熟悉的日常活动或事件,如上班、上学、购物、就餐、旅游等,它们的具体过程是由一个个更细小的事件构成的。如到餐厅就餐,包括选餐厅、点菜、用餐、结账等细节。由于这些事件的子事件及子事件发生的步骤是大致固定的,人们可以把这些知识储存在头脑中,当语言材料谈及这类事件时,就能明白它的含义。这种知识结构称为事件图式。一个事件图式保存着两方面的信息:一是清单性信息,即某种情境下将发生哪些事件;一是结构性信息,即各子事件间有何关系。

(2) 场景图式

我们关于某一类情境发生的地点或场合的知识结构称为场景图式。如餐厅通常由一间(或数间)房屋组成,室内有若干桌子、椅子,桌子上有餐具等。某一场景下包括哪些物体,各部分之间的关系如何,这些知识聚合在一起便形成了这一场景的图式。

场景图式的结构是一种等级层次结构,某一场合包括若干部分,每一部分又有更详细的内容。同一层次内各部分之间,也存在丰富多样的空间关系,诸如上下、左右、内外、相邻等。这样,一个部分可以跟同一层次或不同层次上的许多部分发生联系。所以,场景图式是一种内部联系紧密而广泛的结构。

(3) 角色图式

不同身份、职业、阶层、年龄的人都有着某些稳定的一般特点,他们在某种情境下将会干什么、怎么干、目的何在等也是相对稳定的。因此,我们对不同年龄的对象会形成不同的认识,会形成关于这类对象的角色图式。如锁匠拿着钥匙开自行车锁和小偷拿着钥匙开自行车锁,同样的动作,我们会有不同的解释和预期。这是因为我们对他们的身份与角色有不同的了解。

伴随着信息科学、脑科学的发展,图式理论越来越受到重视,图式理论在现实生活中的应用研究得到了进一步的发展,有着较为典型的应用方式,诸如脚本、故事语法和概念图等。其中,概念图是图式理论中最常用的一种表现形式。

(二) 概念图

诺瓦克(Joseph D. Novak)于20世纪70年代将概念图应用在科学教学上,作为一种增进理解的教学技术。概念图体现了奥苏伯尔的同化理论,强调先前知识是学习新知识的基础框架,从而形成了概念图分析法。

1. 概念图的定义

概念图又称为概念构图或概念地图。前者注重概念图制作的具体过程,后者注重概念图制作的最后结果,在此不作严格的区分。概念图是用来组织和表征知识的工具。它通常将某一主题的有关概念置于圆圈或方框之中,然后用连线将相关的概念和命题连接,连线上标明两个概念之间的意义关系。

从图式理论来看,概念图能够很好地重现学习者的认知图式,能够激发学生更好地、更多地、更快地将大脑中的知识结构以可视化的方式呈现出来。因此,概念图的制作可被理解为建构学习者所观察到的客观现实世界的一种图形表征,成为一种影响和引导学习者元认知的工具。

2. 概念图的类型

概念与概念之间有着错综复杂的关系,为了能明确表征各种不同的关系,可将概念图划分为多种类型。下面是三种常见类型(见图5-1):辐射图——表明了分类、相似和不同的关系;等级图——表明了定义以及包含、相等和数量的关系;链式图——表明了时间顺序、因果和激活的关系。

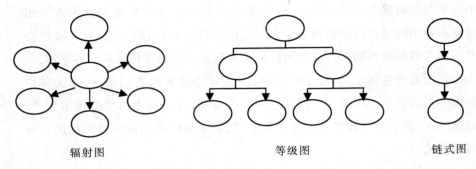

图 5-1 概念图的常见类型

三、模型化分析方法

(一) 模型和模型化方法

1. 模型的概念

在科学研究中,我们把一切客观存在的事物及其运动形态称为实体。模型是对实体的特征和变化规律的一种抽象。通过建立模型而达到的抽象更能反映人们对实体认识的深化,是科学认识的飞跃。

根据性质,可以将模型大致分为三类:

(1) 实体模型。它是按相似理论,依据几何尺寸的比例制作而成的简化实体。

(2) 类比模型。它是利用图形、符号表达事物特征和相互关系的抽象,如框图、流程图、曲线图等。

(3) 数学模型。它是利用运算符号和数字表达的一种抽象。

模型一般具有如下特征:

(1) 模型来自原型,即模型是人们在分析研究实际问题的结构特征的基础上构造出来的。

(2) 模型是原型的近似反映。由原型到模型要经过对原型的简化并加上人为的一些假设。因此模型与原型之间不是一个同构对应,而只能是一个不失真的近似反映。

（3）通过模型来研究模型，主要是通过结构与功能之间的辩证关系，即结构决定功能和功能对结构的反作用。

作为模型，一般必须具备下列条件：

（1）由于模型是从客观原型中抽象概括出来的、完全形式化和符号化了的模型，所以它既要加以适当而合理的简化，又要保证能反映原型的本质特征。

（2）模型是一种高度的抽象模型，所以在模型上既要能进行理论分析，又要能进行计算和逻辑演绎推导。

（3）在模型上所得结果不仅要能返回到原型中去，而且要经实践检验确实能解决实际问题。

模型化，就是把所考察的实际问题的复杂过程和关系简化为若干组成要素，用一些图形、符号把这些要素的地位、作用和相互关系抽象出来，从而构造研究模型，使实际问题得以解决的一种研究方法。简言之，就是通过研究原型来构建模型以揭示和认识原型的方法。

模型化方法具有综合性的显著特点，而且不是一种孤立的、排他的方法，它几乎与一切传统的研究方法都有着天然的紧密的联系。只有在与其他科学方法相结合的情况下，它才能完整地揭示系统客体的规律性和本质。

2. 构造模型的基本步骤

（1）考察模型。分析原型的结构、要素及其联系，分析问题所涉及的量的关系，了解其对象与关系结构的本质属性，确定问题所涉及的具体系统。

（2）分析处理。根据有关科学理论，抓住主要矛盾，考察主要因素和量的关系，提出必要的假设。

（3）抽象概括。利用有关的图论中的节点、连线，利用数学概念、数学符号和数学表达式去刻画事物对象及关系，运用图示工具或数学工具建立各种量之间的关系。

（4）推理求解。根据所采用的数学工具，用数学方法对图形结构关系或数学表达式进行推理或求解，找出结果。

（5）实践检验。把所得到的结论返回到实际问题中去检验，多次反复，不断修正。

第六章 教育技术学学科前沿

教育技术学诞生至今,经历了不同的发展阶段,积累了丰硕的研究成果。当前的教育技术学涵盖了包括教育学、计算机科学、心理学、认知科学、传播学等多个学科在内的理论与观点,受到了诸多学科、研究领域学者、专家的关注。本章结合国内外学者最新的研究成果,介绍教育技术学学科前沿。

第一节 理论研究的新发展

教育技术学理论研究的新发展与新兴技术的发展密切相关。教育技术理论与新兴技术之间的关系包括不同的理论(theory)、模型(model)、框架(framework)、视角(perspective)、方法(approach)和原则(principle)之间的相互联系,充分而全面地理解不同的研究领域及研究视角对教育技术学理论研究至关重要。

一、研究范式对教育技术学研究的影响

教育技术学领域的研究首先是基于一定的研究范式开展的,不同的研究范式对研究的指导作用不尽相同。有学者研究了八类研究范式对教育技术学理论研究的影响:从格式塔派心理学的角度来看,洞察力和理解力是影响学习最主要的因素;从行为主义和新行为主义的角度来看,强化是影响学习最主要的因素;发展心理学认为,学习是认知发展的过程;文化历史学派把学习看成是人与世界的互动;信息处理理论认为,学习是积极、深入处理信息的过程;认知资源模型认为,学习反映了人类心智有限的理解能力;社会建构主义

认为学习是意义的社会建构过程。① 可见，研究者首先应该了解研究范式对研究方法和结论产生的重要影响，随着不同研究范式的界限日益模糊，未来的教育技术学研究应该以更加开放的心态面对不同的理论与研究范式。

二、学习理论对教育技术学研究的影响

学习理论是教育技术学重要的理论基础，罗伊克从学习理论历史发展的角度重新审视了学习理论与教育技术之间的关系。他指出：人类的学习已经从个体学习转向社区型学习，从内容驱动的学习转向过程驱动的学习；在媒体的使用方面，从使用单一孤立的媒体转向使用集成的多媒体，从表现单一的媒体（presentation media）转向互动媒体（interactive media）；在学习环境方面，从具体某个地点的学习转向无处不在的泛在学习，学习工具也从固定的设备转向移动手持设备。这些发展变化使得学习者面临的环境越来越复杂，面对的挑战也越来越大，学习者要不断成为学习型社会的积极参与者。② 由此可见，学习理论与教育技术的发展不仅要求我们进一步设计与开发产品和环境，更需要对理论建设进行智力投资，通过不断完善教育技术和教育技术专业的技能和知识来促进教育技术学内部不同领域之间的协同发展。

三、多元动态的跨学科视角对教育技术学研究的影响

如今的教育技术学涵盖了包括教育学、计算机科学、心理学、认知科学、传播学等多个学科在内的理论与观点，呈现出多元动态的跨学科特征。教育技术领域的研究与其他学科的融合将成为不可忽视的趋势，教育技术学与其他学科的界限也不再分明。但与此同时，教育技术学与其他学科又有

---

① MERRIËNBOER J J, DE BRUIN A B. Research paradigms and perspectives on learning [M].//Handbook of research on educational communications and technology. New York：Springer，2014：21-29.
② LOWYCK J. Bridging learning theories and technology-enhanced environments：a critical appraisal of its history [M].//Handbook of research on educational communications and technology. New York：Springer，2014：3-10.

着非常显著的差异,如何彰显教育技术学的特征,同时吸收其他学科的优秀研究成果,将成为未来教育技术学研究的重要课题。

四、教育技术学的伦理问题

长期以来,教育技术学的伦理问题是教育技术学不太受关注的研究领域,但同时也是教育技术学学科发展必须研究的重要课题。针对教育技术应用项目的现有研究表明,伦理与教育技术的结合还处于非常低的水平。针对课程领域的调查研究则表明,伦理不仅仅只是组成行业标准、专业行为和领导力的基本要素,由于大学教师、大学课程、专业人士及学术团体将共同决定教育技术学这一新兴领域的未来和方向,教育技术学的伦理问题也应该成为制定教育政策时必须考虑的核心问题。

第二节 教学设计的新发展

教育技术学是通过技术促进教与学的研究与实践。罗伊克强调了教育技术的双重内涵,一方面是指人类专业知识的科学应用,另一方面是指专门的工具与设备。美国教育技术与传播协会对教育技术的定义是"以促进人类学习与表现为目的的科学原则与理论知识在具体学科的应用",这一定义说明了教学设计在教育技术学中独特的地位。教学设计主要研究教学设计理论与实践的基本规律,学习科学、系统科学与新兴技术的新发展为教学设计研究提供了更深入的理论指引、更核心的手段支持和更彻底的方法革新。①

一、学习科学对教学设计的影响

学习科学(Learning Science)是在认知科学(Cognitive Science)基础上发展而来的一门新兴交叉学科,是综合运用哲学、心理学、生理学、思维科

---

① 李芒. 论教学设计学的学科独特性与研究体系[J]. 中国电化教育,2005(7):5-8.

学、系统论、控制论、信息论等成果的交叉学科,属于自然科学和社会科学的结合部。① 目前学习科学研究主要有三种取向:一是整合认知心理学、教学设计、计算机信息技术、智能系统等领域的学习科学,二是整合认知神经科学、神经科学、认知科学、医学与教育等领域的学习科学,三是整合机器学习、工程技术、人工智能等领域的学习科学。② 桑新民教授曾指出,学习科学可能是最值得教育技术学乃至整个教育学领域共同关注和追踪的前沿阵地。③ 对教学设计研究而言,学习科学理论的发展和独特的方法将引发教学设计的巨大变革。④ 比如脑科学、计算神经科学和认知科学的发展,情境认知、认知弹性、认知负荷等理论的提出,必将对教学设计产生积极的指导意义,为教育设计的发展提供理论依据。

二、系统科学对教学设计的影响

20世纪70年代以来,系统科学的基本内容由"老三论"——系统论、信息论、控制论,发展成为以耗散结构理论、协同学和超循环理论为代表的"新三论"。"新三论"以系统为对象,研究其有序与无序、平衡与非平衡等状态的内在机制及转化条件。由于这种内在机制及转化条件取决于系统内部各组成要素之间的相互联系、相互作用,即涉及系统的"自组织"问题,因此,"新三论"在整体性、动态性、层次性和最优化的基础上,表现出与系统"自组织"相关的开放性、非线性、协同性、涨落性等新特征。⑤ 新的系统科学理论所引入的理念与方法对教学设计研究产生了重要的指导意义,如关注教学系统的开放性、关注系统要素之间的非线性关系、充分运用系统中的协同现象、促进形成有效涨落从而激发学习动机等。此外,系统科学的其他理论,

---

① 王秀芳.学习科学理论建设中的几个问题[J].教育研究,2000(3):54-57.
② 周加仙.学习科学:内涵、研究取向与特征[J].全球教育展望,2008(8):17-29.
③ 桑新民,郑旭东.凝聚学科智慧,引领专业创新:教育技术学与学习科学基础研究的对话[J].中国电化教育,2011(6):8-15.
④ 邱婷,谢幼如,尹睿.教学设计研究的前沿发展及其启示[J].中国电化教育,2014(4):127-131.
⑤ 何克抗.运用"新三论"的系统方法促进教学设计理论与应用的深入发展[J].中国电化教育,2010(1):7-18.

如整体系统理论、复杂系统理论等,也对教学设计产生了很大的影响。

三、新兴技术对教学设计的影响

新技术的发展与应用不断改变着我们的学习,利用技术促进学习的创新设计将是教学设计研究面临的主要课题。云计算技术的发展使我们对设备与资源支撑的观念逐渐逝去;移动技术的发展将互联网的资源装入了我们的口袋;可视化工具的出现使信息呈现更有利于深入事物的本质;虚拟现实技术所创造的虚拟世界为我们提供了积极的、沉浸式的游戏式学习环境、学习资源和学习工具;Web2.0以及社会网络等技术的进步,为学习者提供了大量的社会性交互和个体参与的机会,使虚拟世界的协作成为潮流。① 新兴技术的应用让终生学习迅速步入"泛在学习"时代。在"泛在学习"环境中,学习的发生无处不在,学习需求无所不在,学习资源无所不在。学习是一种自然或自发的行为,学习者积极主动地投入学习,他们关注的是学习任务和目标本身,而不是外围的学习工具或环境因素。② 新兴技术的发展在为教学设计提供巨大潜力的同时,也带来了巨大的挑战,如何实现新型学习秩序的重构,实现师生角色的重新定位,实现学习环境、资源、交互策略的全新开发,都是需要深入研究的问题。

第三节 研究方法的新发展

研究方法在科学研究中占有核心地位,教育技术学研究方法的演变体现着教育技术学学科的发展与成熟。总体而言,教育技术学的研究方法由传统的侧重量化研究转变为量化研究与质性研究的优势互补,与此同时,混合式的研究设计正在受到越来越多的关注和应用。

---

① 李逢庆,杨树林.信息时代的高等教育:未来趋势与挑战——新媒体联盟 NMC 地平线报告解读[J].现代远距离教育,2011(5):38-42.
② 熊才平,何向阳,吴瑞华.论信息技术对教育发展的革命性影响[J].教育研究,2012(6):22-29.

一、基于设计与开发的研究

基于设计的研究是一种系统而又灵活的方法论,其目的是在真实情景中,以研究者与实践者的协作为基础,通过分析、设计、开发和实施的反复循环,来改进教育实践,并提炼对情景敏感的设计原则与理论。[①] 基于设计与开发的研究是指对设计、开发和评价过程的系统性研究,目的是为了给教学或非教学产品和工具的开发提供实证的基础和指导。近年来,基于设计与开发的研究被广泛地应用于教学设计领域,研究者不仅提供了大量的创新案例,更为目前教育、培训和组织发展等领域面临的突出问题提供了新的解决思路。

二、行动研究的新发展

教育技术学的行动研究法是在现实情境中通过系统的反思性探索解决实际问题的一种复杂且周期性的研究活动。行动研究方法可以用于回答一系列的教育研究问题,可以成为教育技术学专业学生的博士论文的重要研究方法,为各类专业研究提供研究框架,探索教育技术与课程整合等问题。教育技术的发展既可以为行动研究的发展提供支持,也可以成为行动研究的研究对象。

三、数据分析软件的新发展

人们对支持数据分析的计算机软件还持有不同的观点,甚至有学者公开质疑这些软件的实际作用。以质性研究为例,在过去很长一段时间里,研究者都是在没有数据分析软件支持的情况下对质性数据进行处理的。但随着计算机的普及,研究者已经开始意识到计算机软件在辅助数据分析时的重要作用。克内泽克(Knezek)和克里斯坦森(Christensen)指出,数据分析

---

① WANG F,HANNAFIN M J. Design-based research and technology-enhanced learning environments [J]. Educational technology research and development,2005,53(4),5-23.

工具软件及其功能在过去二十年中已经得到了很大的发展。计算机处理数据的时间更加精简,过程更加简化,而效率却得到了飞速的提高。计算机的数据分析能力已经从以往只能对单一的数据进行处理发展为对多套复杂数据及数据间复杂关系的处理。随着计算机处理功能的日益增强,以前需要几天或几个小时才能得到的数据分析结果现在可以在很短的时间内实现。其中,常见的量化数据收集工具有 Survey Monkey、Google Docs、Survey-Tool 等。以问卷调查的在线收集工具为例,Survey Monkey[①] 是其中最常被采用的工具之一。在量化数据的分析方面,教育技术学界主要采用的是标准化的数据处理软件 SPSS(Statistical Product and Service Solutions)[②]和 SAS(Statistics Analysis System)[③]。同时,数据挖掘技术、量表法以及可视化呈现技术也取得了很大进步,这些技术进一步推动了定量分析工具的开发与应用。质性数据分析软件(Qualitative Data Analysis Software,简称 QDAS 或者 QDA)自 20 世纪 80 年代开始起步,目前也已经形成了较为成熟的软件产品,其中最出名的包括 Nvivo[④] 和 ATLAS[⑤],这两款质性分析软件已经具备了部分数据可视化的功能。与此同时,专门数据的可视化软件也有进一步的发展。数据分析软件的发展显示,各类软件的功能模块在不断完善,分析能力也在不断增强,但与此同时,要有效地使用数据分析软件,一方面需要研究者具备使用计算机进行数据处理的基本素养,更重要的是要深入掌握所在领域的理论知识和研究方法。

---

① Survey Monkey:调查猴子,美国著名的在线调查系统服务网站,成立于 1999 年,可以为会员免费制作一份题数最多 10 题、受试者人数最多 100 个的调查问卷。

② SPSS:统计产品与服务解决方案软件,世界上最早的统计分析软件,也是社会科学领域常用的统计软件之一。

③ SAS:数据查询系统,一款功能强大的数据库整合平台,可进行数据库集成、序列查询、序列处理等。

④ Nvivo:一款质性分析软件,能够有效分析多种类型的数据,诸如文字、图片、录音、录像等,实现对质性数据的分类、整理、标注等功能。

⑤ ATLAS:一款质性分析软件,可以对多种类型的文件进行提取、分类,并对数据段进行关联分析。

第四节 新兴技术的发展趋势

近年来,国际上各类学术组织和相关的国际会议都会定期发布关于新兴技术影响未来教育的报告或文章。其中最有影响力且被业内普遍认可的是国际新媒体联盟组织(New Media Consortium,NMC)一年一度发布的《新媒体联盟地平线报告》(*New Horizon Report*)。

《新媒体联盟地平线报告》的高等教育版由美国新媒体联盟和美国高校教育信息化协会学习项目合作完成。它细化了新兴技术的发展趋势和可能面临的挑战,分别按照近期(1年内)、中期(2—3年内)、远期(4—5年内)三个阶段呈现。结合近五年《新媒体联盟地平线报告》的内容,以下发展趋势需要引起教育技术学专业人士的特别关注。

一、互联网技术的新发展

互联网技术包括互联网使用技巧以及关键性的基础设施,该技术的发展使得人与人之间的交互更加透明、更加有序、更加便捷。在互联网技术飞速发展的今天,以"云计算"技术、"物联网"技术与"慕课"技术为代表的新兴互联网技术应用对高等教育已经产生巨大的影响,并将在未来很长一段时间内持续影响高等教育。

(一)"云计算"的教育应用

"云计算"技术以"教育云"的形式在教育中应用。教育云是指利用虚拟化、负载均衡和分布式存储等技术,建设统一的智能开放架构云计算教育平台。这一服务为教育用户提供按需使用、随时扩展、易于管理、安全可靠的网络应用服务,同时深度集成整合各种资源、平台和应用。总体而言,教育云是一个面向社会的教育公共服务平台系统,用户在连接互联网的情况下,可随时随地按需享受教育资源和教育服务。在智慧教育服务建设中,教育云对教育资源共建共享、基础设施建设、校园信息化管理等方面起到很大促

进作用,将会成为未来教育信息化建设和智慧教育服务的核心技术支撑。

(二)"物联网"的教育应用

物联网(Internet of Things,IOT)是一个基于互联网、传统电信网等信息承载体,让所有能够被独立寻址的普通物理对象实现互联互通的网络。[①] 物联网在教育领域中的应用十分广泛,其技术基础包括感知事物的传感器技术、无线传感网络、标签事物的射频识别技术、思考事物的智能技术、缩微事物的纳米技术、自动识别技术、条形码技术、蓝牙技术等。这些技术可以为教育提供更多的创新应用和服务。

(三)"慕课"技术

"慕课"即大规模网络开放课程(Massive Open Online Course,MOOC),是基于连接理论的一种主题学习型网络资源。它以学习者、社交网站和移动学习为核心,由一群愿意分享与深化自我知识的学习者组成,通常还需要一到数位专家的带领,在一定的期间内,使用各种 Web 2.0 与移动学习工具,进行特定主题的学习。此类开放学习与传统以学校、课堂为主要学习平台的封闭式学习不同,以任务为指向,是通过师生互动、生生互动、课堂与社会互动等形式获取知识、解决问题的新型学习方式。

二、媒体技术的新发展

(一)新媒体的教育应用

新媒体是相对于传统媒体而言的在报刊、广播、电视等传统媒体之后发展起来的新的媒体形态,是利用数字技术、网络技术、移动技术,通过互联网、无线通信网、卫星等渠道以及电脑、手机、数字电视等终端,向用户提供信息和娱乐服务的传播形态和媒体形态。新媒体一般具有 digital(数字性)、interactive(交互性)、hyper textual(超文本性)、virtual(虚拟性)、networked

---

[①] 刘云浩. 物联网导论[M]. 北京:科学出版社,2010.

（网络性）等特性。与传统媒体相比,它在传播中具有双向的互动性、便捷的即时性、广泛的开放性、更深层的个体性等特征。新媒体的发展将深刻地影响教学变革。新媒体在互联网、移动网络的技术支持下,打破了教育的时空限制,实现全球性教育资源共建共享,促进面向社会各个阶层各种群体的开放教育,让学习者有了更多的学习自主空间与更好的互动交流平台,在城乡教育共建和教育资源公平问题上能发挥积极的作用。

（二）社交媒体的教育应用

社交媒体正在改变人们交流、表达思想、呈现信息以及判断内容质量与价值的方式。国际上知名的社交媒体,如 Facebook、Twitter、Pinterest、Flickr、YouTube、Tumblr、Instagram 等,国内深受欢迎的社交媒体,如腾讯微信、新浪微博等都在对高等教育产生着重要的影响。据统计,全世界排名前 25 名的社交媒体平台共享了 63 亿的账号。教育工作者、学生、校友以及普通大众经常性地使用社交媒体来分享科学等方面的进展信息。基于社交媒体的互动交流会对高等教育的教与学产生影响,这一问题同样值得教育技术学者关注。

三、大数据技术的新发展

（一）数据挖掘技术的教育应用

数据挖掘技术通过数据统计、数据挖掘算法和可视化处理技术,对教学系统中的学习者信息和教学过程中产生的数据进行整合与分析,从而量化和检测学习者的学习表现和行为模式,总结各种教学工具的应用规律以指导教学实践工作。教育数据分析源于早期教学机器的成效评价以及学习者的成绩预测,目前主要用于在线网络课程、计算机支持的交互学习、虚拟学习社区、远程教育、智能导师系统、网络学习游戏、网站日志等教育应用和平台中,重点关注建立学习者的知识态度模型、教学内容和过程优化策略、在线学习软件应用成效评估、学习者成绩预测、学习者动机与行为模式等方面。同时,教育数据挖掘有助于教师理解和掌握教学系统,积累教学经验,促进教师的专业发展。

(二) 学习分析技术的教育应用

学习分析最初来源于商业领域。由于互联网的普及,商家利用商业活动对用户的大数据进行数据挖掘分析,从而把握消费趋势,并对消费者的行为进行预测。学习分析技术在教育领域的应用旨在运用数据分析为教育系统的各级决策提供参考。直观化的数据分析报告对教育管理机构具有重要意义,可以帮助它们对办学项目乃至整个学校体系的有效性进行评估。

(三) 量化自我技术的教育应用

量化自我也称作"自我追踪""生理信息"或"生活数据化骇客",是指通过数据收集、数据可视化、交叉引用分析和数据相关性等技术手段,获取个人生活中有关生理吸收、当前状态和身心表现等方面的数据,如所消耗的食物、皮肤电导、血氧饱和度、心理表现等。[①] 利用这一技术,可以实时测试、量化和记录个人生命数据,如饮食、运动、睡眠、情绪等,并通过数据反馈进行自我调整。量化自我在教育领域应用方面的研究相对较少,但是该技术的应用有可能为教育领域的创新变革带来新机遇,因此,教育技术研究者需要意识到量化自我在大数据时代的真正内涵。

四、其他新兴技术

(一) 3D 打印技术

3D 打印(3D printing,又称三维打印)是以数字形式立体构造物理对象的一种快速成形技术,它以数字化模型为基础,运用粉末状金属或塑料等可黏合材料,通过逐层打印的方式构造物体。3D 打印对于教育领域的重要价

[①] 陈然,杨成. 量化自我:大数据时代教育领域研究新机遇——2014 年地平线报告研究启示[J]. 现代教育技术,2014(11):5-11.

值在于它能够创造对事物更真实可靠的探索机会,目前在世界知名大学的医学、建筑、工程、艺术等专业都有应用。相信随着技术的不断进步,该技术在教育领域会得到更加广泛的应用。

(二)游戏和游戏化

教育技术领域的游戏专指基于网络与计算机的教育游戏,如电脑游戏、网络游戏等。随着平板电脑和智能手机的数量激增,台式机、笔记本电脑、电视机和游戏机已经不再是联机游戏的唯一载体,游戏变成了可以在多样化设备上进行的便携式活动。游戏化则是将游戏的元素、方法和框架融入非游戏场景和情节中,教学设计人员设计的教育类游戏已被证明能够促进批判性思维、创造性解决问题和团队合作这三种技能的发展,而这些技能能够帮助解决复杂的社会和环境问题。

(三)虚拟助手

虚拟助手采用人工智能和自然语言处理程序为人们大范围的日常活动提供支持,例如选择最佳的行驶路线,安排旅游行程路线,整理电子邮件收件箱。最新的平板电脑和智能手机都配备了虚拟助手,比如苹果公司的 Siri、安卓系统的 Jelly Bean 和谷歌公司推出的 Google Now,另外,该技术已经应用于智能电视中,具有虚拟助手功能的电视可以与数据处理系统相连,并直接与互联网连接,为用户提供更好的视听体验。相信在不久的将来,该技术将与课堂结合,更好地支持课堂教学与学生学习。

第五节 研究主题的新发展

教育技术学研究包括基础研究与应用研究,研究主题丰富,活跃度高,呈现出多元发展的趋势。例如,兰国帅对 1960—2016 年发表在十八种 SSCI 期刊上的国际教育技术学文献分时段进行了分析,2011—2016 年国际教育技术学领域高频关键词信息(局部)如表 6-1 所示。① 研究发现,国际教育技术学以基于设计和技术的学习研究为核心,研究前沿和研究主题的变化受技术进步影响较大。随着信息技术从电视技术到网络技术再到虚拟现实技术的不断演化,在教育技术系统架构这一传统研究主题之外,国际教育技术学的研究热点也逐渐聚焦于虚拟学习环境、基于设计的研究以及技术融合等方面,衍生出智慧学习环境与虚拟学习环境开发、复杂学习任务行为与学习路径分析、增强现实与人机交互教育应用等新生长点。

表 6-1 国际教育技术学领域研究高频关键词词频表(2011—2016)

高频关键词	被引频次	中心性	年份
Students	586	0.12	2011
Education	556	0.12	2011
Technology	479	0.10	2011
Performance	414	0.13	2011
Internet	373	0.18	2011
Facebook	278	0.06	2012
computer-mediated communication	222	0.15	2011
teaching/learning strategies	206	0.11	2011
interactive learning environments	192	0.12	2011
self-efficacy	164	0.20	2011
technology acceptance model	140	0.20	2015
social media	136	0.03	2014
improving classroom teaching	135	0.12	2011
cognitive load	117	0.14	2011

为探讨我国教育技术学研究主题的发展,赵呈领、阮玉娇等人对我国教育技术学领域 CSSCI 检索源期刊十五年内(2001—2016)所刊载的论文进行

---

① 兰国帅. 国际教育技术研究前沿热点知识图谱建构研究:基于十八种 SSCI 期刊 1960—2016 年文献的可视化分析[J]. 现代远距离教育,2017(3):57-76.

了分析。① 表 6-2 显示了国内教育技术学领域研究的关键词和出现频次。研究表明,在教育信息化飞速发展的新形势下,我国教育技术学领域的研究热点包括网络时代的远程教育研究、基于建构主义的教学设计研究、信息技术环境下的学习模式研究、新技术支持的教与学研究和教师专业发展研究等五个方面,除此之外,MOOC、翻转课堂、移动学习等以信息技术为依托的新型教学模式和学习方式可能成为未来研究的趋势。

表 6-2　国内教育技术学领域研究高频关键词词频表(2001—2016)

序号	关键字段	词频	序号	关键字段	词频	序号	关键字段	词频
1	远程教育	1050	14	现代远程教育	226	27	信息素养	150
2	信息技术	832	15	自主学习	218	28	网络学习	148
3	教育技术	638	16	网络教学	210	29	学习活动	147
4	教学设计	528	17	数字化学习	194	30	学习环境	145
5	教育信息化	487	18	翻转课堂	191	31	多媒体技术	142
6	网络课程	383	19	建构主义	169	32	课堂教学	140
7	教学模式	380	20	开放教育	167	33	开放大学	139
8	MOOC	321	21	多媒体	160	34	CAI	129
9	网络教育	281	22	协作学习	160	35	教师培训	124
10	现代教育技术	269	23	教师专业发展	158	36	教学改革	123
11	教育技术学	254	24	网络环境	154	37	教学效果	123
12	学习过程	234	25	整合	151	38	高等教育	122
13	移动学习	227	26	模式	150			

进入 21 世纪以来,以大数据、物联网、人工智能等为代表的新型智能信息技术作为先进技术手段被大量运用在工业、军事、医疗等领域,在教育技术学领域中也掀起"互联网+教育""创客教育""复杂学习分析"等研究热潮。何克抗站在"教育供给侧改革"的角度,对当前我国教育技术学的变革

---

① 赵呈领,阮玉娇,梁云真.21 世纪以来我国教育技术学研究的热点和趋势[J].现代教育技术,2017(3):49-55.

着力点和创新实践进行了分析。① 研究认为,我国教育技术学的研究与实践探索形成了丰富的创新成果,包括信息化教学核心理论的建构、教育设计理论的拓展、远程教育理论与远程教育模式的创新、信息化环境下教与学理论的研究、信息化环境下教与学方式的探索和教育技术能力标准的大规模贯彻实施六个方面。这些成果是我国教育技术学研究领域的重大创新,未来仍应继续深入探索,开辟切合我国发展特色的教育创新实践之路。此外,教育技术领域的研究历来主要关注运用技术去改善"教与学环境"或"教与学方式",鲜少关注如何运用信息技术实现对教育系统的重大结构性变革。"互联网+教育"推动着教育信息化不断发展,也为课堂教学结构的变革提供了新型的教学环境。教育技术学研究面对"互联网+"时代和新兴技术的发展,不仅要面向技术与教学的融合,也要面向整个教育领域,推进教育系统的重大结构性变革。

第六节 启示与未来

总结国内外教育技术学的学科前沿,我们可以得出以下几个方面的启示。

第一,要了解国际学术动态,关注国际前沿研究,加强国际交流与合作。从目前国际教育技术学领域的研究主题的变化可见,研究的热点正向移动学习、泛在学习、混合式学习、协作学习、社会媒体学习、网络学习、教学技术、学习论坛分析和 Web2.0 等研究领域聚焦,学习、吸收国际教育技术学界优秀的研究成果对我国教育技术学的发展至关重要。随着全球化、国际化趋势的进展,国际、国内教育技术领域学者之间的交流变得更加频繁,构建不同地域、不同学科之间的学术共同体已经成为教育技术学学科成熟的标志之一。同一领域中的学者以及跨领域的学者交流研究成果、进行合作将逐渐成为新的发展趋势。

---

① 何克抗.关于我国教育技术学研究现状和教育变革着力点的思考[J].电化教育研究,2018(8):5-14.

第二，要突出本土化研究，体现中国教育技术学的特色。南国农先生曾经从研究取向、研究重心和研究范围三个方面比较了美国教育技术学和中国教育技术学的不同。他认为中国的教育技术学重学科建设，关注本学科自身基本理论和理论体系的探讨，以及本学科专业体系的建设，并已建成由专科、本科、研究生层次（包括硕士、博士、博士后）组成的完整学科教育体系，而美国的教育技术学注重问题研究，喜欢用相关学科的理论去解决实践领域中的问题。[①] 兰国帅等人在总结国外教育技术领域研究的基础上发现，国外教育技术领域更加侧重系统和模型设计类研究，更加关注其在学习环境中的具体运用。[②] 这些差异为国内教育技术学的发展提供了很好的经验，中国的教育技术学者应该在借鉴国外教育技术研究新趋势的同时，注重与中国的学习环境相结合，特别是要考虑中国国情和中国文化对教育技术的影响，这样才能更好地促进我国教育技术学的发展。

第三，要树立科学的方法论。西莱斯和斯佩克特在总结教育技术领域的科学研究时，提出了三类哲学方法论，即后实证主义、建构主义和现象学方法论。目前教育技术学采用的研究方法体现出多元化和多样性的特点。先进的研究方法对开展科学研究起到了非常重要的推动作用，研究者必须重视研究方法的完整性与科学性，重视科学研究的严谨设计，遵循学术伦理，符合学术规范。

第四，要注重教育技术理论与教育实践深层整合的支持性策略研究。从国家政策到各高等学校的制度都应进行长远、可持续的规划，应该将注重学生的个体发展与教师的专业化发展相结合，发挥教育技术在教学环境中应用的长效机制，不搞形式主义，避免资源浪费、重复建设等现象。

第五，要加强不同学科、不同领域之间的协同创新，教育技术学的长久发展不仅依靠专业的教育技术研究者，更有赖于广大一线教师等教育技术实践者的贡献。只有共同的努力，才能开创教育技术学更好的未来。

---

① 南国农.教育技术理论研究的新发展[J].电化教育研究,2010(1):8-10.
② 兰国帅,张一春,王岚.境外教育技术研究趋势管窥与反思：基于ETR&S(SSCI)(2003—2012)中高被引论文分析[J].中国电化教育,2014(3):12-18.

正如任友群教授所强调的,如今的教育技术学体现了不同学科的链接和融合,这将是一个动态的、创新的和富有成效的过程。① 当不同专业或者不同教育技术研究方向的研究者在进行建设性的合作的过程中,把技术促进学习作为教育技术学的核心问题,那么,一切能在学习过程中起促进作用的技术开发、设计与应用都可以纳入教育技术学的研究范畴。教育技术学的未来必将围绕着学习与技术两个关键因素,体现多学科的相互交叉与共同参与,以技术促进学习作为其研究与实践的最终目标。

---

① 任友群.《教育传播与技术研究手册(第四版)》前言[J]. 电化教育研究,2014(1):5-8.

第七章　教育技术学主要学术组织、学术会议、学术期刊与重要著作

教育技术学作为一门新兴的交叉学科,其走向成熟的过程也是教育技术学学术共同体形成与发展的过程。学术共同体形成与成熟的标志包括特定的专业学术机构或协会组织、定期举办的专业学术会议、定期发行的专业学术期刊以及经典著作等。本章介绍教育技术学学科领域主要的国际学术组织、国际学术会议、国际学术期刊以及重要学术著作等。

第一节　教育技术学主要学术组织

学术组织指以从事科学研究、推动科学技术发展为目的的专业团体,包括各种学术研究机构、学术团体、协会和学会等。学术组织的目的是以知识的继承与创新为目标,内部实施合理的管理与协调,一般具有高度自主性。教育技术学领域的国际学术组织众多,学术活动非常活跃,以下根据学术组织的研究领域介绍最具影响力的主要学术组织。

一、教育传播与技术协会(AECT)

美国教育传播与技术协会(Association for Educational Communication and Technology, AECT)的前身为美国教育协会视觉教学部,该教学部成立于1923年。经过近百年的发展演变,AECT已经发展成为由数以千计的教育工作者和其他专业人员组成的专业协会。该协会的宗旨是利用技术改进教学。AECT的会员来自高等学校、军队、工业界、博物馆、图书馆和医院等。该组织是教育技术领域最权威的协会之一,始终在该领域保持着中心

地位。协会出版两本双月刊期刊,分别是《教育技术研究》和《发展与技术趋势》。

二、学习科学国际协会(ISLS)

美国学习科学国际协会(International Society of the Learning Sciences,ISLS)成立于2002年。该协会的成立标志着学习科学学术共同体开始走向成熟。协会会员的学科背景包括认知科学、教育心理学、计算机科学、人类学、社会学、信息科学、神经科学、教育、设计研究、教学设计等领域,充分体现了跨学科性。近年来学习科学研究取得了突破性进展,已经成为跨学科研究的热点领域,极大地丰富了对于人类学习的认识。该协会出版期刊《学习科学杂志》和《计算机支持的协作学习国际期刊》,每年举办两场国际会议,分别是"学习科学国际会议"(ICLS)和"计算机支持的协作学习国际会议"(CSCL)。

三、计算机教育促进会(AACE)

计算机教育促进会(Association for the Advancement of Computing in Education,AACE)成立于1981年,总部设在美国弗吉尼亚,是致力于研究应用信息技术改进各个层次教与学的理论、知识和质量的国际性教育技术组织。会员包括中小学和高等学校的研究人员、教师、开发人员、行政人员和决策人员,还有教育界、实业界和政府中有志于推进信息技术应用于教育的各类专家。AACE是教育技术领域中最为活跃的学术组织之一,出版期刊包括《教育技术评论》等。协会每年按6个专题分别召开年会,同时还有地区性分会。

四、国际教育技术协会(ISTE)

国际教育技术协会(International Society for Technology in Education,ISTE)旨在推动信息技术的正确使用以改善和支持中小学教育和师范教育的教学质量。为了迎接21世纪的挑战,ISTE在美国联邦教育部支持下于

1998年6月制订了《全国教师和学生教育技术标准》(NETS)，要求所培养的学生应是熟练的信息技术使用者，各种信息的搜索者、分析者和评估者，问题的解决者和决策者，生产力工具的创造性的使用者，信息沟通者、合作者、发行者和生产者，信息灵通的、负责任的、具有奉献精神的公民。

五、教育技术协会(AIT)

教学技术协会(Association of Instructional Technology，AIT)成立于1962年，是北美教育电视节目的最大供应商和非营利组织，一直是教育技术的领导者，引领着教育媒体开发。其开发的学习资源被全世界的学生使用。其开发的产品已经得到许多国际奖项，包括艾美奖和皮博迪奖。其产品基于良好的教学设计，每一个资源的开发都有课堂从业者密切参与。该协会下属出版社每年出版季刊《教育与科技》，该期刊已经成为一个知名的以探索教育改革为重点的教育技术论坛。

六、美国教育研究协会(AERA)

美国教育研究协会(American Educational Research Association，AERA)成立于1916年，旨在通过传播与应用教育与评价的学术研究成果以改善教育过程。目前协会成员有25000人，包括教师、研究人员和其他专业人士。AERA成员报告中指出，会员的主要学术背景为教育学，占总体的74%。其他成员的学科背景包括心理学、社会学、统计学、经济学、历史、哲学、人类学与政治科学等。

七、亚太地区计算机教育应用协会(APSCE)

亚太地区计算机教育应用协会(Asia-Pacific Society for Computers in Education，APSCE)成立于2004年，主要宗旨是促进计算机在教育应用方面的科学研究和交流，特别关注亚洲和太平洋地区。其具体目标包括：促进在亚太地区和国际范围内利用计算机技术进行教育研究和传播研究；鼓励和支持成员国研究人员的学术活动，培养充满活力的青年研究团体和更有经验的研究人员;提高国际研究人员在成员国开展研究的意识;使亚太地区活跃的研究者在相关学术和专业组织委员会和知名期刊编辑委员会中有更大的代表性;组织和举办计算机教育应用国际会议(ICCE)成员国系列会议;从事其他合适的学术和专业活动,包括设立特别兴趣小组(SIG)、发表社会通讯及期刊出版等。

八、国际开放与远程教育协会(ICODE)

国际开放与远程教育协会(The International Council for Open and Distance Education,ICODE)1938 年在加拿大成立。目前其会员来自全球60多个国家。该协会是开放教育、远程教育、在线教育领域全球领先的会员组织。会员包括教育、商业领域的机构和个人。协会是联合国教科文组织(UNESCO)的协作伙伴,其成员在世界各地开发和使用新方法和新技术。协会自 1988 年开始将常设秘书处设在挪威奥斯陆,由挪威教育与研究部和会员提供经费支持。

九、澳大利亚开放与远程学习协会(ODLAA)

澳大利亚开放与远程学习协会(Open and Distance Learning Association of Australia,ODLAA)是澳大利亚和全球致力于远程开放学习工作的教师、开发人员、研究人员、咨询师和管理者组成的专业协会。协会为非营利性组织,旨在促进跨时空教育的研究、实践和支持,参与、支持和发展跨时空教育学习共同体的建设。协会出版《远程教育》,该期刊是具有国际知名度的优秀学术期刊。

十、英国教育研究协会(BERA)

英国教育研究协会(British Educational Research Association,BERA)成立于 1974 年,目前已经扩大成为国际知名的专业协会组织。该协会致力于支持教育研究者进行高质量的研究,旨在提高该领域的研究、公共知识和批判性认识的增长及成果应用,以更好地改进教育政策与实践。

第七章　教育技术学主要学术组织、学术会议、学术期刊与重要著作

第二节　教育技术学主要国际学术会议

学术会议是一种以促进科学发展、学术交流、课题研究等学术性话题为主题的会议。国际学术会议一般都具有国际性、权威性、高知识性、高互动性等特点，其参会者为各个领域的学者、专家、教师等专业人员。以下介绍教育技术学学科领域最具影响力的主要国际学术会议。

一、教育传播与技术协会（AECT）国际大会

作为教育技术学领域的核心组织，美国教育传播与技术协会（AECT）对教育技术学的发展起到了非常重要的指导和推动作用。一年一度的AECT国际大会对教育技术学界有着举足轻重的学术意义。每年AECT会议都吸引了近千名国际教育技术学界的专家和学者参与。协会会员与会议参与者来自世界各地的大学、企业、部队、博物馆、图书馆以及医院等机构。

二、学习科学国际大会

近年来学习科学研究取得了突破性进展，已经成为跨学科研究的热点领域，极大地丰富了我们对于人类学习的认识，为诸多国家和地区的教育改革提供了新的理论基础和策略框架，有效地促进了学校教学方式的转变和教学质量的提升，推动着各种类型教育的变革。学习科学国际大会（ICLS）每年吸引来自世界各地的研究者就学习科学研究的发展进行广泛交流和深入对话，探索如何以学习科学的研究成果为基础推动教育政策和实践的变革。

三、计算机支持的合作学习国际会议

计算机支持的合作学习国际会议是一个备受重视的高水平国际学术会议。与会者均为信息技术（ICT）支持的协作学习方面的研究人员，学科背景

涉及学习科学,认知、社会和教育心理学,教育学,计算机科学,语言学和符号学,语音通信,人类学,社会学,人机界面设计等相关领域。会议关注正式和非正式学习环境下进行协作学习的有关问题。

四、计算机教育应用国际会议

计算机教育应用国际会议(International Conference on Computers in Education,ICCE)是国际计算机教育应用领域最权威的学术组织——亚太计算机教育应用协会(APSCE)最核心的活动与交流平台。ICCE每年在不同国家和地区举办一次全球性的会议,与会者来自不同的领域,国际性不断增强。

五、全球华人计算机教育应用大会

全球华人计算机教育应用大会(Global Chinese Conference on Computers in Education,GCCCE)是全球华人计算机教育应用学会主办的国际学术会议,旨在汇聚世界各地的华人教育政策制定者、学者、教育工作者及一线教师,分享有关ICT教育应用的实践方法及成功经验,以推动教育信息化的发展,促进教育创新。

六、教育媒体国际委员会年会

教育媒体国际委员会年会(ICoME)由日本教育媒体研究会(Japan Association for Educational Media Study,JAEMS)和韩国教育信息与媒体协会(Korean Association for Educational Information and Media,KAEIM)于2003年发起,经过十年的发展,ICoME已经成为亚太地区教育媒体领域具有权威性和影响力的年度学术盛会。ICoME不仅面向业内知名专家和学者,而且面向广大硕士生、博士生群体开放,为他们提供学术分享的平台,进行跨文化的国际交流,分享不同国家的前沿研究。

七、教育技术国际会议

教育技术国际会议（IETC）组织创立于 2001 年，是一家国际化、非营利的教育技术组织，以教育技术在教育中的应用为使命。该会议已经成为教育技术学界的盛事，每年论文的提交数量与出席人数都在增加。会议通过座谈活动、研讨会、出版物等形式，促进理论知识、概念研究的发展和传播。

八、学习技术协会国际会议

学习技术协会（ALT）成立于 1993 年，是英国学习技术领域领先的会员组织。协会的目的是确保使用学习技术的有效性。该协会组织的国际会议旨在为教育执行者、研究者、管理者和政策制定者提供有价值的实用性的平台，促进行业中不同成员的协同合作。

九、技术促进教育变革国际会议（EITT）

技术促进教育变革国际会议（EITT）由国际华人教育技术学会（SICET）主办，主要对技术在教育中的最新应用进行探讨。第一届会议于 1979 年在美国举行，当时会议的主题包括计算机硬件中微机和小型机的对比、教育软件开发、职前和在职培训中教师的能力确立等。该会议及其所开设的博览会是世界上首屈一指的教育技术盛会。

十、E-LEARNING 国际会议

E-learning 国际会议是计算机技术在教育中的进步协会（AACE）和 *E-learning* 期刊共同主办的国际会议。会议每年举行一次，是一个跨学科的论坛，主题涉及 E-learning 在企业、政府、医疗、高等教育等领域的应用。

第三节 教育技术学主要学术期刊

国际教育技术学领域的期刊较多,其中既有学术性刊物,也有商业性刊物。学术性期刊对教育技术的理论、实践和方向进行了广泛的探讨,商业性刊物则报道先进信息技术的应用、教学软硬件介绍和广告。以下介绍SSCI期刊中影响因子名列前茅的教育技术学学术期刊。

一、《学习与教学》

近五年影响因子:3.621。

《学习与教学》(Learning and Instruction)是一本同行评审的国际性、多学科学术期刊,致力于发表学习、发展与教学领域最先进的科学研究。该期刊特别欢迎原创性的实证研究。出版的文献代表不同的理论观点,采用不同的研究方法。期刊审查和选稿的主要标准是研究对学习与教学领域的贡献程度。

二、《计算机与教育》

近五年影响因子:3.305。

《计算机与教育》(Computers & Education)是一本跨学科的学术期刊,关注计算机在教育领域的应用。期刊刊登业内具有重要贡献的研究成果,为评估最新的科学技术提供参考标准。期刊论文主题包括社会与性别、课程、图形、人工模拟、计算机辅助设计、计算机集成制造、人工智能及其应用(包括智能教学系统、计算机辅助语言学习)等。

三、《科学教学研究》

近五年影响因子:3.227。

《科学教学研究》(Journal of Research in Science Teaching)是科学教

学研究协会的官方刊物,发表科学教育研究者和实践者对科学教学和科学教育政策问题的报告。其领域包括(但不限于)定性研究、人种学、历史学、哲学研究、调查与个案研究、政策分析等。

四、《学习科学杂志》

近五年影响因子:3.110。

《学习科学杂志》(Journal of The Learning Sciences)是学习科学协会的官方刊物,为学习与教育研究提供了一个多学科的学术论坛。期刊旨在促进对学习的全新思考,提高读者对学习科学的理解。

五、《计算机支持的合作学习国际杂志》

近五年影响因子:1.717。

《计算机支持的合作学习国际杂志》(International Journal of Computer-Supported Collaborative Learning)是国际学习科学学会的官方出版物。该期刊旨在促进对计算机支持的协作学习的深刻认识,探索相关的理论和实践。期刊为以下学科的专家提供了学术交流的平台:教育学、计算机科学、信息技术、通讯、心理学、语言学、人类学和社会学等。发表的研究成果主要探讨如何设计计算机协作学习的技术环境以及人在这种环境中如何进行学习等问题。期刊刊登实证调查、工作总结、研究方法创新等原创性研究成果。

六、《语言学习与技术》

近五年影响因子:2.205。

《语言学习与技术》(Language Learning & Technology)于 1997 年 7 月出版发行。该期刊刊登第二语言和外语教育工作者在利用技术进行语言教学方面的相关研究。期刊由夏威夷国家语言资源中心大学和密歇根州立大学语言教育研究中心资助。期刊编委会委员均来自第二语言习得与计算机辅助语言学习领域。刊物关注的重点不是技术本身,而是技术如何影响、促进语言学习和语言教学。

七、《计算机辅助学习期刊》

近五年影响因子:2.095。

《计算机辅助学习期刊》(*Journal of Computer Assisted Learning*)是一本国际同行评审期刊,致力于发表通信技术支持学习和知识交流的研究成果,旨在为研究者提供一个沟通媒介,为研究者、从业者、政策制定者之间的交流建立联系。研究主题包括学习科学、教育、职业培训、专业发展方面的理论和实践。每卷包含一至两个专刊,为读者提供针对特定主题的深入分析与透视。

八、《教学科学》

近五年影响因子:2.000。

《教学科学》(*Instructional Science*)旨在促进对教学过程和学习结果的进一步理解。期刊注重原创性的实证研究报告,为全面和详细的研究报告提供发表空间。研究主题包括学习过程、学习技术、学习者特征和学习结果等。

九、《英国教育技术杂志》

近五年影响因子:1.888。

《英国教育技术杂志》(*British Journal of Educational Technology*)主要为读者提供国际教育和培训技术领域广泛的研究成果,是教育技术领域的专业人士重要的研究资料来源。期刊刊登的论文涵盖了教育和培训的整个领域,关注学习技术及通信技术的理论、应用与发展。

十、《澳大利亚教育技术杂志》

近五年影响因子:1.540。

《澳大利亚教育技术杂志》(*Australian Journal of Educational Technology*)是澳大利亚计算机在大学教育中的学习协会(Australian Society for Computers in Learning in Tertiary Education)的官方期刊。期刊致力于促进高等教育一体化的技术研究和认识,促进有效的实践和政策制定。该刊刊登原创性论文,主题包括高等教育、继续教育、终生学习与培训等领域的应用研究。

第四节 教育技术学学科重要著作

一、教育技术学学科历史与发展

(一)《教学技术史》

《教学技术史》(*A History of Instructional Technology*)由美国著名教育技术历史学家保尔·塞特勒撰写,于1968年3月出版。该书是关于教育技术历史的一部编年史,也是教育技术学领域第一部系统考察美国教育技术演变发展历史的专著。

(二)《教育技术学基础》

《教育技术学基础》(*Instructional Technology: Foundations*)作者是美国著名心理学家加涅,于2013年12月出版。该书系统阐述了教育技术学的知识、启示和未来发展的方向。该书有利于帮助读者了解教育技术学的最新前沿,为读者提供了教育技术学的基本学科框架。

(三)《美国教育技术的演变》

《美国教育技术的演变》(*The Evolution of American Educational Technology*)于1990年首次出版。该书介绍了美国教育技术理论的方法论基础,提供了美国公立学校中教育技术的研究综述,对理解教育技术的过程具有重要的参考价值。

(四)《教学技术:过去、现在与将来》

《教学技术:过去、现在与将来》(Instructional Technology: Past、Present and Future)一书作者是安格林(Gary J. Anglin)。该书对教学设计和技术领域进行了全面的介绍,旨在为研究生阶段的课程讨论与课堂辩论提供素材,其结构包括历史研究、关键问题阐述、教学发展、研究与理论介绍。该书还介绍了计算机在教育和培训中的最新应用、教学技术的研究和评估、教育技术未来的发展前景及专业发展途径等内容。

(五)《教学技术学经典著作》

《教学技术学经典著作》(Classic Writings on Instructional Technology)收集了教育技术学领域基础性、经典性研究论文,介绍了应用教育技术过程中的原则及流程,还对教育技术学的历史和概念发展进行了阐述。

(六)《教学设计与技术的趋势与问题(第三版)》

《教学设计与技术的趋势与问题(第三版)》(Trends and Issues in Instructional Design and Technology, 3rd Edition)于2011年4月出版。该书介绍了教学设计和技术领域的发展趋势和问题,旨在帮助读者掌握与教学设计和教学技术相关的技能,了解该领域的历史、现状与发展趋势。

(七)《教育媒体与技术年鉴(第三十八卷)》

《教育媒体与技术年鉴(第三十八卷)》(Educational Media and Technology Yearbook: Volume 38)由奥利(Michael Orey)、琼斯(Stephanie A. Jones)和布兰奇(Robert Maribe Branch)编著,于2014年出版。该著介绍了学习设计和技术领域最新的发展趋势,围绕教育发展趋势、教育领导力、教育组织和项目等关键领域的研究进行了相应更新,对教育技术和新的协作学习平台的博士课程进行了分析。

（八）《教育技术：领域的定义和范畴》

《教育技术：领域的定义和范畴》(Instructional Technology：The Definition and Domains of the Field)1994年9月出版。该书从十个方面对教育技术进行了定义，系统介绍了教育技术学相关理论和研究，是教育技术类研究生的必读书目。

（九）《教育技术与教学（第四版）》

《教育技术与教学（第四版）》(Educational Technology for Teaching and Learning, 4th Edition)由纽比(Timothy J. Newby)等人编著，于2010年4月出版。该书详细介绍了教育技术学基础知识，包括理解学习、理解技术与技术计划、理解媒体支持的学习、掌握将技术与媒体与课程进行整合并保证技术和媒体支持下的课程教学效果等内容。该书在计划、实施和评价的框架内，以独特的方式介绍了技术与媒体的应用。

二、学科领域理论与基础（学习理论与教学设计）

（一）《学习的条件》

《学习的条件》(Conditions of Learning)第一版于1965年出版，作者是美国著名心理学家加涅。该书是有关学习教育的重要著作，在教育和心理学界引起了很大反响。加涅在该书中提出了"八类学习"，即信号学习、刺激—反应学习、连锁学习、言语联想、辨别学习、概念学习、规则学习、问题解决学习。在1985年的修订版中，他将八类学习中的前四类作为学习的基础形式，总称"联想学习"，从而形成了"五类学习"。在五类学习的基础上有五种学习结果，即言语信息、智慧技能、认知策略、动作技能、态度。五种学习结果也称五种习得的性能，即五类教学目标。

（二）《人是如何学习的：大脑、心理、经验及学校（扩展版）》

《人是如何学习的：大脑、心理、经验及学校（扩展版）》(How People

Learn: Brain, Mind, Experience and School: Expanded Edition)由布兰斯福德(John D. Bransford)等人编著,2000 年 9 月出版。该书介绍了美国心理学等学科领域的专家对人类学习的科学知识基础及其在教育中的应用进行的评估,汇集了学习科学出现以来最为重要的思想和理论,是学习科学这个新兴的跨学科研究领域中第一种集大成的论著。

(三)《学生如何学习:课堂中的数学、科学与历史》

"学生如何学习系列丛书"(包括历史、数学和科学三个领域教学的报告)(*How Students Learn: Mathematics, Science and History in the Classroom*)由多诺万(M. S. Donovan)等人编著,2005 年出版。这些报告提供了一种重构教育的理念,关注理解人们如何学习以及成功学习的概念,以便更好地服务于 21 世纪的学习者。

(四)《建构主义与教学技术:一段对话》

《建构主义与教学技术:一段对话》(*Constructivism and the Technology of Instruction: A Conversation*)于 1992 年 8 月首次出版。该书由杜菲(T. M. Duffy)和戴维·乔纳森编著,阐述了建构主义教学对教学设计实践的影响。

(五)《学会用技术解决问题:一个建构主义者的视角》

《学会用技术解决问题:一个建构主义者的视角》(*Learning to Solve Problems with Technology: A Constructivist Perspective*)由著名建构主义学者戴维·乔纳森编著,2002 年 8 月出版第二版。该书关注用现代技术帮助学习者进行个人或社会意义建构以及解决问题,为教育技术支持知识建构提供了新的视角。该书横向涉及问题解决的关键过程,纵向涉及不同的问题解决类型,将二者融为一体,并在一个框架之中整合了美国近年来比较成功的典型案例,在理论与实践之间搭建了桥梁。

第七章　教育技术学主要学术组织、学术会议、学术期刊与重要著作

（六）《剑桥学习科学手册》

《剑桥学习科学手册》(*The Cambridge Handbook of the Learning Sciences*)2014年11月由剑桥大学出版社出版第二版。学习科学作为研究教与学的一个跨学科领域，涵盖认知科学、教育心理学、计算机科学、人类学、社会学、神经科学等领域。《剑桥学习科学手册》向读者展示了教育者如何利用学习科学来设计更为有效的学习环境，包括学校课堂和非正式学习环境，例如科学中心、校外俱乐部、在线远程学习以及基于计算机的辅导软件等。该手册基于儿童学习的最新科学研究成果，描述了令人振奋的新的课堂环境。《剑桥学习科学手册》是一本真正的手册，读者可以用该手册来设计未来的学校——这种学校可以为毕业生参与日益基于知识与创新的全球社会做好准备。

（七）《教学设计（第三版）》

《教学设计（第三版）》(*Instructional Design，3rd Edition*)2012年10月出版。该书分五个部分共20章，阐述了教学设计的原理与理论基础、分析与评估的策略、教学策略、实施与管理，以及教学设计的"捷径"和正确进行教学设计的原理。该书提供的教学设计方法与策略是改善教学过程、提高学习效果的利器。

（八）《教学设计原理（第五版）》

《教学设计原理（第五版）》(*Principles of Instructional Design，5th Edition*)由美国著名教学设计专家加涅等人编著，是教学设计领域的经典著作。第五版在秉承前四版的核心思想（即学习分类和教以学为基础）的同时，又体现了鲜明的时代特色。该版修订中的一个突出之处是反映了数字时代的信息技术（主要是计算机和互联网）对教学设计的影响。另一个特色是从系统的角度提出了教学系统设计的若干模型，并重点介绍了ADDIE（分析、设计、开发、实施、评价）模型，从更全面的角度刻画了教学设计的整个过

程。此外,由于近年兴起的建构主义思潮对教学尤其是教学设计有重要影响,因而该版还对与建构主义哲学与实践相联系的问题做了分析。在学生行为表现的测量和教学系统的评价部分,该版也适当反映了这些领域的新进展,如真实性测量和教学系统评价的若干具体类型和方法。此外,该版还增加了来自军事与培训领域的教学设计的新案例,使得教学设计的理论与技术超出了传统的课堂教学情境而有更广泛的适用性。

(九)《教学设计的理论与模型:教学理论的新范式》

《教学设计的理论与模型:教学理论的新范式》(*Instructional-Design Theories and Models: A New Paradigm of Instructional Theory*)由美国当代著名教学设计专家查尔斯·M.瑞格鲁斯主编,于2013年5月出版。该书收录了世界教育研究领域的代表学者提出的新教学理论和设计模型,展现了包括心理学、教育学、技术学、文化研究、脑科学、哲学、系统科学以及管理学等学科在内的教学设计的广泛基础,深刻揭示了信息时代教学理论范式的转向和理据。该书是国际教学设计领域里程碑式的学术经典,对系统把握学习与教学研究的国际前沿以及运用信息技术有效促进教育变革和发展具有重要的参考价值。

(十)《系统化教学设计》

《系统化教学设计》(*The Systematic Design of Instruction*)由美国教学设计专家沃特·迪克等人编著,是教学设计领域的经典名著之一。该书的核心思想是,教学本身是一个由学习者、教师、教学材料以及学习环境等成分构成的系统,教学过程本身也可视为一个旨在引发和促进学生学习的系统,因此在教学设计中应坚持系统观,充分重视教学系统中所有成分的重要作用,充分重视这些成分之间的有效互动。该书首先介绍教学设计的系统方法模型,然后围绕模型确定教学目标、进行教学分析、分析学习者及情境、书写行为表现目标、开发评估工具、开发教学策略、开发和选择教学材料、设计和实施教学的形成性评价、修改教学、设计和实施总结性评价等11个板块,对教学设计的具体方法和技术予以具体的描述。其特色在于突出了起点—终点分析和绩效咨询在教学设计过程中的作用,深入阐述了学习迁移与新技能应用情境之间的关系,在描述教学设计步骤时加强了案例研究实例的运用;同时,推出了网络版的"课程管理系统",补充了大量的学习资料,便于学习者借助互联网学习教学设计技能。

(十一)《教学设计过程》

《教学设计过程》(*Instructional Design Process*)由肯普(Jerrold E. Kemp)编著,1985年2月出版。该书旨在为系统化教学设计奠定基础,阐述了教学设计过程十大要素的合理安排以及教学设计过程中的基本问题。该书主要为教学设计者及有志于教学设计的读者服务,可以指导个人或教学设计团队进行教学单元或者完整的教学项目的设计。

三、实践与应用(教育技术、媒体与教学)

(一)《教学技术与媒体(第十版)》

《教学技术与媒体(第十版)》(*Instructional Technology and Media for Learning,10th Edition*)由斯马尔迪诺(Sharon E. Smaldino)等人编著。该书的显著特点是运用了 ASSURE 模型和课堂实例。该书运用了大量中小学教学实例,生动地展现了技术和媒体在提高教学质量、辅助学习方面的重要作用。ASSURE案例以视频、引导性的思考提示以及课程计划为支撑,将科技和课程计划高度结合。此外,为使教师能够将技术与媒体高度结合,满足21世纪学生的需求,该书使用大量篇幅讨论了版权问题,介绍了免费或价格低廉的媒体资源、学习理论和教学模式。

(二)《多媒体学习(第二版)》

几百年来,讲座和纸质课本等话语信息一直是向学习者传播观点的主要方法。尽管这种方法功能强大,但《多媒体学习(第二版)》(*Multimedia*

Learning，2nd Edition）另辟蹊径，探究了话语信息之外的教学方式。近年来，图片和信息技术的进步催生了新的研究，研究多媒体学习帮助学习者加深理解的潜力。在《多媒体学习（第二版）》一书中，作者理查德·梅耶基于实验研究和人类通过文字、图片学习的理论，讨论了十二个教学设计的原则。作者将结论称为"多媒体学习的认知理论"。该理论首次在《多媒体学习（第一版）》中提出，后在《剑桥多媒体学习手册》中得到进一步延伸。

（三）《剑桥多媒体学习手册》

《剑桥多媒体学习手册》（*The Cambridge Handbook of Multimedia Learning*）由理查德·梅耶编著，剑桥大学出版社于2014年7月出版了该书第二版。该书囊括了多媒体学习领域的研究和理论，关注基于计算机环境的学习者如何从文字和图片中学习。其中多媒体环境包括在线教学准备、互动课程、电子课程、模拟游戏、虚拟现实和计算机支持的课堂准备等。

（四）《E-Learning 与教学科学》

如果设计在线学习课程，《E-Learning 与教学科学》（*E-Learning and the Science of Instruction*）是一本必读书目。该书由克拉克（Ruth C. Clark）和理查德·梅耶编著，2016年3月出版第四版。该书详细阐述了以事实为依据的研究结果，提供了实用、有效的在线教学设计大纲，对研究生、本科生、辅助设计和教育软件开发人员大有裨益。

（五）《Blogs、Wikis、Podcasts 以及其他强有力的网络工具在教学中的应用》

《Blogs、Wikis、Podcasts 以及其他强有力的网络工具在教学中的应用》（*Blogs, Wikis, Podcasts, and Other Powerful Web Tools for Classrooms*）2010年3月出版，其中第三版最为畅销。它用十二个案例说明了博客、维基百科、脸谱网和推特等 Web 工具如何使学生更多地学习、创造和更好地交流。

（六）《世界是开放的：网络技术如何变革教育》

《世界是开放的：网络技术如何变革教育》(*The World is Open：How Web Technology is Revolutionizing Education*)于2011年6月出版。为帮助教育工作者了解Web技术的潜力,该书作者柯蒂斯·邦克应用了其首创的"WE-ALL-LEARN"模型,概述了十种关键技术和学习趋势,说明了科技如何彻底改变各个年龄段的学习者的学习机会。该书包括普通学习者的发人深思的故事,以及科技和教育界领袖的访谈,全面展现了新型学习方法的力量。

（七）《反思技术时代的教育》

数字革命影响了教育,更多的教室与虚拟世界相连。但是,学校是否充分利用了新科技?学校是否在数字鸿沟时代面临失败?在《反思技术时代的教育》(*Rethinking Education in the Age of Technology*)一书中,柯林斯(Allan Collins)和霍尔沃森(Richard Halverson)称,知识革命已经彻底改变了我们的工作、家庭、生活,因此,学校也必须有所改变。在工业革命的学校改革运动之后,社会又一次处于巨变的边缘。该书具有划时代的意义,构建了美国教育的远景,即在在线社交媒体、即时远程学习、无限制访问、数字家庭学校模式、电子游戏学习环境等构成的教室之外的教学环境中教学和学习。

四、研究方法与其他

（一）《教育的科学研究》

《教育的科学研究》(*Scientific Research in Education*)一书由理查德·沙沃森(Richard J. Shavelson)和丽萨·汤(Lisa Towne)编著。该书描述了教育和其他学科科学探究的不同之处,并提供了大量例证。其主要论点是,所有科学研究拥有共同的原则,每一领域,包括教育研究,都具有专业性,并

造就了被研究内容的独特性。本书还建议联邦政府应更好地扶持高质量的教育科学研究。

(二)《教育设计研究》

过去五年中,设计研究领域尤其是教育研究发展势头良好。随着大量文献的发表,教育设计研究的定义现已日趋标准化。《教育设计研究》(Educational Design Research)通过综合评价教育设计研究,满足了不断增长的需求。该书主要探究了以下四个方面的内容:背景信息,包括起源、发展研究的定义及此类研究的应用、益处和风险;设计研究方法如何服务于学习环境和教学科技的设计;质量保障——在设计和发展研究时,如何保证学术性;总结、综述相关反思。

(三)《教育设计研究的实施》

教育设计研究涉及以系统、科学的调查及研究成果去解决教育问题。实证研究不是在实验室里,而是在真实的学习环境中探寻有效的解决方案,同时,研究设计脉络清晰并能为他人的研究提供理论价值。为了更好地帮助研究生和资深研究者理解这一方法,《教育设计研究的实施》(Conducting Educational Design Research)分别阐述了教育设计研究的不同方面。第一部分阐述了教育设计研究的起源、方法和成果,并提供了一种通用模式来描述整个研究过程。第二部分详细介绍了实证研究的模式,即:分析与探索、设计与建构、评价与反思、实施与传播。第三部分就教育设计研究的开题、报告和完善提出了一些建议。该书通过相关阅读材料和丰富的案例展示,为读者理解和实施教育设计研究提供了脉络清晰的指导。

(四)《教育研究:定量研究方法、定性研究方法与混合研究方法》

2016年10月出版的《教育研究:定量研究方法、定性研究方法与混合研究方法》(Educational Research: Quantitative, Qualitative, and Mixed Approaches)是一本针对高年级研究生和本科生编写的教材。该书综合介绍了不同的研究方法，可以帮助读者了解教育研究等领域所应用的研究方法和策略，培养读者的阅读能力和对论文的批判能力。此外，读者还能学会如何写开题报告、设计问卷以及进行实证研究等。

（五）《设计与发展研究：方法、策略与问题》

《设计与发展研究：方法、策略与问题》(Design and Development Research: Methods, Strategies, and Issues)一书详细讨论了设计与发展研究所用的方法和策略。书中提供了丰富的例子和详尽的解释，介绍了两类设计与发展研究所用的策略，这两类研究是：① 产品与工具研究；② 模型研究。该书探讨了这两类研究的设计和实施中存在的普遍问题，并从现有文献中选择了丰富的案例来阐述研究步骤。该书清晰概括了不同研究阶段的步骤；探讨了研究常用的几种重要数据以及数据收集的独特步骤；介绍了数据收集工具和技术；探讨了从数据中获取意义的过程；阐述了产品、工具和模型研究的成果。

（六）《质性探究与研究设计：五种方法中的选择》

《质性探究与研究设计：五种方法中的选择》(Qualitative Inquiry and Research Design: Choosing Among Five Approaches)一书介绍了陈述式研究、现象研究、扎根理论、民族志方法和案例研究这五种质性研究方法的基础、历史和主要元素。作者克雷斯韦尔(John W. Creswell)对比了不同的理论框架、质量评判标准的选择，还比较了在文献综述写作、数据收集与分析以及研究成果描述和论证方面所采取的不同策略。

（七）《质性研究者的编码手册》

《质性研究者的编码手册》(The Coding Manual for Qualitative Data Analysis)由萨尔达纳(Johnny Saldana)编著，2015年12月出版。该书的独特之处在于，它用一卷的篇幅深入介绍了质性研究数据编码的不同方法。该书总共涉及29种编码方法，难度跨度从初级到高级，覆盖了从采访记录到实验记录等不同类型的质性数据。作者在书中讨论了不同方法的起源,对不同的方法进行了描述,推荐了这些方法在实践中的应用,并给出了清晰的例子。

(八)《美国心理协会写作手册》

《美国心理协会写作手册》(Publication Manual of the American Psychological Association)由美国心理协会编写,是作家、编辑、学生和教师的写作风格手册。该手册主要针对行为科学和社会科学领域的写作。如果读者想了解如何更好地传递文本、数据、图表等各种信息——无论是给专业期刊投稿,还是为同事做展示或者在网上发表文章,都可以在该写作手册上找到所需的建议。

(九)《社会研究方法》

《社会研究方法》(Social Research Methods)2016年2月由牛津大学出版社出版第三版。该书简明地介绍了社会研究的主要方法和技巧。通过理论联系实际的方法,作者布莱曼(Alan Bryman)展示了不同情境下采取的研究方法。作者在书中介绍了定性研究方法和定量研究方法,阐述了两者之间的不同,还介绍了混合研究方法。作者在混合研究方法方面是一名专家,他没有在书中谈论复杂的数学公式,而是用非技术的方法介绍了定量数据分析的工具。该书能为读者提供清晰的指导,帮助他们开展研究、选择分析方法、阐述研究成果并撰写研究论文。对于学习研究方法这一课程的本科生和研究生来说,该书是一本理想的教科书。

(十)《建构扎根理论:质性研究实践指南》

《建构扎根理论:质性研究实践指南》(Constructing Grounded Theory: A Practical Guide Through Qualitative Analysis)一书的作者卡麦兹(Kathy Charmaz)引导读者尝试在社会研究中使用扎根理论的研究方法,为不熟悉该领域的读者提供了清晰且循序渐进的指导。该书通过许多经典案例,描绘了扎根理论的奠基人格拉泽和施特劳斯所提出的扎根理论图景之外的另一种景象。该书认为,扎根理论的发展必须从实证主义的源头出发,把过去二十年来建构主义者所提出的方法和问题融入进来,使其成为一种更加细致和更具反思性的研究方法。无论对于学生、研究新手,还是经验老到的社会科学家,该书都具有参考价值。

(十一)《混合研究方法的设计与指导》

《混合研究方法的设计与指导》(Designing and Conducting Mixed Methods Research)一书通过举证各种各样的案例,从问题设计、数据收集、结果分析等方面入手引导读者使用混合研究方法。作者克雷斯韦尔和克拉克(V. L. P. Clark)并没有过多涉及认识论方面的哲学争议,而是为初学者提供了基础性的介绍和研究设计的参考。

(十二)《质性研究访谈》

《质性研究访谈》(Interviewing for Qualitative Inquiry)一书旨在指导读者围绕一个特定的研究问题进行深度访谈。通过摘录不同主题的访谈片段,作者乔塞尔森(Ruthellen Josselson)用生动而富有艺术性的方式向读者介绍了访谈法的正确步骤,并强调研究者需要随时随地保持研究中的动态关系。该书回答了如何开展有效的结构化访谈、如何进行问题衍生以引起有意义的故事、如何通过适当的移情进行倾听和回应等问题,是一本广受欢迎的质性研究指导书。

(十三)《质性研究设计》

2013年6月出版的《质性研究设计》(Qualitative Research Design)以众多论文、研究报告作为案例,展现了一个质性研究由零碎的思想火花到最终形成鸿篇巨制的过程。作者麦克斯韦(Joseph A. Maxwell)通过丰富的生活实例,系统讲解了质性研究的模型,提供了具体进行研究设计的步骤和手段,使理论与实际充分结合。该书适合初学质性研究的学生使用,同时适合有意采用质性研究方法的社会学、教育学及心理学工作者参考。

(十四)《话语分析手册》

《话语分析手册》(The Handbook of Discourse Analysis)由舍夫林(Deborah Schiffrin)、坦南(Deborah Tannen)和汉密尔顿(H. E. Hamilton)三位话语分析专家编著,2003年6月出版。该书涉猎极广,内容丰富,包括从传统语言学内部探讨话语分析、话语分析的理论和方法论、将话语视为社会和语言实践的实证性研究、话语的跨学科研究等内容,适合话语分析爱好者研读和参考。

(十五)《怎样做文献综述:六步走向成功》

《怎样做文献综述:六步走向成功》(The Literature Review: Six Steps to Success)一书将文献综述的过程分解为六个操作性步骤,为读者提供了行之有效的操作方法和建议。该书浅显易懂、结构清晰、操作性强,是研究入门者案头必备的研究工具书。